高等院校经济管理类
专业应用型系列教材

销售管理实务

主 编 杜 琳

副主编 邹惠芬 卢 晶 刘 洋 李 玮

清华大学出版社
北京

内 容 简 介

本书全面系统地介绍了生产销售型企业、商品批发型企业、商品零售型企业进行市场销售管理所应用的主要理论体系与工具。从销售管理概述、销售规划管理、销售人员管理、销售过程管理、销售区域日常管理实务各环节进行了详细论述。本书的特色是体系新颖、内容充实、结合实践、注重实务、强化应用性。

本书可作为市场营销和工商管理专业学生、MBA 营销研究方向学生的教材，也可作为企业营销专员、主管、经理人员的专业培训教材，还可作为销售部经理、市场部经理、企业管理人士及对销售管理有兴趣的有识之士的理想读物。

图书在版编目(CIP)数据

销售管理实务/杜琳主编. —北京：清华大学出版社，2019(2022.9重印)

（高等院校经济管理类专业应用型系列教材）

ISBN 978-7-302-51930-0

Ⅰ. ①销… Ⅱ. ①杜… Ⅲ. ①销售管理－高等学校－教材 Ⅳ. ①F713.3

中国版本图书馆 CIP 数据核字(2018)第 288522 号

责任编辑：左卫霞
封面设计：毛丽娟
责任校对：李 梅
责任印制：朱雨萌

出版发行：清华大学出版社

网　　　址：http://www.tup.com.cn，http://www.wqbook.com
地　　　址：北京清华大学学研大厦 A 座　　　邮　　编：100084
社 总 机：010-83470000　　　邮　　购：010-62786544
投稿与读者服务：010-62776969，c-service@tup.tsinghua.edu.cn
质量反馈：010-62772015，zhiliang@tup.tsinghua.edu.cn
课件下载：http://www.tup.com.cn，010-62770175-4278

印 装 者：北京嘉实印刷有限公司
经　　销：全国新华书店
开　　本：185mm×260mm　　　印　　张：12.25　　　字　　数：297 千字
版　　次：2019 年 6 月第 1 版　　　印　　次：2022 年 9 月第 5 次印刷
定　　价：36.00 元

产品编号：075510-01

前　言

销售过程是企业经营过程中唯一的收获环节,销售结果的好与坏决定了企业的命运。在市场竞争环境越来越激烈的今天,企业通过有效的销售管理,保证企业经营目标得以实现。现代企业销售管理活动是基于企业经营目标,全面调动、整合企业资源,精心设计、组织、管理,科学安排的企业活动与市场互动的结合。本书从销售岗位主管、经理人的角色定位出发,围绕销售职位能力核心要求,研究目标岗位角色和职责,旨在针对岗位角色面对的各种问题和岗位资源整合要求,就全面、有效达成企业销售目标所涉及的销售管理基本原理、分析方法和解决问题的工具进行讨论,努力使本书成为现代销售管理方面可读性、实用性很强的一本好书,将真实世界中销售管理的"最好"方法与前沿理论和实务经验在此呈现。

本书旨在向读者传授销售管理的基本理念,销售团队管理的知识与技巧,销售过程管理的工具与经验,以使销售主管、经理人员深入了解如何提高公司销售效率,从而实现企业的经营目标。本书的一个重要特点是通过大量的案例把一些看起来很抽象的销售管理理论和技巧实务化、工具化、具体化,在学习理论的同时联系企业销售工作实际,学习作为销售经理、区域经理和销售主管、销售代表制定销售目标、计划、预算,力求更为有效地实现经营目标;如何在产品、服务、市场和客户之间合理分配销售资源,整合销售队伍,建立和管理高绩效销售团队;如何进行有效的销售过程管理与日常工作控制,以实现卓越销售绩效等。

销售管理是研究企业销售及其管理活动过程的规律和策略的学科,是市场营销管理的一门分支学科。作为课程,它是市场营销专业学生必修的专业主干课程之一。为满足高校教学与企业培训要求,配合教材应用,本书提供教学安排(参考)。

全书共 10 章,第 1 章重点介绍销售管理基本概念和作为销售管理者的角色定位,以及在销售管理过程中的职业道德规范要求;第 2~4 章为销售规划管理,内容涉及销售目标制定,销售计划与预算编制,销售区域划分与管理,销售组织设计与管理等问题;第 5 章、第 6 章为销售人员管理,内容涉及销售人员招聘、选拔、培训、激励与考核等内容;第 7~9 章为销售过程管理,讨论销售活动中促销、销售渠道、资金管理等方面的问题,指出企业在经营活动中经常遇到的问题,提供管理工具和解决方案。第 1~9 章涉及销售管理基本理念及销售管理实务之计划管理、目标与预算管理、人员管理、资金管理、销售推动管理等核心业务实务,第 10 章销售区域日常管理立足于作为企业销售区域目标责任人,如销售主管、销售经理人员的日常管理实务知识和工具,建议为选修内容。

本书特色:文字通俗易懂、合乎时宜,介绍了销售管理的最新理论,并结合实际说明了它们在实践中的应用;可操作性强、注重实务、强化应用性,并提供能提高业绩的实用工具。特别值得一提的是,本书主要作者曾在国际品牌公司工作十多年,掌握大量销售管理方面的第一手材料,并将之运用于整个教材中,书中关于企业经营中常见问题的讨论对销售管理人员具有良好的借鉴作用。全书通过大量的实际案例向读者介绍销售管理工作的实际流程和常用技巧,能够帮助学生了解销售管理实际业务,培养解决实际问题的能力。

本书由沈阳理工大学应用技术学院杜琳教授负责全书体例和统稿,并完成第 7 章、第 9 章、第 10 章内容的编写;李嵩承担第 1 章内容的编写;邹惠芬承担第 2 章内容的编写;卢晶承担第 3 章内容的编写;刘洋承担第 4 章内容的编写;李玮承担第 5 章内容的编写;王粲承担第 6 章内容的编写;张岩承担第 8 章内容的编写。为方便教学,本书提供网络教学资源,编者会及时更新课件、相关教学文件和教学参考资料,若有需要,请致邮件 ygzx005@163.com 索取。

杜 琳

2019 年 2 月

1. 教学目标

通过教学,帮助学生熟练掌握销售管理方面的基本理论、基本方法和操作技能,使学生在掌握有关销售管理基本理论的基础上,明确销售管理工作的意义和任务,重点学习和掌握与现实相联系的销售管理工具和使用方法,一方面为进一步学习其他相关课程打下必要的基础;另一方面也完成管理工具应用方面应知应会的训练,为学生在未来的工作中解决相关问题打下坚实的基础。

2. 教学要求

销售管理是一门正在发展的学科,也是一门应用性较强的学科。通过对销售管理的基本理论、基本技巧和操作技能的系统讲解,使学生建立基本的销售管理意识,并掌握基本的销售管理技能。了解销售管理的特点和基本原理,系统地掌握销售管理的基本理论和管理工具;熟悉从目标制定、计划、预算到实施与执行控制销售管理各环节所需要的相关信息;熟练掌握并能够理解、应用企业销售管理体系;掌握并运用正确的销售管理工具和方法,进而使同学们在专业工作中,能有意识地运用所学到的销售管理知识和理论,达成销售管理目标绩效。

3. 教学进程安排

章节内容	教学内容	教学要求	学时安排
第 1 章 销售管理概述	① 销售管理的定义; ② 销售管理的性质; ③ 销售管理的作用; ④ 销售管理的基本原理; ⑤ 传统的销售管理,现代销售管理理念; ⑥ 销售经理职业发展路径	① 了解什么是销售、销售的意义; ② 了解什么是销售管理; ③ 了解销售管理的性质、作用、基本原理等; ④ 掌握现代销售管理理念; ⑤ 掌握销售经理职业发展路径	3
第 2 章 销售计划管理	① 销售计划的定义; ② 销售计划的重要性; ③ 理想销售目标的特点; ④ 销售目标的制定程序; ⑤ 销售目标的确定方法; ⑥ 销售预算的内容	① 了解销售计划的重要性; ② 了解销售计划的概念和内容; ③ 掌握销售目标的内容和制定程序; ④ 掌握销售计划和预算的编制	6

章节内容	教学内容	教学要求	学时安排
第3章 销售区域设计与管理	① 销售区域的内涵； ② 销售区域的划分； ③ 销售区域的设计原则； ④ 影响销售区域设计的因素； ⑤ 销售区域设计的程序； ⑥ 销售区域的管理	① 理解销售区域设计的原则； ② 了解销售区域设计时应考虑的因素； ③ 掌握销售区域设计的程序； ④ 掌握销售区域管理的内容	6
第4章 销售组织管理	① 销售组织的基本概念； ② 销售组织的作用； ③ 销售组织的类型； ④ 各销售组织的特点； ⑤ 影响销售组织设计的因素； ⑥ 销售组织设计的原则	① 了解销售组织的基本概念和作用； ② 了解常见销售组织的类型和特点； ③ 掌握销售组织设计的原则和影响销售组织设计的因素； ④ 掌握对销售组织中常见问题的认知技能	3
第5章 销售人员招聘与培训	① 销售人员招聘计划的制订； ② 销售人员招聘途径； ③ 销售人员招聘程序； ④ 销售人员培训的内容； ⑤ 销售人员培训的原则与方法	① 了解优秀销售人员的基本特征； ② 了解销售人员招聘的途径及各自的优缺点； ③ 掌握常用的销售人员招聘方法； ④ 了解销售人员培训的作用； ⑤ 掌握根据企业需要制订销售人员培训计划的方法	4
第6章 销售人员的激励与考核	① 激励的一般原理； ② 销售人员的激励组合； ③ 销售人员激励的特点； ④ 销售人员绩效考核； ⑤ 绩效考核常见问题	① 了解销售人员激励的一般原理； ② 熟悉常用销售人员激励的组合和特点； ③ 熟悉销售人员绩效考核的内容与常用方法； ④ 熟练掌握销售人员绩效考核方法的运用	4
第7章 促销管理	① 促销的内涵； ② 促销的作用； ③ 促销组合的选择； ④ 促销计划的制订； ⑤ 促销活动的执行； ⑥ 促销活动过程控制	① 了解促销的内涵及作用； ② 了解促销组合的内涵及基本方式； ③ 掌握影响促销组合决策的因素； ④ 了解促销计划的制订过程； ⑤ 掌握促销进程管理与控制方法	4
第8章 销售渠道管理	① 销售渠道的定义； ② 销售渠道资源； ③ 销售渠道的控制； ④ 销售渠道的作用； ⑤ 销售渠道的选择； ⑥ 销售渠道管理的策略	① 了解销售渠道的概念、类型、重要性与基本流程； ② 熟悉销售渠道的选择与作用； ③ 熟悉销售渠道教育和考核的基本内容； ④ 掌握销售渠道管理的方法； ⑤ 熟练掌握解决销售渠道中存在的常见问题的方法	4
第9章 销售资金管理	① 销售成本的定义； ② 应收账款的定义； ③ 销售费用的构成； ④ 销售费用控制； ⑤ 应收账款的处理	① 了解销售成本分析的意义； ② 了解销售成本分析的方法； ③ 掌握应收账款的处理方法； ④ 掌握销售活动中资金管理与控制的主要工具	3
第10章 销售区域日常管理	① 销售管理报表体系； ② 产品陈列管理； ③ 生动化管理工具	① 掌握销售区域日常工作管理工具； ② 掌握销售活动管理主要报表的应用； ③ 掌握销售产品陈列和生动化管理工具	3
合　计			40

目　录

　　　　4.3.1　销售组织的发展 ··· 63

　　　　4.3.2　销售组织的变革 ··· 65

　　本章小结 ··· 67

　　关键概念 ··· 68

　　思考题 ··· 68

　　实践训练 ··· 68

　　阅读材料 ··· 68

第5章　销售人员招聘与培训 ··· 69

　　5.1　销售人员招聘计划的制订 ··· 69

　　　　5.1.1　优秀销售人员的基本特征 ··· 69

　　　　5.1.2　销售人员招聘计划及准备 ··· 72

　　5.2　销售人员招聘途径与招聘程序 ··· 73

　　　　5.2.1　内部招聘 ··· 73

　　　　5.2.2　外部招聘 ··· 74

　　　　5.2.3　销售人员招聘程序 ··· 76

　　5.3　销售人员培训的内容及方法 ··· 79

　　　　5.3.1　销售人员培训的内容 ··· 79

　　　　5.3.2　销售人员培训的原则与方法 ······································· 80

　　5.4　销售人员培训程序 ··· 83

　　5.5　培训师的选择 ··· 86

　　本章小结 ··· 86

　　关键概念 ··· 87

　　思考题 ··· 87

　　实践训练 ··· 87

第6章　销售人员的激励与考核 ··· 88

　　6.1　激励的一般原理 ··· 88

　　6.2　销售人员的激励组合 ··· 91

　　　　6.2.1　常见的激励方法 ··· 91

　　　　6.2.2　重点人员的激励组合应用 ··· 94

　　6.3　销售人员绩效考核 ··· 95

　　　　6.3.1　销售人员绩效考核的目的和原则 ··································· 96

　　　　6.3.2　绩效考核的内容 ··· 97

　　　　6.3.3　绩效考核的程序 ··· 102

　　　　6.3.4　绩效考核反馈与行为改进 ··· 103

　　6.4　绩效考核常见问题及解决办法 ··· 103

　　　　6.4.1　绩效考核常见问题 ··· 103

　　　　6.4.2　完善绩效管理工作的基础管理 ····································· 104

第 1 章

销售管理概述

【学习目标】

1. 了解什么是销售、销售的意义。
2. 了解什么是销售管理。
3. 了解销售管理的性质、作用、基本原理等。
4. 掌握传统销售理念、现代销售理念。
5. 掌握销售经理职业发展路径。

1.1 销售管理的概念

销售在 21 世纪飞速发展的今天,已经开始发挥极其重要的作用。中国最大的人力资源服务商前程无忧发布的 2016 年上半年就业市场上 1 590 万个职位中,销售人员需求排名第一,销售管理人员需求排名第二,人才需求缺口大,国家也把营销(销售)人才列为国家 12 种稀缺人才之一。据 2015 年 6 月 13 日公布的上海市劳动力市场工资情况看,销售经理和销售人员由于紧缺,待遇一直不错(表 1-1)。

表 1-1 上海市 2015 年劳动力市场工资指导价位(批发和零售业)

职 业	高位数		中位数		低位数	
	元/年	元/月	元/年	元/月	元/年	元/月
市场营销总监	639 720	53 310	332 120	27 677	149 720	12 477
市场和销售经理	224 205	18 684	248 213	20 684	132 775	11 065
商业服务业人员	158 847	13 237	127 818	10 652	32 000	2 667
店长	167 426	13 952	133 348	11 112	113 136	9 428
客户服务主管	170 624	14 219	145 266	12 106	120 040	10 003
业务主管	186 278	15 523	140 444	11 704	115 180	9 598
业务人员	126 175	10 515	83 830	6 986	64 457	5 371
电话销售人员	86 611	7 218	68 666	5 722	58 213	4 851
网络销售人员	68 321	5 693	57 733	4 811	40 960	3 413
销售督导	94 488	7 874	73 720	6 143	59 379	4 948

(资料来源:上海市人力资源社会保障网.)

销售在日常生活中非常普遍,每个人脑海中都有销售的清晰画面。什么是销售呢?销售就是介绍商品提供的利益,以满足客户特定需求的过程。商品包括有形的商品及无形服务,满足客户特定的需求是指客户特定的欲望被满足,或者客户特定的问题被解决。能够满足客户这种特定需求的,唯有靠商品提供的特别利益。

例如,客户的目标是买太阳镜,有的是为了耍酷;有的是怕阳光过强,眯着眼睛容易增加眼角的皱纹;有的也许是昨天跟男朋友吵了架哭肿了双眼,没有东西遮着红肿的眼睛,不方便出门,因此要买一副太阳镜。每个人的特殊需求不一样,不管是造型多酷的太阳镜,如果是镜片的颜色比较透光的话,那么这副太阳镜提供的耍酷的利益是无法满足担心皱纹以及希望遮住红肿眼睛的两位客户的特殊需求。

曾有这种说法,除非销售发生,否则什么都没有发生。没有销售,生产出来的产品将在仓库中等待报废,工人失业,运输服务无人需要,我们都将生活在困苦中,每人在自己拥有的小块土地上艰苦劳作,自给自足。但是想一想,如果没有人把土地卖给我们,我们又怎么会拥有土地呢?

【小资料 1-1】

销售工作的特性

1. 主动性。不断地去开发客户,主动地去和客户接触。

2. 灵活性。销售本身就是一种艺术,尝试如何熟能生巧地把你的产品用最短的时间、最快的方式让客户了解并让他们购买。

3. 服务性。销售本身也是一种服务,过去的销售只是把产品卖给顾客就结束了,但是现在的顾客不仅是买产品,也是在买服务。所以说,销售也是最完善的服务,要求我们周到而完美地服务我们的顾客和那些可能会购买我们产品的潜在客户。

4. 接触性。在销售领域有这么一句话,销售就是要制造跟你的顾客面对面、肩并肩地进行接触的机会,以把你的商品或周到而完善的服务介绍给你的顾客。

5. 互通性。销售讲的是服务,服务并不仅局限于我们的商品和从事的商品服务让客户满意就行了,可能还有一些特殊的事情,比如附加价值的服务。

6. 时效性。销售是替我们个人、团队、企业、整个社会国家创造效益,所以你做的每件事情都是具有生产力的,而这种生产力对个人、企业、销售组织三方面来讲叫时效。

(资料来源:阿里巴巴,http://china.alibaba.com.)

1.1.1 什么是销售管理

美国印第安纳大学的达林普(D. Dalrymple)教授给销售管理作过这样的定义:计划、执行及控制企业的销售活动,以达到企业的销售目标。

销售管理是从市场营销计划的制订开始,管理和控制营销计划中的销售活动,并且负责主导和执行企业的营销计划。销售管理应当负责组建销售队伍去执行企业的销售任务;并且负责控制及管理销售人员的业务活动,为企业寻找、建立和维系满意的客户,以达到企业的销售目标。

1.1.2 销售管理的性质和作用

随着推销和销售变得更职业化,销售管理的作用和角色也越来越重要。一般意义上的管理主要强调的是,那些包括在管理中也被称为经理在职业活动中承担的关键职责,也就是计划、组织和控制。就销售管理而言，强调的重点表现在，从作为一个优秀的销售经理必须具备的健全品格，到这份工作的主要特征，以及确保销售人员销售有效的力量。尽管这些功能仍然可能是极其重要的，但现代公司销售经理职责已经在重点上扩大和变化了。

今天销售经理在公司被期望扮演一个更重要的战略角色，并要求作为一个关键因素列入公司的计划编制中。因此，销售经理需要熟悉和计划相关的技术，包括销售预测和预算等。销售经理还必须熟悉营销观念以确信销售和营销活动相结合。在许多公司中，较少强调销售量，更多的是强调利润，销售经理需要分析和指导销售人员针对更多能获利业务的活动。在处理和销售人员的关系时，销售经理必须了解现代人力资源管理的发展。

1.1.3　销售管理的基本原理

销售管理总体可以包括四部分：市场管理、人员管理、货品管理和营销活动控制。

1. 市场管理

（1）成功的营销模式一定是对外在的环境、企业内部环境和可利用资源的优良组合，使企业的整体营销力得到提高，从而达到企业既定的战略。

（2）直接、整合、组合是销售管理中最适用的战术。

（3）市场是指能够满足人们需求的场所。市场管理是对本行业的运作和发展趋势进行深入的研究，从而将这种规律加以运用和管理。

（4）在市场运作的早期主要表现在通路的开拓和营销渠道的建设，每个行业都有行业渠道，每种商品都有固定的消费群体，迅速打通营销渠道将产品直接或间接满足需求者的要求就是市场的最终诉求。当我们找到产品的营销渠道时，这种渠道是不牢固的，必须经常维护，使之成熟和坚固。

（5）在市场运作的中期主要表现在情报的收集，以及根据市场的反应情况作出的及时调整，使商品能被更多的消费者接受。公司的营销渠道在现在的市场中与很多品牌是共用的，渠道越宽，商品流和资金流的流通速度越快，情报的收集在这个时机就越发重要。

（6）在市场运作的后期主要表现在品牌知名度的树立和满意度的提升。品牌知名度的树立是贯穿在每一阶段的具体工作，品牌体现在每个细节，能否给顾客提供满意的商品，能否体现顾客的需求，当大家对品牌有清楚或模糊的印象时，那么品牌的知名度就自然而然地得到不同程度的提高，品牌知名度的树立需要时间和坚持不懈的努力，满意度主要体现在使顾客的需求得到满足，主要体现在售后服务和商品的后期维护。当产品的差异化越来越小时，顾客满意的售后服务更有竞争力。

2. 人员管理

（1）销售队伍在营销组合中的重要性已经没有什么可以争辩的。特别是在现在的市场竞争中，团体协作和集中统一作战是取得商战胜利的前提条件。

（2）其中包括销售队伍的设计、销售队伍的目标、销售队伍的战略、销售队伍的结构、销售队伍的规模、销售队伍的报酬。

（3）销售队伍的管理，主要包括以下两个方面。

① 人员的选拔。企业根据自身发展的阶段和产品的诉求选择各自的人员，优秀的销售人员通常具备下列品质：能承受风险、强烈的使命意识、有解决问题的癖好、较强的专业

知识。

②销售人员的使用。经过培训和考核，得出销售人员的综合能力，根据每种工作的范围和难易程度，任命不同的人员负责不同的市场。在工作过程中及时调整工作重心和内容；在营销过程中实行第一负责人原则。

3．货品管理

货品管理是在整体营销过程中最实际、最基本的管理内容。

让货品自由进入渠道，同时保证货品在渠道中的安全，防止丢失。为此很多公司出台不同的管理表格和制度确保安全，如销售日报表、在库表、月末盘点表。

在不同档次和市场定位的商场中，铺设适合消费群体的货品，确定相应的数量。如在有鱼的地方钓鱼，才能有所收获，让利润最大化。

由于在商场中的货品每天都会流通，那么及时补货，及时调整货品的结构就显得异常重要。如根据商场的客流层次和喜好，定出休闲品和正装的比例，货品丰富，种类繁多，顾客可挑选的余地就很大，成交的机会也就多。

新品上市一周后，如果时机准确，通过销售数据便可以看出产品是否具有竞争力，是否符合当初设计和生产的目的。如果销量很好，而且有上升的趋势，就可决定追加生产；如果销量不见起色，排除其他因素后，认为产品本身的竞争力较弱，那就应该考虑是否调整价格，是否参加促销活动。

当产品滞销以后，为了减轻库存的压力，促进产品的销售，针对产品的促销活动应该分地区作出计划，促销活动的内容可以针对商品，同时应该考虑是否会对品牌形象有负面影响，必须权衡利弊，因为在品牌形成的不同时期，促销活动始终在促进品牌的成熟。

4．营销活动控制

因为在营销计划事实构成中将发生许多意外情况，销售部门必须连续不断地监督和控制各项营销活动。

营销控制的四种方法：年度计划控制、赢利能力控制、效率控制和战略控制。

（1）年度计划控制。其目的在于保证公司实现年度计划中所制定的销售利润以及其他目标，中心为目标管理。第一，公司在年度营销计划中建立月份或者季度目标作为基准点。第二，销售部必须监视在市场上的执行成绩。第三，对任何严重的偏离行为的原因作出判断。第四，必须采取改正行动方案弥补目标和执行实绩之间的缺口。

（2）盈利能力控制。销售部制定全年销售额总数，根据总数决定生产成本，同时依赖以前的各项数据制定费用总额，根据每个月的损益表，制订下月的调整方案，同时减少可控制费用来保证公司财务的盈利能力。

（3）效率控制。第一，销售人员的效率，包括每次出差的效率、每次沟通的效率、每次培训的效率、每次招待费用的控制。第二，广告效率，包括每一种媒体类型、每千人的广告成本、消费者对于广告内容和有效性的意见、对于产品态度的事前和事后衡量、激发对产品的询问、每次广告的成本。第三，促销效率，包括促销活动在所有销售中所占的百分比、赠券的回收率、促销活动的费用。

（4）战略控制。公司必须经常对其整体营销效益作出缜密的评价，总体战略的实用性和科学性在每个月的销售与损益中将清楚地体现出来，按既定的战略执行。

1.2　如何成为合格的销售经理

销售部门是企业的龙头,是企业最直接的效益实现者,在企业中具有举足轻重的地位。销售工作的成功与否直接决定企业的成败,企业的各项工作最终是以市场为检验标准。销售是实现企业目标至关重要的一环。作为销售部门的负责人——销售经理在企业活动中扮演着非常重要的角色。

销售经理(sales manager)负责指导产品和服务的实际销售。通过确定销售领域、配额、目标来协调销售工作,并为销售代表制定培训项目。分析销售数据,确定销售潜力并监控客户的偏好。

1.2.1　销售经理的基本职能

1. 销售经理的职能

销售经理的职能:需求分析、销售预测;确定销售部门目标体系和销售配额;销售计划和销售预算的制定;销售队伍的组织;销售人员的招募、培训;确定销售人员的报酬;销售业绩的评估;销售人员行动管理;销售团队的建设。

2. 销售经理的责任

销售经理的责任:对销售部工作目标的完成负责;对销售网络建设的合理性、健康性负责;对确保经销商信誉负责;对确保货款及时回笼负责;对销售部指标制定和分解的合理性负责;对销售部给企业造成的影响负责;对所属下级的纪律行为、工作秩序、整体精神面貌负责;对销售部预算开支的合理支配负责;对销售部工作流程的正确执行负责;对销售部负责监督检查的规章制度的执行情况负责;对销售部所掌管的企业秘密的安全负责。

【小资料 1-2】

如何成为伟大的销售经理

伟大的销售经理寥寥无几,但这并不意味着他们不存在。销售经理必须发挥六个关键作用。

角色之一:教练。销售经理必须帮助销售专业人士成长,不只是基本的销售技巧,还有理解更大的商业问题所需的商业头脑。

角色之二:战略家。销售经理必须利用他们的经验和远见去指导销售过程,提醒客户账户中潜在的问题,并在具体的销售局面下提供战术上的援助。

角色之三:政治家。销售经理必须知道如何有效地协调内部资源,确保机会来临时,销售队伍迅速抓住机会并得以实施销售策略。他们必须能够在其他部门对销售造成妨碍的时候进行干预。

角色之四:沟通者。销售经理必须将销售队伍的需求传达给组织的其他人。销售经理必须确保最重要的机会获得优先权,并且帮助公司明智地利用其有限的资源。

角色之五:教育者。无论输赢,销售经理必须确保整个公司都能从中学到东西,而且他们必须确保无论输赢都在所有有贡献的组织中分享成果,既不制造英雄,也不寻找替罪羊。

角色之六:应试官。销售经理必须能够找到和吸引有销售天赋的人才。他们必须花时间建立一支"稳定的"潜在候选队伍,并且不断地将可用的人才"添加"到队伍中。

尽管了解如何销售可以帮助销售经理发挥他们的作用,但是这些角色中无一和销售有关。他们和建立一支团队、管理这支团队并让团队富有效率有关。

懂得这些道理的销售经理就能创立无往不利的销售团队,他们也是通常不让为他们工作的人感到痛苦的销售经理。

(资料来源:商业英才网,http://www.bnet.com.cn.)

1.2.2 销售经理的种类

销售经理通常可以分为:销售组长→销售主任→区域销售经理→大区销售经理→销售总监→销售副总经理。

销售组长:通常是销售团队中最小的组织,一般由3～5人组成,共同拓展销售业务,完成公司下达的销售任务。

销售主任:一般由3～5个销售小组组成,管理人数相应增长至20～30人,组建、培训、管理销售团队,完成公司下达的销售任务。

区域销售经理:一般是指负责某一区域的销售管理工作,建立和维护经销商网络,执行公司的规章制度,反馈客户意见,完成销售任务。

大区销售经理:承担公司在规定所辖区域市场的全面拓展,组织实施营销推广计划,制订相应的促销计划,完成区域的销售目标和利润目标。

销售总监:组建销售渠道,协调企业内外部关系,进行市场调研,发现新机会,策划市场方案,组建销售队伍,参与重大销售项目的谈判和合同签订等工作。

销售副总经理:根据公司发展战略,拟定公司市场营销战略、规划、策略、年度营销计划及方案并组织实施;建立和完善市场营销管理和风险防范体系并持续改进;完成市场营销目标,持续提高公司产品市场份额和市场地位。

1.2.3 从基层业务人员到销售经理

一名销售人员从步入销售行业到成长为公司的高级销售管理人才的职业晋级,是一个坎坷而多磨难的经历。

实现目标要不断改进和提升工作的方法与能力,从低级的非专业化的销售人员变成职业选手。表现在工作的理念、思路、工具和方法都做得更加专业,从靠感觉、靠冲劲做事转变为讲求定量数据、专业调查分析、把握市场规律性;另外,要能从组织全局高度的角度训练系统思维,提升和转换职位角色。从企业战略高度做销售,思考销售,多挖掘一线的信息,进行智慧加工,最终起到为高层决策扮演战略培训角色的作用。

具体的发展途径有以下三个方向。

(1) 上行流动。如果有在大公司或集团的分支机构、片区或分公司做销售的经历,当积累一定的经验后,优秀的销售人才可以选择合适的机会,上行流动发展,到更上一级或公司总部做销售部门工作,或者可以带领更大的销售培训队伍、管理大区市场。在处于成长期的快速消费品行业,许多销售人员都是通过上行流动闯出自己职业发展的新天地。

(2) 下行流动。如果在公司总部销售部门工作积累一定的经验后,可以根据市场发展的规模和速度,选择合适的机会,下行流动发展,到下一级或多级的分支机构去工作,通常是带销售团队、管理省/大区市场,或是到某个细分市场开辟新的业务。这样的销售人员,可以将在总公司先进的销售管理理念和操作手段与实际市场相结合,在继续锻炼一定时间后往往成为许多企业的未来领军人物或高级经理人。

(3)横向跳槽。优秀的销售人员往往是公司的骨干,可直接为公司带来营业收入和现金流,但如果公司的薪酬福利或绩效考核政策不能有效地激励他们,那么他们转行或跳槽就在所难免。从组织的角度看来,许多公司都不惜重金从竞争对手中将一些优秀的销售人才挖走。从个人的角度来看,"人往高处走,水往低处流"。只要没有违反职业道德、劳动合同的相关条款规定和相关法律规定,销售人员在发展到一定程度后换一个环境和空间都是一条不错的路子。

【小资料1-3】

失败销售经理的五类错误

销售经理们总是会犯各种各样的错误,但 Ash Training Inc. 的 CEO W. Asher 认为,所有的错误中,有五个最要命的错误。

下面就来列举这五个错误,并且提出一些建议,帮助他们来改正这些错误。

错误一:雇用错误的人。

为什么这是一个错误:过去28年里,不断有重复的相关研究表明,在销售过程中,成功的最关键因素是天分。销售能力的强弱,在这个领域,是以是否能够取得成功来衡量的。但这种能力,与某种特定的性格特征有关。只有极少数人有这种能力,这些人大约占总人口的20%。

为什么经理们会这么干呢:销售经理们总是认为他们善于判断人的性格。他们可以通过一次简单的面试,知道这个人是不是具有销售天分。

他们是如何让错误愈演愈烈的:那些雇用了没有销售能力的销售人员的经理们,总是会让这些人继续待在这一行,指望那些人有朝一日可以学到那些能力。这样做,不仅浪费资源,还让整个团队的效率变得十分低下。

改正错误:对每一位应聘销售职位的人员,做一次性格测试,以确保他们的性格适合这一行业,能够在这一行业取得成功。

错误二:不对销售代理进行培训。

为什么这是一个错误:就算是有着极强销售天分的人也需要参加相关培训,这样可以保证他们在面对某一个特定销售任务时,具备相关的行业知识与技巧。

为什么经理们会这么干呢:他们没有意识到为公司销售东西也需要知道各种专业知识,比如说与目标行业相关的专业知识,还有公司的产品如何为行业里的客户创造价值。

他们是如何让错误愈演愈烈的:他们不重视销售培训,但是培训却能够帮助创造及加强销售过程、谈话技巧。而且在公司进行销售工作的过程中,那些能力是十分重要的。

改正错误:给销售代理创造各种各样的培训机会,与每一位销售代理一起工作,了解他们的缺点和长处。每一位销售代理都应该有他们专有的教育计划,以帮助他们改正缺点,发挥长处。

错误三:努力"激励"员工。

为什么这是一个错误:人们不可能"激励"其他任何一个人,这一点已经被许多心理学家反复认证过了。所有的激励都必须源自个人的内心,每一个人都会依靠自己的标准来判断是否需要作出相应举动。

为什么经理们会这么干呢：他们不知道，他们能干的事最多只能是为员工创造一个积极的大环境。在这个大环境下，员工们可以自己找到他们自己的奋斗动力，同时还能够把这种动力转化为实践。

他们是如何让错误愈演愈烈的：当他们手下的销售代理们不能按他们想象的那样，对那些笨拙的激励方案作出积极的反应时，销售经理们就会暴跳如雷。

改正错误：制订一个补偿计划，可以根据销售代理们的不同要求进行调整。例如，某个员工可能会认为弹性工作制让他工作起来更有动力，因为那样他能够跟他的家人有相处的时间；而另一个员工可能会更喜欢在年终的时候，得到一笔奖金。

错误四：把顶级销售代理提拔为经理。

为什么这是一个错误：如果一个人成了一位成功的销售代理，并不表明他同样也能胜任经理这个职位。事实上，两个岗位的职责是不一样的。

为什么经理们会这么干呢：销售经理们忘记了销售最重要的任务就是与客户、紧临行业建立合作关系。而管理的主要任务则是要保证让每一位员工全心全意地为公司服务。

他们是如何让错误愈演愈烈的：一旦他们把某个销售代理提拔上了经理的位子，他们就忘记了要去告诉这个新上任的经理该如何带领整个团队。带领整个团队包括了解每个销售代理的不足之处，为销售代理指出他们下一步该如何去做，才能保证整个项目不断向前发展。销售"明星"更愿介入整个销售过程，亲自"结单"。

改正错误：让销售人员待在销售岗位上，聘用一些有销售管理天分的人来进行管理工作。调整补偿措施，确保那些顶尖的销售代理不用为走上管理岗位受到惩罚，为那些销售代理们提供另外一些与其他销售有所区别的高级头衔。

错误五：没有明确劳动分工。

为什么这是一个错误：发现销售机会需要销售人员有远见，发展最初的销售客户，对目标客户完成初次销售任务，还需要能够在接下来的时间里维持客户关系。每一件任务都需要不同的能力，关注的焦点也有所不同。同一个销售人员不可能在同一时间处理好所有这些事。

为什么经理们会这么干呢：大部分经理这么干的原因是因为他们是从较小的公司走出来的，在那样的公司里，每一位销售代理都要求有即兴工作的能力。

他们是如何让错误愈演愈烈的：销售经理们努力通过聘用一些"营销"人员来"改正"这个错误。但他们没有把那些"营销"行为和销售行为结合起来。

改正错误：把每种活动按功能分成不同的部分：营销（寻找合适的潜在客户）、销售（与相应的客户完成一次交易）以及客户管理（服务，支持，交叉销售，向上销售等）等。

（资料来源：世界经理人网站，http：//www.ceconline.com.）

1.3　销售管理的发展

1.3.1　传统的销售管理

搞好销售工作，首先要搞好销售管理工作。许多企业都有销售业绩不佳，如产品销售不畅、应收账款一大堆、销售人员没有积极性、销售费用居高不下等问题，这些并非是由于销售策略不正确、销售人员不愿努力,而是由于销售管理工作不到位造成的。许多企业的销售工作是销售黑洞"无管理销售"。

1. 销售无计划

销售工作的基本法则是制订销售计划和按计划销售。销售计划管理既包括如何制定一个切实可行的销售目标,也包括实施这一目标的方法。具体内容有在分析当前市场形势和企业现状的基础上,制定明确的销售目标、回款目标和其他定性、定量目标;根据目标编制预算和预算分配方案;落实具体执行人员、职责和时间。

然而,许多企业在销售计划的管理上存在一系列的问题,例如,无目标明确的年度、季度、月度的市场开发计划;销售目标不是建立在准确把握市场机会、有效组织企业资源的基础上的,而是拍脑袋拍出来的;销售计划没有按照地区、客户、产品、业务员等进行分解,从而使计划无法具体落实;各分公司的销售计划是分公司与公司总部讨价还价的结果;公司管理层只是向业务员下达目标数字,却不指导业务员制订实施方案;许多企业销售计划的各项工作内容,从未具体地量化到每一个业务员头上,业务员不能根据分解到自己头上的指标和内容制订具体的销售活动方案,甚至有的业务员不知道如何制订自己的销售方案等。由于没有明确的市场开发计划,结果企业的销售工作失去了目标,各种销售策略、方案、措施不配套,预算不确定,人员不落实,销售活动无空间和时间概念,也无销售过程监控和效果检验措施。这样在竞争激烈的市场上,企业的销售工作就像一头闯入火阵的野牛,东冲西撞,最后撞得头破血流。

2. 过程无控制

"只要结果,不管过程",不对业务员的销售行动进行监督和控制,这是企业普遍存在的问题。许多企业对业务员的行动管理非常粗放:对业务员宣布一个业务政策,然后,把业务员像鸽子一样地放飞到市场上,等待业务员给企业拿来一份份订单、开发出一片片市场。

由此而造成一系列问题:业务员行动无计划、无考核;无法控制业务员的行动,从而使销售计划无实现保证;业务员的销售活动过程不透明,企业经营的风险增大;业务员工作效率低下,销售费用高;业务员的销售水平不高,业务员队伍建设不力等。

3. 客户无管理

企业对客户管理有方,客户就会有销售热情,会积极地配合厂家的政策,努力销售产品;管理不善,就会导致销售风险。然而,许多企业对客户没有进行有效的管理,结果企业既无法调动客户的销售热情,也无法有效地控制销售风险。目前,销售过程中普遍存在的问题,如客户对企业不忠诚、窜货现象、应收账款成堆等,都是企业对客户管理不当的结果。

4. 信息无反馈

信息是企业决策的生命。业务员身处市场一线,最了解市场动向,如果将消费者的需求特点、竞争对手的变化、经销商的要求等信息及时地反馈给企业,对企业决策将有着重要的意义,另外,销售活动中存在的问题,也要迅速向上级报告,以便管理层及时作出对策。然而,许多企业没有建立起一套系统的业务报告体系,未及时地收集和反馈信息。

业务员的工作成果包括两个方面:一是销售额;二是市场信息。对企业的发展而言,销售额不重要,重要的是市场信息。因为销售额是昨天的,是已经实现的,已经变成现实的东西,是不可改变的,因此它对企业没有意义;有意义的是市场信息,因为它决定着企业明天的销售业绩、明天的市场。然而,许多企业既没有向业务员提出收集信息的要求,也没有建立一套完整的业务报告系统,以便能够及时收集和反馈信息。

5．业绩无考核

许多企业没有对业务员的销售业绩定期进行考核。企业应对销售人员定期进行定量考核和定性考核,定量考核包括考核业务员销售结果(如销售额、回款额、利润额和客户数)、销售行动(如推销员每天平均拜访次数、每次访问所用时间、每天销售访问的平均收入、每次访问的平均费用、每百次访问平均得到的订单数、一定时间内开发的新客户数、一定时间内失去的老客户数、推销员的费用在总销售额所占的比重等)。对业务员进行定性考核,如考核业务员的合作精神、工作热情、对企业的忠诚度和责任感等。对业务员进行考核,一方面是决定销售人员报酬、奖惩、淘汰与升迁的重要依据,从而调动业务员的积极性;另一方面对业务员的业绩进行检讨和分析,可以帮助业务员进步。销售管理的一个重要内容就是培养业务员的销售能力,业务员不进步,就不会提高销售业绩。

6．制度不完善

许多企业无系统配套的销售管理制度和与各项销售管理制度相匹配的销售管理政策。

一个企业的销售工作要想不出大的问题,先决条件是在企业的销售管理制度上没有明显的缺陷和遗漏,销售管理制度系统配套、互相制衡,并有相应的销售管理政策与之相匹配。有的企业对违反企业规定,给企业造成重大损失的销售人员,从制度上制定了严厉的处罚规定,但实际上,这些处罚规定无法实施,因为企业没有制定相应的配套制度,致使一些因吃回扣导致个人发了财,从而给企业造成巨额无主应收账款的业务员,一旦事发,一走了之,企业在事实上无法对其进行惩处。

很多企业的销售管理制度不配套,好像缺了一块板的"木桶",盛不住水,其特征:许多应当受到鼓励的行为没有受到鼓励,一些应当受到惩处的行为没有在制度上作出规定;对应该鼓励的行为缺乏制度上的奖励规定,对应该禁止的行为缺乏相应的处罚制度;该奖励的不能及时兑现,该处罚的无法实际执行等。

【小资料 1-4】
电子商务对传统销售的影响

当今社会正经历着以数字化和网络化为主要特征的科技革命,以科技革命为基础的知识经济对消费者需求、产品价格、营销管理和从事销售工作的人而言,都将产生极为深刻的影响。

随着计算机网络和通信技术的迅速发展,电子商务作为网络经济的必然产物,为企业带来了新的机遇和挑战,电商之战也愈演愈烈。电子商务的出现也影响着现代人的购物方式,"网购"这一消费模式备受消费者的青睐,中国互联网络发展数据就是最佳实证。据中国互联网络信息中心发布的第 39 次《中国互联网络发展状况统计报告》,截至 2016 年 12 月,我国网民规模达 7.31 亿,我国互联网普及率达到 53.2%。电子商务如此火爆,是否会取代传统的营销模式,彻底改变国人的消费观?

电子商务的优势如下。

1．提高工作效率

采用企业内部商务模式可以减少各部门沟通的程序和时间,在第一时间将最新消息公布给所有相关人员,因此可以提高工作效率。采用企业与消费者间商务模式可以避免一些顾客不愿意与销售人员面对面交流的尴尬,可以通过阿里旺旺聊天软件进行即时交流,节省了在实体店铺销售时一些顾客只看不买,店员还需要跟在身旁服务的时间。采用企业间电子商务模式可以为企业提供更多的选择,可以货比三家后选择自己认为价低质优的供货商与之合作,节约了来回奔波于各家企业进行询价对比的时间,所以电子商务的优势之一即大大提高了企业的工作效率。

2. 降低成本

提高了工作效率,同时也会降低企业运作的成本。首先,采用电子商务的交易模式可以节约时间。免除了来回奔波在路上的时间,同时相应的交通费用也可以节省下来。企业采用电子商务的网购营销模式,还能节省劳动力成本。例如,淘宝网店的一位销售人员可以同时和多位顾客通过阿里旺旺聊天软件沟通交流,但在传统的实体店经营模式中这是无法达到的,一位销售人员不可能同时照顾两个以上的顾客。因此,采用电子商务模式降低了企业运行中的各种成本,从而增加企业利润。

3. 扩大市场

现在很多企业都有客户档案,当有新产品推出时会发信息给顾客,让顾客第一时间获得新产品的信息。采用电子商务模式可以让顾客在网络上及时了解到企业最新信息,这些信息可以更详细,图文并茂,关注本企业的客户在自己浏览网站时就可以发现这些新产品信息。增加了企业的市场竞争力,吸引更多的客户。

传统营销模式的优势如下。

1. 实物交易免麻烦

传统营销模式是将商品或服务在实体店铺中展出,顾客进入店铺后可以现场感受商家的产品的品质,如服装的颜色,鞋的尺码是否合脚,穿上身的效果如何,服务是否有特色等。

基本上都是面对面、一对一的交易,消费者会有直接的感触。采用网络营销模式卖服装比较容易出现色差,有时消费者收到商品会感觉实物触感不好,尺码不标准,不合身,品质不如自己想象的好,或者由于快递暴力运输发生收到残次品的现象等。而实物交易可以避免这些情况的发生,尤其在购买服装时,销售员看到顾客后可以根据顾客的喜好和身材推荐更适合他的个性化服装。

2. 服务更人性化

与隔着网络和计算机屏幕聊天交流相比,面对面的微笑服务更容易让消费者产生亲切感和信任感。根据每位顾客进店的反应和要求,商家可以提供更具人性化的特色服务。比如培训学习,在教室里和众多学员一起学习,气氛比自己在家对着屏幕更有约束力,学习动力更强。有问题也可以及时和教师交流,和同学们一起讨论,印象更深刻。与隔着计算机屏幕学习相比较,实地学习效果更好。

从淘宝网站获取的数据显示,2017年天猫"双十一"交易额1 682亿元。阿里巴巴公布的实时交易数据在开场11秒破1亿元,28秒达到10亿元,3分01秒达到100亿元。而网购商品琳琅满目,顾客可以在线对商品各项指标进行对比,同时很多顾客之所以选择网购,缘于同品牌的商品在线购物价格要比去实体店铺优惠很多。少了中间商、房租、各种杂费以及进商场的上柜费、给商场的返点费用等,网上销售的成本降低了,商家可以采用低价销售的定价方法获取更多的利润。

电子商务模式为消费者创造了更加快捷、便利的购物模式,虽然网购人数剧增,但网购并不能代替传统的消费模式,陈绍刚教授研究分析表明网络购物的急速发展对于产品生产企业来说,在一定程度上反而促进了传统零售业的发展。在新经济和消费模式引导下,网购市场的作用越来越重要。同时对出口企业而言,在全球经济衰退的大背景下,采用网络销售模式可以把产品成功地转向国内市场,既赢得了更多的市场份额,又减少了商品库存量,达到一箭双雕的效果。传统零售业也应该顺应时代和科技的发展需求,招聘专业技术人才研发自己的网络店铺,将实体经营和网络经营结合起来,顾及各种客户群体需求,增加市场份额。

电子商务的繁荣是我国经济高速发展的必然结果,这种便捷的购物方式受到更多消费者的欢迎,同时也加速了传统零售业的发展,企业想要长期在竞争激烈的市场中生存下去,必须接受这种新的消费模式,尝试迎接挑战,将传统销售和网络销售结合起来才能更好地满足客户的需求,长久地发展下去。

（资料来源：李艳蕊.电子商务对传统销售的影响[J].河南科技,2013(16).）

1.3.2　现代销售管理理念

现代销售管理理念认为,销售管理者要培养一个公开、公平、公正的企业环境,对任何业务员要"一碗水端平",不能因为个人的好恶而有失公允、有所偏颇,什么事情都要对事不对人,合法、合理、合情地对待每一位下属。

1. 制度化

没有规矩就不成方圆。一个企业或组织要想进步,就必须有相应的制度来约束员工,管理企业,销售管理也如此。销售管理需要一定的规章制度来支撑,而这些要依靠销售管理者去实施,要通过制定相关的制度加以保证。

销售管理制度化是销售管理的基础。要想将销售管理制度化,企业或组织就要制定一套高效、系统、完善的制度,使销售管理者与业务员有"法"可依,才能做到有"法"必依,执"法"必严,违"法"必究。只有销售管理制度化了,才能保证企业适应市场环境高效运转起来。

2. 简单化

管理制度并不是越多越好,也不是越复杂越好,而应该是越精简越好。现代企业管理追求的是简单化,只有简单的才是易于执行的。销售管理简单化是必要的,因为简单化可以节约资源,提高效率。复杂的销售管理在组织上叠床架屋,在程序上循环往复,在时间上大量浪费,在成本上居高不下。不能简单化就谈不上科学管理,就不会出效益。

销售管理简单化是可行的。由于人性的复杂性,造成销售管理工作的复杂性。但销售管理工作的复杂性,并不代表管理操作一定要复杂。销售管理工作可以简单而且有效。销售管理简单化是销售管理的至高境界。这就要求销售管理者树立把管理工作简单化的思想,通过思想观念的创新、技术手段的创新,把复杂的流程、标准、制度、运作变为简单方便。组织扁平化就是管理层次简单化的一个例子。

3. 人性化

要明白什么是人性化管理,就必须知道人性是什么。人是复合体,是一种复杂的、变化的不同于物质资料特殊资源,并非简单的"经济人"或"社会人",所以人性也不能简单地以性

"善"、性"恶"来概括。人性中的东西有善的、有恶的,在不同环境中又是变化不定的,由此导致人的需求并非固定不变的。不同时空中会有不同的需求;"欲壑难填"在一定程度上是其真实的写照。销售管理人性化中的人性是指人的天性,即"善""恶"并存的天性。这在不同的环境中有不同的表现。

所以,销售管理人性化应该是在充分认识人性的各个方面的基础上,按照人性的原则去管理,利用和发扬人性中有利的东西为管理和发展服务;同时对于人性中不利的一面进行抑制,弱化其反面作用。在销售管理人性化的实施和手段上采取"人性"的方式、方法,尊重个人、个性,而不是主观的以组织意志或管理者意志来约束和限制业务员。在实现共同目标的前提下,给业务员更多的"个人空间"。而不仅仅是靠理性的约束和制度的规定来进行管理。

4. 合理化

合理化即不断地将不合理调试为合理的努力过程,亦即进行更好的改善,以确保企业拥有竞争优势,永续经营发展。企业管理合理化要素有:①抓住异常,重点管理;②追根究底,止于至善;③自我回馈,自动自发。

销售管理者要培养一个公开、公平、公正的企业环境,对任何业务员都要"一碗水端平",不能因为个人的好恶而有失公允、有失偏颇,什么事情都要对事不对人,合法、合理、合情地对待每一位下属。在现代社会中,国家实行的是开发民智,人类的价值得到普遍尊重,销售管理者采取不合理的管理策略收到的效果肯定是事与愿违。销售管理工作要合理化,企业上下要达成全员共识、形成共同的经营理念、打造优秀的企业体制及文化。

1.4 销售人员职业道德的重要性

1.4.1 销售人员职业道德内涵

1. 销售人员职业道德的含义

销售人员职业道德是指销售人员在销售活动中应该遵循的道德准则、道德情操与道德品质的总和,是营销职业道德在销售从业人员从事销售活动中的具体反映。因此,销售人员职业道德就是销售从业人员在处理顾客、供应商、竞争者、中间商、零售商、政府、社区和社会团体等利益相关者之间关系的行为规范。一个成功的销售人员,同时也是一个有职业道德的公民。一个不讲职业道德的销售人员,尽管会获得一时的利益,但是他会给社会和企业造成不良影响,侵害利益相关者的利益,破坏正常的经济秩序,最终导致个人在社会上无法立足。

2. 销售人员职业道德的特点

(1)功利性。功利性是销售人员最明显的一个特征,这里有两个因素驱使:一是企业为销售人员下达的任务指标,必须完成。二是销售人员为完成更好的业绩,而获得更大的利益。这两个因素对企业和个人都有利,恰恰此时的道德风险就更大。

(2)服务性。只有增加服务意识,才能提高客户满意度。客户满意度是服务质量高低的重要标志。销售人员的主要职责就是服务,销售人员要具有服务的意识、服务的能力和服务的本领。

【小资料 1-5】

中石油微笑服务

中国经济的快速发展对能源的需求量与日俱增,使得中国石化石油销售组织遍布全国的企业越来越多。作为央企之首的中国石油集团,其良好优质的服务是企业运营的基础,也是消费者认可的基础。

油品销售企业是石油产业价值链的终端,也是展现中国石油企业形象和员工精神面貌的重要窗口。对销售企业一线员工来说,重塑企业良好形象最直接的方式就是以良好的职业素养,尽职尽责做好本职工作,为客户提供更专业、更周到、更深入的服务。加油站的日常作业并不复杂,员工在规范、有序工作的同时,一个微笑、一句问候、一杯热茶往往就能赢得口碑,重塑企业良好形象就从优质服务开始。

(资料来源:中国石油新闻中心网站,http://news.cnpc.com.cn.)

(3) 渗透性。对于销售人员,职业道德主要渗透到营销组合中的三个方面:①价格方面,销售人员是价格信息的拥有者;②渠道管理方面,销售人员要按照正规渠道进行销售;③促销方面,销售人员在产品介绍时,要真实全面地反映出产品的质量、性能以及可能的安全隐患,不能随意扩大产品的性能。

3. 销售人员职业道德的基本内容

(1) 通晓业务,优质服务。销售人员要博学多才,业务娴熟;要牢固树立服务至上的营销理念;要善于收集信息,把握市场行情;要灵活运用各种促销手段,拉近与客户的距离,成功地进行沟通;要熟悉经销商品的性能,主动准确地传达商品信息;要为顾客排忧解难,满足他们的特殊要求。

(2) 平等互惠,诚信无欺。这是销售工作者最基本的行为准则。销售工作者在工作中不要要手段,坑蒙消费者、擅自压价或变相提价;要恪守营销承诺,绝不图一时之利而损害企业信誉。

(3) 当好参谋,指导消费。销售是生产者与消费者之间的媒介和桥梁,销售人员要在与消费者的沟通中,了解不同对象的不同需求,引导消费者接受新的消费观念。同时,又将消费者的需求信息传达给生产者,以帮助企业改进和调整生产。

(4) 公私分明,廉洁奉公。生产者往往赋予销售工作者一定的职权,销售人员应经得起利益的诱惑,不赚取规定之外的私利,不参与转手倒卖等各种牟私活动。

【小资料 1-6】

保险代理人职业道德规范的基本要求

《保险代理从业人员职业道德指引》主体部分由 7 个道德原则和 21 个要点构成。这 7 个道德原则是:守法遵规、诚实信用、专业胜任、客户至上、勤勉尽责、公平竞争、保守秘密。其中守法遵规、专业胜任是基础,诚实信用是核心,客户至上、勤勉尽责、公平竞争、保守秘密这几条原则可视为诚实信用原则在不同方面的发展。

1. 守法遵规

(1) 以《中华人民共和国保险法》为行为准绳,遵守有关法律和行政法规,遵守社会公德。

(2) 遵守保险监管部门的相关规章和规范性文件,服从保险监管部门的监督与管理。

(3) 遵守保险行业自律组织的规则。

(4) 遵守所属机构的管理规定。

2．诚实信用

(1) 诚实信用应贯穿于保险代理人执业活动的各个方面和各个环节。

(2) 在执业活动中主动出示法定执业证件,并将本人或所属机构与保险公司的关系如实告知客户。

(3) 客观、全面地向客户介绍有关保险产品与服务的信息,不误导客户;如实告知所属机构与投保有关的客户信息。

(4) 向客户推荐的保险产品应符合客户的需求,不强迫或诱导客户购买保险产品。

3．专业胜任

(1) 执业前取得法定资格并具备足够的专业知识与能力。

(2) 在执业活动中加强业务学习,不断提高业务技能。

(3) 参加保险监管部门、保险行业自律组织和所属机构组织的考试与持续教育,使自身能够不断适应保险市场的发展。

4．客户至上

(1) 为客户提供热情、周到和优质的专业服务。

(2) 不影响客户的正常生活和工作,言谈举止文明礼貌,时刻维护职业形象。

(3) 在执业活动中主动避免利益冲突。

5．勤勉尽责

(1) 秉持勤勉的工作态度,努力避免执业活动中的失误。

(2) 忠诚服务,不侵害所属机构利益;切实履行对所属机构的责任和义务,接受所属机构的管理。

(3) 不挪用、侵占保费,不擅自超越代理合同的代理权限或所属机构授权。

6．公平竞争

(1) 尊重竞争对手,不诋毁、贬低或负面评价其他保险公司、其他保险中介机构及其从业人员。

(2) 依靠专业技能和服务质量展开竞争。

(3) 加强同业人员之间的交流与合作,实现优势互补、共同进步。

7．保守秘密

(1) 对客户。

(2) 对所属机构。

(资料来源:项俊波.保险基础知识[M].北京:中国财政经济出版社,2012.)

1.4.2　职业道德是销售人员事业成功的保证

销售人员是营销活动中最活跃的成员,也是面临道德选择最多、道德风险最大的人群。能否遵守营销职业道德、守住道德底线,是对每一个销售人员职业道德水平的考验。不讲职业道德的销售人员很难做好营销工作,销售人员具有良好的职业道德是事业成功的基础。

1．销售人员不讲营销职业道德做不好营销工作

销售人员的工作是直接与人打交道。职业道德修养的高低,是销售事业成功的前提。不讲职业道德,无论对个人或企业都是有害的。一个没有诚信,唯利是图,经营假冒伪劣产品,靠坑、蒙、拐、骗发家的销售人员,即使一时获取利益,终究不会长久,其结果只能是销售人员与客户关系紧张,最终导致个人信用降低,甚至无法立身,严重的还会使企业瓦解、倒闭、破产。因此,销售人员要在激烈的市场竞争中有生存的一席之地和良好的发展空间,就要有良好的职业道德。

【小资料 1-7】

万科集团公司信条

万科的文化一直坚持简单、规范、透明。万科绝不会要求员工在公司内外采用不同的价值标准和行为准则。万科秉承"人才是万科的资本"的用人理念,使员工和公司、客户、合作伙伴之间一直保持平等、双赢的关系。20 多年来,万科一直保持行业领跑者的地位,实现了企业的稳定发展,而其中,起到有力支持因素的就是万科的一克拉文化。

20 多年来,万科一克拉文化所体现的以人为本的管理思想逐步渗透到日常的管理工作中,万科一贯主张"健康丰盛的人生",重视工作与生活的平衡;为员工提供可持续发展的空间和机会;倡导简单人际关系,致力于营造能充分发挥员工才干的工作氛围。通过不断的探索和努力,万科建立了一支富有激情、忠于职守、精于专业、勤于工作的职业经理团队,形成了追求创新、不断进取、蓬勃向上的公司氛围以及有自我特色的用人之道。实践证明,万科的一克拉文化所展现的用人原则是万科多年来稳步发展的动因。

致力于建设"阳光照亮的体制",坚持规范、诚信、进取的经营之道,是万科基本的价值理念。当别的开发商提出少于 40% 的利润不做时,万科却明确提出高于 25% 的利润不赚。万科不以盈利为唯一目标,不是单纯为客户提供住所,而是参与城市生长和城市文化建设的进程,坚持对城市负责、对后代负责的使命和理想。

(资料来源:万科文网,http://www.vanke.com.)

2. 销售人员具有良好的职业道德是事业成功的基础

影响销售人员事业成功的因素很多,良好的职业道德是事业成功的前提条件。销售人员良好的职业道德修养,可以在社会上和客户中塑造良好的公众形象,展示亲和力,增强信任度。销售人员树立热情周到的服务意识、严谨的工作作风和推销货真价实的产品,有利于维护良好的客户关系,有利于增强客户对产品的信度,有利于建立忠实的客户群。

销售人员具有良好的职业道德,能够培养良好的心理素质和健康的心态。在人际关系交往中,会遇到形形色色的人和各种各样的困难。这就要求销售人员既要有充分面对各种困难的心理准备,又要树立克服困难、知难而进的决心和信心,因为成功总是在战胜困难之后取得的。

销售人员具有良好的职业道德,能够在经常的自我反省中,增强自律性。更重要的是,要努力做到"慎独"(无人监督情况下的行为自律),要坚信"君子爱财,取之有道"及"不为五斗米折腰"等经典警语。

最后,销售人员具有良好的职业道德,要在长期的、艰苦的实践中磨炼,通过加强学习,进行自我教育、自我改造,达到自我完善的境界。

【小资料 1-8】

从职业道德和工作能力两个维度为销售人员分类

如果从职业道德和工作能力两个维度来看,销售人员可以分为以下四种。

(1)有德有才,德才兼备。这样的销售人员是企业的精英,拥有这样的销售人员是企业的福分。但是这样的销售人员的数量并不多,大约占到企业的20%。

(2) 有德无才。这种销售人员的基本特点是忠诚敬业,很用心、很努力,但是能力比较差,达不到企业的要求,业绩常常不理想,需要不断地提升与锻炼。这种销售人员数量最多,应当说是可取的。

(3) 有才无德。这类销售人员最令企业头痛,"才"是企业最需要的,"无德"是企业最惧怕的,用之则担心,弃之则可惜。一般企业不主张用这类销售人员。因为它会让企业担负巨大的风险,通常情况下,给企业带来最大危害的,常常就是这样的销售人员。比如说,你的客户和市场丢失了,江山换颜色了!你的销售队伍一夜之间被拉跑了,这类让企业管理者寝食难安的事情,每每都是这样的销售人员干出来的勾当,没有能力的人想做还做不到呢。

(4) 无才无德。没有任何疑问,这样的销售人员是企业淘汰的对象。有人这样比喻:有德有才是正品,有德无才是次品,无才无德是废品,有才无德是危险品。危险品如何对待呢?远离它!中国传统文化这样看:有德有才是圣人,有德无才是贤人,无才无德是废人,有才无德是"小人"。"小人"是什么德行呢?古人谓之"难养也","近之则不逊,远之则怨"。不管你离他远近,他都要算计你。可见没有职业道德的销售人员让管理者痛苦!

我们不妨看看杰克·韦尔奇怎样做。杰克·韦尔奇将企业内部的员工按照是否有能力/是否与企业有亲和力两个标准作了以下划分:与企业文化亲和度高、与企业同心同德而又能力强的人,谓之完人。完人是企业的财富,企业一定要重用。与企业文化亲和度高、同心同德但能力较差的人谓之好人,企业应通过换岗、培训等多种方式培养其能力。

(资料来源:翟新兵.营销新思维,http://blog.wise111.com 名师博客——华夏智慧.)

1.4.3　销售人员职业道德的基本原则

1. 实事求是

销售工作的实质在于通过买卖双方信息交流来达到销售产品和服务的目的。要使销售活动获得成功的基本前提是所传播的信息必须真实准确。严重的信息失真不但会导致企业在客户心中名誉扫地,而且会导致企业管理和生产决策的失误,给企业带来形象上和经营上的损失。销售不是宣传伎俩,不能无中生有,变小为大,它必须以企业的真实表现为客观依据,通过销售人员在公众中树立产品形象和企业形象。可以说,在客户面前,销售人员的形象就代表了企业的形象。销售人员的品格就是企业文化的反映。如果在销售工作中不遵守实事求是的原则,则客户不会相信销售人员,同样不会相信企业的产品。销售经理在这方面更应注意,因为销售经理可能成为销售人员的榜样。

2. 信用至上

无论对哪个企业,信誉是至关重要的。我国一位经济学家曾说过,中国企业最缺什么,那就是信誉。这充分说明了我国目前商业信誉的现状。做一名销售经理,更应该引起注意。对顾客做得到的才承诺,不承诺办不到的事情,一个企业的良好信誉甚至可以在关键时候挽救企业。

讲究信用是商务活动中的基本准则。谁都不愿意和不守信用的人打交道。衡量一个销售人员是否合格,一条重要的标准是看他是否恪尽职守。那些随便许诺的行为是不符合销售人员工作规范的。

3. 奉公守法

销售人员要具有强烈的法制观念,自觉遵纪守法。社会上有些销售经理把销售工作仅仅看作吃吃喝喝、请客送礼,这在我国目前阶段是不可否认的事实。但随着市场经济体制的完善和法律法规的健全,以及人们认识的提高,这种销售方式将越来越没有市场。事实上,也很难设想一个对法律一无所知的人能成为出色的销售经理。销售人员的形象代表一家企业或一类产品,他的一言一行直接关系到顾客的评价,如果销售人员或销售经理利用工作之便以权谋私,这种人最终会受到顾客的鄙视,并为市场所抛弃。

1.4.4 销售人员常见的不道德行为表现

按照调整关系的不同,销售人员的职业道德分为内部职业道德和外部职业道德。前者调整的是销售人员与所在企业之间的关系;后者调整的是销售人员与客户(这里是指直接发生业务关系的批发商、零售商和消费者)、相关政府管理部门、竞争对手及相关利益团体(如消费者协会、舆论媒体、社区等)之间的关系。

1. 销售人员不道德行为对企业内部的表现

销售人员对内作为公司的一员,按照劳动合同和公司内部的各种制度,使用企业的各种资源,承担着各种道德责任和义务;他们在进行业务活动时,要接触和使用企业的各种销售资源,包括人力、信息、资金等有形资产和无形资产(如客户资源、商业秘密、商誉等)。这些资源的所有权属于企业,但使用权属于销售人员,因而容易成为不道德行为侵犯的对象。销售岗位作为一个企业资源密集的岗位,对这些资源的使用和处理方式、处理结果,直接影响到企业的根本利益,它既反映了销售人员的工作能力,也反映了其内部职业道德水平。失范现象具体表现如下。

(1) 人力资源方面。虚假简历;劳动合同违约;兼职;人员提拔中的裙带关系;培训机会的不均等;市场机会不均等;消极怠工;逃避责任;占有他人的成果或业绩。

(2) 信息资源方面。隐瞒信息;提供虚假信息;不及时提供信息;设计有倾向性的问卷;选择特殊样本;歪曲信息;伪造调研报告。

(3) 资金方面。虚报费用;挪用货款;故意控制回款时间;占用企业资金;滥用销售费用。

(4) 有形资产方面。不合理维护保养;侵占;未正确使用公物;未妥善保管;因私使用公物;偷窃。

(5) 无形资产方面。泄露、侵占或出卖商业机密;散布损害公司形象的言论;未正确展示企业的形象;有意损害企业的信誉;有意作出错误的客户评价;客户资源的私有化;伪造客户;盗用商誉;泄露、侵占或出卖知识产权。

2. 销售人员不道德行为对企业外部的表现

销售人员对外作为企业的代理人,是企业与外界沟通的桥梁,是将企业产品、服务、信息、形象送达客户的媒介,承担着收集和传递信息,进行交易,提供售前、售中、售后的各种服务以及客户管理等职能。随着市场竞争的加剧,为了优质、快速、低成本地满足客户日益多样化的需要,越来越多的企业把销售的决策权下放到销售人员的手中,销售人员承担的道德责任和义务也相应地增加。

在日常的销售业务中,销售人员在不同的销售环节,针对不同的利益相关者,其责任、义务各不相同,行为也不一样,反映出职业道德的不同侧面和不同的道德水平。按照业务流程,销售人员的工作大体可划分为市场调研、产品与服务、定价、营销渠道、销售促进(包括人员推销、营业推广、广告和公共关系)、签约和履约六个关键环节。

(1)市场调研。侵犯隐私权;以不正当手段窃取商业情报。

(2)产品与服务。滥用质量标志;销售假冒伪劣产品、有害产品、有缺陷产品;过量销售;夸大量或质的包装。

【小资料1-9】

中国市场再曝假冒知名品牌奶粉事件

中国奶粉问题频现,继三聚氰胺之后,中国市场再曝假冒知名品牌奶粉的现象。2016年1月,公安机关对涉案的陈某等七人正式报请批准逮捕,他们共计生产销售了假冒奶粉1.7万余罐,非法获利将近200万元人民币。在中国品牌奶粉的信任危机下,进口品牌奶粉近年在中国持续热销,假冒进口知名奶粉在中国销售并非个案。通关业务的海关人士告诉《新京报》,假的进口品牌奶粉在中国境内有两种可能:一是本身就是国产货冒充;二是在境外造假,发货时没如实报关,蒙混入关。

(资料来源:第一金融网站,http://www.afinance.cn.)

(3)定价。价格歧视;价格勾结;暴利宰客、哄抬物价;价格欺诈。

(4)营销渠道。对不同的客户,在提供的产品和服务种类、质量等方面差别对待。

(5)销售促进(包括人员推销、营业推广、广告和公共关系)。虚假宣传;夸大产品性能、功效;有意提供不完整信息;隐瞒产品或服务缺陷信息;欺诈性促销(虚假的"特价、减价"广告)、不文明广告、传播不健康文化;有偿新闻;故意贬低竞争对手产品。

(6)签约和履约。宴请、送礼、娱乐、行贿受贿;欺骗性承诺;强迫甚至胁迫销售;使用不公平的格式合同;不履行承诺;偷工减料;违反合同;故意曲解合同;客户歧视;捆绑销售。

【小资料1-10】

营销人员不道德的行为因素

1. 营销人员的自身素质问题

上述不道德行为在很大程度上是企业营销不道德造成,但是不少企业的营销人员大多没经过系统培训,本身素质存在很大问题。

思想道德品质不高,不能坚持以消费者为中心,在营销过程中,为了自己而伤害他人,通过各种不合理、不正当手段牟取私利。

营销观念陈旧,缺乏现代营销理念,认为营销就是把已有的产品"推""销"出去,因此不惜采取违背法律及道德规范的手段开展营销活动。

业务能力不强,营销工作要求营销人员既要有一定的专业知识,又要求有丰富的社会、历史、经济及法律等方面的知识,然而现阶段,不少营销人员的业务水平与此差距较大。

趋利性是人性的弱点之一。各营销人员长期驻外,对公司的归属感凝聚力普遍弱化,加之天高皇帝远,在遭遇利益诱惑时,从心动到行动,轻易就打破了心理的防线。从业态度不端正,过分追求短期利益,自我"估价"过高,总觉得自己"屈才"。

2. 企业管理方面的问题

公司管理不善是营销人员不道德行为产生的主要原因。

管理制度不健全，运作流程不明确，监控稽查体系的缺乏，都会令营销人员感到有机可乘，尤其是对于一个成立时间短、业务发展快、短期内摊子就铺得很大的企业，管理水平的提高跟不上企业发展的步伐，最易产生营销人员道德失范现象。利益分配不合理，会严重抑制营销人员工作积极性，促使剑走偏锋。比如，工资补贴偏低，业务提成久拖不发，销售指标脱离实际难以完成，晋升制度混乱等，都会导致营销人员人心涣散，人浮于事。

奖惩体系不完善，企业领导不重视与营销人员的沟通，营销人员对企业缺乏忠诚感。有些员工最初确实心无杂念，一心只想凭借努力工作换取合理回报，但是，当看到其他同事不断获取灰色收益却仍能红旗不倒，甚至发现太坚持原则反被嘲笑为"木头"而受到孤立时，心中的天平便发生倾斜，久之，就见怪不怪并参与其中了。

3. 消费者方面的问题

当今社会，消费者自我保护意识不强和市场信息不对称导致企业不良营销行为有机可乘。主要表现在以下方面。

受自身知识及文化素质的影响，缺乏必要的商品知识、技术知识及营销方面的知识，对企业不良营销行为缺乏鉴别力。

主人翁意识与责任感不强，对企业的违法犯罪活动，抱着事不关己、高高挂起的态度。缺乏消费者权益保护方面的知识，法律观念淡薄，对损害自身利益的营销行为，既不投诉，又不诉诸舆论，更不能用法律武器来保护自身利益。

（资料来源：世界经理人网站，http://www.ceconline.com.）

本章小结

（1）从销售出发，分析了销售及销售管理在企业中的地位。重点介绍销售管理的性质以及传统销售理念和现代销售理念。

（2）销售是基本的社会活动。销售人员是公司专一的与顾客联系的枢纽。一线销售人员对顾客而言意味着公司的形象。

（3）传统的销售管理。包括：销售无计划；过程无控制；客户无管理；信息无反馈；业绩无考核；制度不完善。现代销售管理理念：制度化；简单化；人性化；合理化。

（4）道德是评价某决定和行为正确与否的价值判断，它还评价某决定和行为是否为大众所接受。市场营销道德则是指消费者对企业营销决策的价值判断，要求企业以道德标准来规范其经营行为及履行社会责任。销售职业的特征决定了销售人员职业道德至关重要。

关键概念

销售　销售管理　职业道德

思考题

1. 销售管理为什么重要？
2. 列出销售经理的职责。
3. 讨论如何做一名合格的销售经理。
4. 现代销售理念是怎样的？
5. 如何加强销售道德规范的管理？

实践训练

1. 以 5～6 人为一小组，模拟组建营销团队，并分别介绍各自任务及小组经营目标。保存小组发言以便通过以后的学习，对最初目标进行修改。

2. 在互联网上搜索关于道德影响销售人员的职业发展的案例，并对相关内容进行整理，与教师和同学分享案例内容。

第 2 章

销售计划管理

【学习目标】

1. 了解销售计划的重要性。
2. 了解销售计划的概念和内容。
3. 掌握销售目标的内容和制定程序。
4. 掌握销售计划和预算的编制。

2.1 销售计划的重要性

作为管理者,最主要的基本工作职能包括五个方面:计划、组织、领导、协调、控制。首要职能就是计划,制订计划,按计划做事,做计划中的事。很多销售管理者之所以感到工作累和茫然,原因是工作没有计划,跟着感觉走,遇到什么问题就解决什么问题,发生什么事就做什么事,这是一些"问题导向"管理者的工作状态,工作忙忙碌碌,最终结果却是事倍功半。

销售计划是企业所有计划的基础和依据,是指导销售人员进行销售的规范,它让所有销售行为有的放矢。销售计划更是一把标尺,不断地激励销售人员更上一层楼。

2.1.1 销售计划的概念

销售计划是指企业根据历史销售记录和已有的销售合同,综合考虑企业的发展和现实的市场情况制定的针对部门、人员的关于任何时间范围的销售指标(数量或金额),企业以此为龙头来指导相应的生产作业计划、采购计划、资金筹措计划以及其他计划安排和实施。

2.1.2 销售计划的内容

每一个销售人员都知道,提前做好销售计划是非常重要的,合理地按照计划来实现销售业绩,实施起来非常方便,一份合理的市场销售计划一般包括以下几个方面。

(1)市场分析。指根据了解到的市场情况、竞争对手的销售情况,对产品的卖点、消费群体、销量成绩等进行定位。

(2)销售方式。指找出适合自己产品销售的模式和方法。

(3)客户管理。指对已开发的客户如何进行服务和怎样促使他们提高销售或购买,对潜在客户怎样进行跟进。我觉得这一点是非常重要的,应在计划中占主要篇幅。

(4)销量任务。就是定出合理的销售任务,销售的主要目的就是要提高销售量。只有努力地利用各种方法完成既定的任务,才是计划作用所在。完成了,要总结出好的方法和模式;完不成,也要总结还存在的问题和困难。

(5)考核时间。销售计划可分为年度销售计划、季度销售计划和月度销售计划。考核时间也不一样。

(6)总结。就是对上一个时间段销售计划及执行情况进行评判。

2.2 销售目标的制定

2.2.1 销售目标的内容

销售目标是指公司在一定时间内期望达成的销售水准。

销售目标的设定极为重要,因为销售目标设定后,企业所投下的资源,如执行策略的资源、广告及促销费用、雇用的营销及推销人员、采用的营销渠道以及所要生产的产品、设定的库存等都是为了实现销售目标而服务的。

通常所做的各项内外环境的重点分析,如政治、经济、社会、法规等变动及市场需求变化,竞争分析、前一时间段的业绩检讨等,都是在引导我们制定出最理想的销售目标。

那么,什么是理想的销售目标? ①具有挑战性而且可以达成;②能够达成企业中长期的期望。这两点是实现理想的销售目标最重要的条件。

2.2.2 销售目标的制定程序

制定合理的销售目标时会使销售人员士气大增,收入可观。但如果目标遥不可及就必然会大挫士气。制定合理销售目标的程序有以下五个步骤。

1. 评估所处市场环境

根据行业环境、竞争对手和自身产品的市场处境进行综合评估,是制定销售目标的基础。①要看行业的发展趋势。如保健酒每年以30%的速度递增,而白酒处于略有下滑的趋势。②要看直接竞争对手今明两年的推广方案、广告力度、新品开发等营销推广方式及力度。③要看自身品牌的市场状况,是处在成长期、成熟期还是衰退期? 去年市场投入的力度及效果怎样? 市场占有率多大? 还有多大上升空间? 去年的销售瓶颈有没有能力打破?

2. 参考往年销售数据

往年销售数据是年度决策的重要因素之一。尽量多参考几年的销售数据,而不能单看最近一年的销售数据。数据是参考依据,不是直接定目标的基数。参考数据的目的是结合所处市场环境,找出数据的发展走势。走势并非简单的直线,而是与所处环境紧密相连的。

3. 做好基层人员调研

总部人员制定年度目标前,要选择几个有代表性的市场,进行翔实调研。调研市场的选择要综合考虑区域分布、市场成熟程度、市场容量、人员能力等因素。调研的方式除了与分公司人员和代理商访谈外,要敢于走到终端最底层,与零售商和消费者直接沟通,掌握第一手资料。最直接的一线调研数据,是预测明年销售状况的基础。

4. 分解年度销售目标

一般在制定总体目标前,要让分公司上报明年的计划。总部在结合分公司计划的基础上确定总体销售目标后,需要对年度销售目标进行分解。一般按照分公司、月度、产品等因素进行分解,分解时不能搞一刀切,要根据各自实际情况进行调整。分解过程也是一个最后修订总目标的过程,有时会反过来根据分解后目标的可行性进行总目标的修改。

5. 配套整体实施方案

没有整体推广方案做保障的年度销售目标只能是画饼充饥。只有具体的广告计划、促销计划、新品开发计划、营销政策、管理制度等具体实施措施与目标配合,才能确保销售目标顺利完成。销售人员和代理商才会信心十足。

2.2.3 销售目标的确定

销售目标的确定有以下几种方法。

1. 根据销售增长率确定

销售增长率是指企业本年销售增长额与上年销售额之间的比率,即今年销售实绩与去年销售实绩的比率,反映销售的增减变动情况,它是评价企业成长状况和发展能力的重要指标。其计算公式为

$$销售增长率 = 本年销售增长额 \div 上年销售额$$
$$= (本年销售额 - 上年销售额) \div 上年销售额$$

(1)销售增长率是衡量企业经营状况和市场占有能力、预测企业经营业务拓展趋势的重要指标,也是企业扩张增量资本和存量资本的重要前提。

(2)该指标越大,表明其增长速度越快,企业市场前景越好。

$$下年度的销售收入 = 今年销售实绩 \times 成长率$$

2. 根据市场占有率确定

市场占有率是企业观察其销售额占业界全体的销售额(需求量)的比率。

无论是何种企业,市场占有率越高,其市场地位就越稳固,所以,任何企业都希望极度拓展市场占有率,但由于受到法律及自由竞争的限制,各企业的市场占有程度都有一定限度,拓展市场并非易事。因而,若想增加市场占有率的目标值,主要以过去的趋势为基础,然后再制定稍高些的目标值,最后,再根据决定后的数值,依下列算式求算销货收入的目标额。但是,首先要通过需求预测各值,求出整个业界的销货收入。

$$下年度的销货收入目标值 = 下半年度业界的销货收入 \times 市场占有率目标值$$

3. 根据市场扩大率(或实质成长率)确定

这是根据企业希望其在市场的地位扩大多少,或希望较业界实质成长多少,以决定销货收入目标值的方法。

市场扩大率表示企业今年与去年市场占有率之比。而实质成长率,则表示企业成长率与业界成长率之比,所以,当企业今年的销售额等于去年时,不一定算是维持原状,唯有当实质成长率为100%时,也就是业界的成长率与企业成长率相等时,才可称为维持原状。

于是,决定下年度市场扩大率目标值,以及推测业界的成长率之后,再以下列公式来求出销售额的目标值。

$$下年度销货收入的目标 = 本年度销售实绩 \times 业界成长率 \times 市场扩大率$$

4. 根据盈亏平衡点公式确定

销货收入,可区分成"成本"与"利润"两部分,成本可再分解成"固定成本"与"变动成本"两项。固定成本是指不随销售数量的增减而变动者,如主管人员薪水、租金、保险费等。变动成本是指与销售数量的增减几乎成正比例而变动者,如制造业的直接原料、直接人工、销售运费、包装费等。

因此,当销货收入(或销售数量)为0时,其变动成本不发生,而固定成本却必然产生,为了能确保损益相等,务必使销货收入与变动成本的差额等于固定成本,如下列算式所示。

$$销货收入 = 成本 + 利润$$
$$销货收入 = 变动成本 + 固定成本 + 利润$$
$$销货收入 = 变动成本 + 固定成本 \cdots\cdots(损益为 0 时)$$
$$销货收入 - 变动成本 = 固定成本$$

因变动成本随销货收入(或销售数量)的增减而变动,故可使用变动成本率,求算每单位销货收入的增减率。

$$变动成本率 = 变动成本 \div 销货收入$$
$$销货收入(X) - 变动成本率(V) \times 销货收入(X) = 固定成本(F)$$

可利用上述公式,推导出下列损益平衡点公式:

$$销货收入(X) \times [1 - 变动成本率(V)] = 固定成本(F)$$

5. 根据经费倒算确定

企业经营各种活动,会有人事费、折旧费等营业费用产生,"纯益"更是和企业的存亡有关。企业的一切销货成本、营业费用、纯益等,均源自销货毛利,二者之间的关系甚为密切,下面以销货毛利率公式着手进行分析。

$$销售毛利率 = 销售毛利 \div 销售收入$$

如某公司确定某产品毛利率为30%,当月毛利目标为30万元,则可就此推算出该产品当月销售收入目标为100万元。

上述方法主要以销售毛利率目标值为基准,然后再求算销售收入。但是,若想使该值更合乎实际而且具体,可按照产品及部门的毛利来求算销售收入目标值。其计算程序如下。

(1) 决定整个企业所需的毛利。

(2) 决定产品及部门的毛利目标。

(3) 分配产品及部门的毛利目标。

(4) 通过产品及部门预定的毛利率,求算二者的销售收入目标值。

(5) 总计各产品及部门的销售收入目标值,其值是全公司的销售收入目标值。

6. 根据消费者购买力确定

此法适合零售商,是估计企业营业范围内的消费者购买力,用以预测销售额的方法。首先需要设定一个营业范围,并调查该范围的人口数、户数、所得额及消费支出额,另外再调查该范围内的商店数及其平均购买力。

【例2-1】 现假设某水果商想要作出销售预测,首先须参考政府与各有关机构的统计数字,估计每户每年水果消费支出额,然后根据下列资料预测水果商的销售收入额。

(1) 每户每年消费支出额为 3 000 元。

（2）营业范围的户数为 5 000 户。

（3）每年购买力为 15 000 000 元。

（4）商店数及销售力见表 2-1。

表 2-1　商店数及销售力

项　目	专卖店	果菜行	合计
商店数	4	8	12
销售力	1	0.5	1.5
销售力总计	4	4	8

解：（1）由平均销售力估计的销货收入计算式为

$$15\ 000\ 000 \div 8 = 1\ 875\ 000（元）$$

（2）估计各商店的销售收入如下。[①]

专卖店：1 875 000 元；果菜行：937 500 元。

7. 根据各种基数确定

（1）根据每人平均销货收入的求法。这是以销售效率或经营效率为基数，以求销货收入目标值的方法。其中最具代表性、简易的方法如下。

$$销货收入目标值 = 每人平均销货收入 \times 人数$$

总计每人平均销货收入就是下半年度的销货收入目标值。当然，以过去趋势作单纯的预测，或以下半年度的成长率为基准预测也可以。

（2）根据每人毛利的求法。这是以每人平均毛利额为基数，求算销货收入的方法。

（3）根据劳动生产力的求法。劳动生产力与资本生产力一样，均是代表生产力的指标。附加价值的求法，可分为扣除法和加算法两种。所谓扣除法，是指自销售额中，直接扣除销售成本，其余额正是附加价值额。所谓加算法，则是先决定附加价值的构成要素，然后合计这些构成要素之值，便是附加价值额。

加算法的计算方式有许多种，其最具代表性的求算法如下。

$$附加价值 = 人事费 + 折旧费 + 租金 + 税金 + 金融费用 + 纯益$$

在附加价值分析中，劳动分配率扮演一个相当重要的角色。劳动分配率就是人事费占附加价值的比例，劳动分配率虽因业种及规模的不同而有异，但是一般仍以 40% 为准。

因加算法所求得的附加价值，是各构成要素相加而来，所以只要估计附加价值，即可求出销货收入。

$$销货收入目标值 = 附加价值 \div 附加价值率$$

（4）根据每人平均人事费的方法。这是根据人事费与销货收入比率的求法。

$$销货收入目标值 = 每人平均人事费 \times 人数 \div 人事费率$$

8. 根据销售人员申报确定

这是逐级累积第一线销售负责人的申报，借以求算全企业的销货收入目标值的方法。

---

① 据题中信息，12 家销售店（专卖店和果菜行）负责整个区域销售，年销量等于购买力，即 15 000 000 元，1 个专卖店销售力相当于 2 个果菜行销售力，则相当于共有 8 个专卖店，平均每个专卖店销售收入为 15 000 000÷8=1 875 000（元），果菜行销售力等于 0.5 个专卖店销售力，即 937 500 元。

由于第一线销售人员(如推销员、业务人员等)最了解销售情况,所以,通过估计而申报的销货收入,必然是最能反映当前状况,而且最有可能实现的销售收入。当然,如果第一线销售人员的总预测值与经营者的预测一致的话,最为理想。当采用本法时,务必注意下列两点。

(1)申报时尽量避免过分保守或夸大。预估销售收入时,往往产生过分夸大或极端保守的情形。预估销售收入时,应依自己的能力来申报"可能"实现的销售收入值,所以身为第一线领导者的业务经理,务必使推销员明白这一点。

(2)检查申报内容。一线销售管理者除应避免过分夸张与保守外,尚需检查申报内容的市场性,即检查申报内容是否符合现有市场发展趋势及市场基础购买能力。所以,检查申报内容部分需站在符合市场性的基础上,采用"由上往下分配式"与"由下往上式",进行协调与完善。

【小资料 2-1】

影响年度销售目标达成的因素有哪些

岁末年初,又到企业制定新年度销售目标之际,营销之剑挥向何方?如何让年初的希望变为年底可及的现实?需要企业溯本清源,找到年度销售目标无法完成的"病因"和"病根"。脱光问题的外衣,将问题暴露在阳光之下,让"身患重疾"的年度销售目标,在发展中得到有效的医治。影响年度销售目标达成的因素有哪些?

1. "老板拍脑袋",目标制定不合理

很多企业销售目标决策规律是老板拍脑袋、高层拍胸膛、经理拍屁股(走人)。这种"三拍决策"在产品同质化、市场透明化的今天,年度销售目标完成的梦想很难如愿。时至年底,会常听到一些企业老板喊出诸如明年销售目标要确保增长 30%、力争增长 50% 的口号,这只是一种口号,而不是目标,只是企业老板鞭打快牛意识作用下的一厢情愿而已。

企业老板拍脑袋定目标,目标决策成了老板的一言之堂,仅凭积淀的经验和知觉本能的判断来制定企业的年度销售目标,目标的制定缺乏科学的市场调研、分析、预测。因销售目标失真,从而直接或间接地影响到公司的资金周转、生产计划、材料采购等计划的制订,以及绩效考核体系的运行,致使企业年度销售目标的达成渐行渐远。

2. 营销计划无法落实,喊得凶、抓得松

营销计划是企业的战术计划,营销战略对企业而言是"做正确的事",而营销计划则是"正确地做事"。很多企业在实际经营过程中,因业务流程不合理,营销计划落实执行缺乏支持系统(制度保障、绩效考核、过程管理等),销售人员则不能把销售方针、政策、方案等付诸实施,致使营销计划无法得到有效执行,企业年度销售目标的实现也随之失去保障。

企业一旦忽视计划落实的重要性,不抓落实,只是"喊得凶、抓得松",不能把销售目标转化成为工作目标,即使是制定了科学合理的年度销售目标、缜密的计划、完善的措施、正确的政策、严格的制度,都只能成为一纸空文。企业年度销售目标的完成也即将成为水中月、镜中花,终难实现。

3. "杀鸡取卵做市场"造成"市场自杀"

无论是销售人员还是代理商,为了实现公司的销量目标,往往会采用"杀鸡取卵"的方式做市场,导致市场出现"销量增长后遗症",虽然销量上去了,但市场基础并不稳固,对市场的管理和控制力并没有得到强化,销量会很容易滑落下来。表面上看业绩增长迅速,但许多违规降价、赔本促销、串货等推广手段造成了"市场的自杀",导致产品生命周期缩短,企业年度销售目标的实现也即将随着"市场自杀"的行为而过早地夭折。

4. 薪酬设计不合理

薪酬是激发营销人员达成目标的原动力,合理的薪酬制度让人工作振奋,而不合理的薪酬制度则使人工作消极。设计公平、公正、公开、适合本企业的薪酬体系,则是企业能否实现销售目标的核心与关键。

薪酬体系事关营销人员"人心向背",众多企业年度销售目标之所以"祸起萧墙",连连失手,其实都是难以服众的薪酬制度"惹的祸"。因此,销售目标的顺利达成,离不开合理、富有竞争性的薪酬考核体系。

有些企业对销售代表的考核过于直接,那就是完成任务。一个月完不成任务,你就拿不到基本工资,连续两个月不完成任务,就要亮黄牌警告,第三个月再完不成任务,就要直接走人。导致营销人员不愿花精力去培养市场,造成销售工作出现压货、拿钱、走人的恶性循环。销售服务断档,销售政策不连续,朝令夕改,出尔反尔,企业信誉下降,致使企业年度销售目标难以实现。

(资料来源:新浪博客,http://blog.sina.com.cn.)

2.3 销售计划及预算的编制

销售人员必须持严谨、认真的态度,必须对自己的计划负全责。此外,销售人员还应定期评估计划的执行情况,并随时督促自己把握好进度,以达成最终目标。所以制订销售计划应遵循以下三点原则。

(1) 确保接触顾客的时间最大化。没有接触,就没有业绩,销售人员和准顾客面对面的接触时间决定了他的业绩,销售计划的第一个检查重点是,你是否安排了足够的时间来接触足够多的准顾客。

(2) 明确所要达成的最终目标。在制订计划前,销售人员必须先了解自己的目标,也就是我们常说的指标。目标是公司对销售人员的期望,也是销售人员需要完成的任务,这些目标通常必须遵循公司的策略性目标及优先顺序。

(3) 充分了解所能利用的资源及其优劣势。要达成目标,销售人员必须先充分了解有哪些资源可用及这些资源的优劣势。下列项目可协助销售人员检讨自己的资源状况:产品知识、价格权限、现有顾客关系、准顾客资料库、销售区域、销售辅助器材等。

2.3.1 销售计划的编制

1. 时间管理

销售计划的编制必须遵循时间管理原则,即根据事情的重要和紧急程度的不同来安排计划,根据时间管理将事情划分成四种类型。

(1) 第一类是既重要又紧急的事情。

例如,房屋着火,或者客户打来的投诉电话,对这种事情我们的态度是马上处理,防止危机进一步扩散。

(2) 第二类是重要但不紧急的事情。

例如,平时要做的工作规划、预算,和客户沟通,同事之间的交流等,虽然不紧急但是一定要花很多时间。

（3）第三类是不重要但是很紧急的事情。

例如，在工作的时候，你的父母或者好朋友突然打来电话，询问你的工作情况。事情虽然不是很重要，但是父母或好朋友打来电话怎能不处理？所以要尽量减少这类事情的发生，无意义的闲聊应该杜绝。

（4）第四类是非重要又非紧急的事情。

例如，经理布置一项任务，说是一个月之后交，于是拖了三个星期不干，到最后一个星期才开始赶工。那没有做事情的三个星期，往往就是被"紧急而不重要的事情"占去了。

在时间管理上，把"紧急而不重要的事情"放在"重要而不紧急的事情"前面是个常见的错误。这样往往导致工作质量下降，而且赶工的时候，由于没有足够的弹性时间，一点点意外就能让自己手足无措。

2．制订销售计划

好的销售计划首先是切实可行并有效率的计划。销售人员应该知道要去拜访谁、何时去拜访，每次拜访的目标及方法，争取做到充分利用自己的时间。为了制订有效的销售计划，需充分考虑以下事项并统筹安排自己的时间。

（1）制订拜访计划。制订拜访计划时，应根据提供服务的多少和自己的能力来确定拜访次数，并计划出每月每日的拜访次数（包括每日新拜访次数、每日重复拜访次数、每月新拜访次数、每月重复拜访次数）。

（2）制订路线计划。好的销售路线是指销售人员能在规定时间内到达规定地点并消除不必要往返的拜访路线。通常，销售路线有直线型、四叶草型、螺旋型、地带型四种。具体来说，"直线型"适用于顾客基本位于一条直线上的情形；"四叶草型"适用于销售区域很大并需要好几天时间才能走遍的情形；"螺旋型"常用于顾客很分散的情形；"地带型"要求将整个区域划分成一定数量的地带。

（3）计划约见顾客的时间。计划好通过电话、销售信函等方式约见顾客所需的时间。

（4）充分运用有效的时间段。一般来说，上午 10：00—11：30 和下午 2：00—5：00 是与顾客会面的最佳时间段，销售人员应充分利用。

（5）做好销售准备的时间。具体来说，包括建议书撰写、资料准备等工作。

（6）客诉处理时间。销售人员应认识到尽快处理顾客投诉的重要性，并留出专门的时间来处理。

（7）训练时间。指参与公司内部训练的时间。

（8）会议。指参加公司会议的时间。

2.3.2　销售预算的编制

1．销售预算的含义

销售预算一般是企业生产经营全面预算的编制起点，生产、材料采购、存货、费用等方面的预算，都要以销售预算为基础。销售预算把费用与销售目标的实现联系起来，销售预算是一个财务计划，它包括完成销售计划的每一个目标所需要的费用，以保证公司销售利润的实现。销售预算是在销售预测完成之后进行的，销售目标被分解为多个层次的子目标，一旦这些子目标确定后，其相应的销售费用也被确定下来了。

销售预算以销售预测为基础,预测的主要依据是各种产品历史销售量的分析,结合市场预测中各种产品发展前景等资料,先按产品、地区、顾客和其他项目分别加以编制,然后加以归并汇总。根据销售预测确定未来期间预计的销售量和销售单价后,求出预计的收入。

$$预计销售收入＝预计销售量×预计销售单价$$

2. 编制销售预算的方法

(1) 自上而下。主管按公司战略目标,在预测后,对可利用的费用进行了解,根据目标和活动,选择一种或多种决定预算水平的方法进行预测,分配给各部门。

(2) 自下而上。销售人员根据上年度预算,结合去年的销售配额,用习惯的方法计算出预算,提交销售经理。

销售预算的作用:一方面为其他预算提供基础;另一方面销售预算本身就可以起到对企业销售活动进行约束和控制的功能。销售预算的编制有利于公司目标及销售任务的实现,销售预算是为公司战略目标的实现而设置,公司的战略目标会根据环境变化而调整,所以,预算不是一成不变的。我们应随市场而变,预算并不是一项约束条件,而是一件应付挑战的武器。

3. 销售预算的内容

一般而言,销售部门的预算包括预测的销售额(分解为地域、产品、人员三部分)和以下内容。

(1) 销售人员的费用。包括销售人员的工资、提成、津贴,以及销售人员的差旅费等,如住宿、餐饮、交通等。

(2) 销售管理费用。包括销售经理的工资、提成、津贴,以及销售经理的差旅费,如住宿、餐饮、交通、交际费等。

(3) 其他人员费用。包括培训师的报酬和被培训者的补助等。

(4) 其他销售费用。包括销售会议费用、销售促进费用、销售展示费用、目录和价格清单费用、招聘费用和销售人员离职费用等。

(5) 通信费用。包括邮寄费、电话费和上网费等。

4. 销售预算的过程

销售预算一般包括以下步骤。

(1) 确定公司销售和利润目标。公司的销售和利润目标是由最高管理层决定的。最高管理层是公司所有者负责。为了吸引投资和贷款,公司必须保持足够的投资回报。否则,公司的成长机会和生存将受到严重的威胁。公司的营销总监和销售经理的责任就是创造能达到公司最高层的目标的销售额,但这样做必须考虑成本。

(2) 销售预测。销售预测包括地区销售预测、产品销售预测和销售人员销售预测三部分。一旦公司销售和利润目标已经确定,预测者就必须确定在公司的目标市场上能够实现这个目标。如果总体销售目标与预测不一致,就需要重新调整公司销售和利润目标或公司营销体系。

(3) 确定销售工作范围。为了达到既定的销售目标,就需要确定潜在顾客和他们的需求,如设计产品、生产产品和为产品定价,通过各种方式与顾客沟通,招聘、培训销售人员等。

(4) 确定固定成本与变动成本。固定成本是指在一定销售额的范围内,不随销售额增减而变化的成本。随着销售产品数量增减同步变化的成本称为变动成本。

固定成本包括销售经理和销售人员的工资、销售办公费用、培训师的工资、被培训销售人员的工资、例行的销售展示费用、保险、一些固定税收、固定交通费用、固定娱乐费用、折旧费用等。

变动成本通常包括提成和奖金、邮寄费、运输费、部分税收(增值税)、交通费、广告和销售促进费等。

(5)进行量本利分析。当销售经理被分配年度销售和利润目标后,他必须保持对达到目标过程的控制,这种控制最好按月进行,量本利分析法是一种有效的分析方法。

盈亏平衡点(BEP)是量本利分析法中最重要的概念。它是指为了使收入能够弥补成本(包括固定成本和变动成本)而采用的最低销售量。其计算公式如下。

$$BEP = F_C \div (P - V_C)$$

式中,BEP 为盈亏平衡点;F_C 为总固定成本;P 为单位产品售价;V_C 为单位产品的变动成本。

通过调控变动成本和固定成本,就可以知道它们对利润的影响,从而作出对销售预算的判断。

(6)根据利润目标分析价格和费用的变化。根据上一步骤量本利分析法,销售经理需要知道各种行动对公司盈亏平衡点(BEP)的影响。

① 当公司的价格、成本、销售量处于盈亏平衡点时,销售收入刚好弥补所有的成本费用。公司处于零利润状态。但这只是一个理论上存在的状态,很少有公司刚好处于这个点上。当然,有些公司接近这种状态,也可以认为是处于盈亏平衡点,以便于分析和管理。

② 当固定成本先下降而后又上升,而价格和变动成本不变时,例如一个销售人员离开公司,则员工薪酬名额减1,财务上体现为固定成本下降,盈亏平衡点下降。如果此时价格不变、变动成本不变、销售量不变,则利润表现为增加。

相反,如果销售经理决定将两个区域分割为四个,就需要增加两个销售人员,这时,固定成本会上升,达到盈亏平衡点时,销售量会增加。如果销售量不变,则利润将下降。

在上述①情况下,销售经理决定削减交通费用,让销售人员更多地使用电话,这样单位变动成本会下降。假定销售量没有损失,盈亏平衡时,销售量就会下降,因此,利润会上升。相反,如果销售经理增加销售人员的交通费用,变动成本会上升,从而盈亏平衡点也会上升,这时如果销售量不增加,则利润会很快下降。

③ 要决定价格对利润的影响。通过试验各种价格和成本的变化,销售经理可以看到其对盈亏平衡点和利润的影响。

(7)提交最后预算给公司最高管理层。进行量本利分析之后,销售经理要确定达到最高管理层要求的销售额和利润目标所必需的销售费用,要分析各种变量的变化对利润的影响,并对各种变量的可行性进行分析和测算。

(8)用销售预算来控制销售工作。量本利分析是一个预测工具,它能很好地体现成本费用变化对盈亏平衡点和利润的影响。当实际费用发生时,销售经理也可以根据不同的变量对目标影响的重要性来分析偏差发生的原因,进行有针对性的调控。

5. 确定销售预算的方法

销售经理在确定销售预算水平时,采用何种方法应根据公司的历史、产品的特点、营销组合的方式和市场的开发程度等多方面因素加以确定。各公司采用的预算方法各种各样，这里介绍几种常用的方法。销售经理可根据实际情况加以选择。

（1）最大费用法。这种方法是在公司总费用中减去其他部门的费用，余下的全部作为销售预算。这种方法的缺点在于费用偏差太大，在不同的计划年度里，销售预算也不相同，不利于销售经理稳步地开展工作。

（2）销售百分比法。用上年的费用与销售百分比，结合预算年度的预测销售量来确定销售预算。另外，还可以把最近几年的费用的销售百分比进行加权平均，其结果作为预算年度的销售预算。这种方法适合于销售市场比较成熟的公司，它的缺点是往往忽视了公司的长期目标，不利于开拓新的市场，同时，这种方法不利于公司吸纳新的销售人才，它促使销售经理只注重短期目标，而忽视对公司具有长期意义的人才的培养。

（3）同等竞争法。同等竞争法是以行业内主要竞争对手的销售费用为基础来制定的。同意用这种方法的销售经理认为销售成果取决于竞争实力，用这种方法必须对行业及竞争对手有充分的了解，做到这点需要及时得到大量的行业及竞争对手的资料，但通常情况下，得到的资料是反映以往年度的市场及竞争状况。用这种方法分配销售预算，有时不能达到同等竞争的目的。

（4）边际收益法。这里的边际收益是指每增加一名销售人员所获得的效益。由于销售潜力是有限的，随着销售人员的增加，其收益会越来越少，而每个销售人员的费用大致是不变的，因此，存在一个点，再增加一个销售人员，其收益和费用接近。再增加销售人员，费用反而比收益要大。边际收益法要求销售人员的边际收益大于零。边际收益法的缺点：在销售水平、竞争状况和市场其他因素变化的情况下，确定销售人员的边际收益是很困难的。

（5）零基预算法。在一个预算期内每项活动都从零开始。销售经理提出销售活动必需的费用，并且对这些活动进行投入产出分析，优先选择那些对组织目标贡献大的活动。这样反复分析，直到把所有的活动按贡献大小排序，然后将费用按照这个序列进行分配。这样有时贡献小的项目可能得不到费用。另外，使用这种方法需经过反复论证才能确定所需的预算。

（6）任务目标法。任务目标法是一个非常有用的方法，它是根据不同的销售任务来确定销售预算的方法。

【例 2-2】 公司计划实现销售额 14 000 万元时的销售费用是 500 万元。其中，销售水平对总任务的贡献水平若为 64%，那么，用于销售人员努力获得的销售收入如下。

$$14\ 000 \times 64\% = 8\ 960（万元）$$

$$费用 \div 销售额 = 500 \div 8\ 960 \times 100\% = 5.6\%$$

假设广告费用 200 万元，广告对总任务的贡献水平 25.6%。由于广告实现销售收入为

$$14\ 000 \times 25.6\% = 3\ 584（万元）$$

$$广告的费用 \div 销售额 = 200 \div 3\ 584 \times 100\% = 5.6\%$$

这种情况下，两种活动对任务的贡献是一致的。若广告的收入低，公司可以考虑减少广告费，增加人员销售费用。

这种方法要求数据充分，因而管理工作量较大，但由于它直观易懂，因此很多公司使用这种方法。

（7）投入产出法。这种方法是对任务目标法的改进。任务目标法是一定时间内费用与

销售量的比较。但有时有些销售费用投入后,其产生的效果在当期显示不出来,则无法真实反映费用和销售量比率。

投入产出法,不强调时间性,而是强调投入与产出的实际关系,因而一定程度上克服了任务目标法的缺点。

2.3.3　销售计划与预算的可行性研究

在完成销售计划和预算之后,要检查计划是否科学,能否如期完成,以下是评估销售计划与预算的五大原则。

(1) 对上负责的原则。要坚决执行上级的指示精神,服从全局利益,反对本位主义。

(2) 切实可行的原则。要从实际情况出发定目标、定任务、定标准。

(3) 集思广益的原则。广泛听取意见、博采众长,众人参与,反对主观臆断。

(4) 突出重点的原则。分清轻重缓急,突出重点,以点带面,不能眉毛胡子一把抓。

(5) 防患未然的原则。写明相关保护或者防备的措施。

要有实现计划的具体保障措施和出现"意外"的补救措施。另外,销售计划与预算应该是可以调整的。当工作计划的执行偏离或违背了公司目标时,需要对其作出调整,不能为了计划而计划。最后销售经理要经常跟踪检查执行情况和进度。发现问题时,就地解决并继续前进。

本章小结

(1) 销售目标是指公司在一定时间内期望达成的销售水准。理想的销售目标具有挑战性而且可以达成和能够达成企业中长期的期望。销售目标的评估:整体市场的销售趋势;公司的销售趋势;市场占有率趋势。整体市场及自己公司的销售趋势,是估算年度销售金额的一个重要参考因素。销售目标的制定程序:评估所处市场环境;参考往年销售数据;做好基层人员调研;分解年度销售目标;配套整体实施方案。销售成长率是今年销售实绩与去年销售实绩的比率。销售目标的确定:根据销售成长率确定;根据市场占有率确定;根据市场扩大率(或实质成长率)确定;根据盈亏平衡点公式确定;根据各种基数确定;根据销售人员申报确定。

(2) 销售预算以销售预测为基础,预测的主要依据是各种产品历史销售量的分析,结合市场预测中各种产品发展前景等资料,先按产品、地区、顾客和其他项目分别加以编制,然后加以归并汇总。编制销售预算的方法:自上而下;自下而上。销售预算一般包括以下步骤:确定公司销售和利润目标;销售预测;确定销售工作范围;确定固定成本与变动成本;进行量本利分析;根据利润目标分析价格和费用的变化;提交最后预算给公司最高管理层;用销售预算来控制销售工作。总之,好的销售计划与预算是销售目标实现的保障。

关键概念

销售计划　销售目标　销售预算

思考题

1. 销售计划的内容有哪些？
2. 如何制定销售目标？
3. 如何编制销售预算？
4. 怎样对销售计划的可行性进行评估？

案例分析

计划先行，让销售目标在可控中实现

每一名区域经理都免不了面临以下窘境：公司下个月给了你 10 万元的销售任务，但按照往常情况，你大大小小的客户加起来也只能完成 7 万元，剩下的 3 万元又从哪里弄出来呢？在销售实战过程中很多一线销售人员都会碰到类似的问题——销量完成的路在何方？

1. 计划制订，数据先行

除了用来应付领导的花架子以外，真正的销售计划首先应该立足于真实的销售数据，从销售历史来说，往年的这个月销量是多少，今年的增长率基本上是在哪个幅度，从实际情况来说，那些销量较大的客户的库存还有多少，谁的回款能力和销售能力可以在必要的时候作为压货的对象，在自己管辖的区域里如果要开发新的客户目标对象又是谁，公司在近阶段会不会有什么新的优惠政策等，所有这些都是销售人员在制订自己下月度计划时需要考虑的因素，只有充分掌握了第一手真实的资料，才能做到自己下个月的销量在计划中稳步实现。

2. 统筹规划，落实销量完成的切入点

(1) 新客户开发。新客户开发对于销量的完成是一个不错的选择，市场占有率还不高的可以再开发更多的客户，利用新客户的进货来增加自己的销量；市场占有率高的可以想办法开发新销售渠道，如寻求将自己产品作为其他单位用作礼品、促销赠品的可能性从而实现变相销售的目的。

(2) 现有销售终端的能力提升。销售任务的最终实现决定于终端的销量，而终端销量的提升主要决定于两个因素。一是终端售货员销售技能的提升，比如说以前有 20 个顾客进店但售货员只能成交 10 个，现在销售技能提升以后能成交 15 个，这明显就比以前增长了50％。而要做到这一点，销售人员就必须提前做好给售货员培训的计划并编好实用的培训教材。将消费引导、费比公式、标准营销、体验营销、对比销售等方法植入售货员的脑袋中并力求让他们熟练运用。当然还得加强和售货员的感情联系，让终端售货员不但有能力帮你推销产品，而且还很乐意帮你推销产品。

终端销量提升的第二大要件就是通过终端形象的提升来增强对消费者的吸引力从而增加销量。哪些客户只搞一些 POP 售点广告就行了，哪些客户上展板或堆头的效果会好一点，哪些客户如果在其店里搞展柜或"店中店"进行销售展示会使销量有很大的提升等，这些对业绩有着重要影响的因素都必须纳入自己的销售计划中，并将各销售网点的形象展示方式、时间进度按计划落实到位。

　　（3）蹲点销售。能开发的客户已经开发了，乐意推自己产品的客户也已经尽力了，还有几个客户销量很大，但他主推的是竞争对手的产品，在这种情况下，销售人员又该怎么办呢？如果能制造一种形势让这些客户主推自己的产品，对销量的提升肯定能起到立竿见影的效果。那么，在什么情况下这种客户会主推自己的产品呢？如果你没有其他的好处给这种客户，利用人有对面之情的心态到他店里向消费者推销自己的产品也是一种值得尝试的好方法——当着你的面，他们总不好意思去主推竞品吧。因此，对于无新客户开发的销售人员来说，将可以通过蹲点销售提升销量的目标对象及蹲点时间纳入自己的销售计划当中也是一种不错的选择。

　　（4）感情压货。人是感情的动物，销售人员在平时的业务过程中一般都有几个和自己感情较好的客户，在销售任务还有点小差距的时候，平时的感情就可以派上用场了。哪个客户和自己关系较好且实力较强，哪个客户库存较少已经接近安全库存可以现在拿货也可以过一段时间再拿货，如果需要向这些顾客压货，他们能接受的数量又是多少。销售人员在制订销售计划的时候也可以将这些能实现的销量作为后备军以备急用。

　　（5）对部分客户的合理促销。我们一般都把合理促销纳入销售计划的补救措施这个环节里面。很多时候新客户开发和形象建设未能达到计划目标时，针对渠道商或是消费者搞一次小型的促销也是销售人员完成当月任务的一种好方法。但是，要搞一个促销并不是件容易的事，第一要上级领导同意；第二不能因促销带来价格战等市场问题；第三要达到既完成当月任务又不能给以后的销量造成太大影响的目的。因此，销售人员在做这种补救计划时还要从促销的力度、促销的对象等方面深入考虑，在促销力度和手段上要考虑领导是否认同，在促销对象上要考虑客户的现有库存、资金实力、消化能力。这样，充分考虑到各种因素作出的计划才能真正具有可行性。

　　思考：阅读并分析该案例中提供的几种方法对区域短期和长期绩效贡献的作用。

实践训练

　　训练目标：掌握销售区域销售计划和预算编制基础方法，掌握基本计划和预算工具的应用。

　　角色：你为某区域某品牌产品（具体产品小组自己选择）区域销售经理。

　　训练任务：

　　1. 以成立的学习小组为单位，即模拟营销团队为核心，就团队经营目标，即经营品牌、产品、区域制订未来某一月度区域销售计划和预算。

　　2. 计划要求：计划额度分解细化到品牌、产品品类，销售业绩目标分解到渠道、渠道客户、终端客户；预算指标分解到周活动，预算细化到财务资源、人力资源分配。

　　3. 各模拟营销团队计划与预算完成后，选取2～3支团队进行成果汇报，其他小组作为计划与预算审核小组就汇报团队的计划和预算进行审核。

　　执行要求：

　　1. 小组任务，小组成员共同完成任务，时间设定为一周课余时间完成任务目标。

　　2. 要求以市场走访为基础，通过走访获取基础市场数据，作为计划和预算基础数据。

第3章

销售区域设计与管理

【学习目标】

1. 了解销售区域设计时应考虑的因素。
2. 理解销售区域设计的原则。
3. 掌握销售区域设计的程序和常用方法。
4. 掌握销售区域的目标设定方法。
5. 掌握销售区域的时间管理方法。
6. 掌握销售区域地图的绘制方法,并熟练应用销售区域的开拓与巩固策略。

销售区域是企业的销售市场,是销售人员完成销售任务的"战场",是企业销售管理的基本单位,也是我们销售管理定义角色即销售区域经理的主要职责和管辖范围。正确进行销售辖区管理是销售经理使辖区销售额和利润实现最大化的有效方法。

3.1 销售区域的基本内涵

3.1.1 销售区域的定义和作用

销售区域是销售管理中一个基础概念,是销售区域经理的职业舞台,也是销售管理的基本单元,是企业获取销售利润的天地。

1. 销售区域的定义

销售区域是指"顾客群",销售区域也称区域市场或销售辖区,它是指在一段给定时间内,分配给一个销售人员、销售部门、经销商、分销商的一组现有的和潜在的顾客群。企业一般将总体市场划分为多个细分市场,通过估计每一个细分市场的潜力及企业自身优势,选择目标市场,确定企业的市场目标。

2. 销售区域的作用

销售区域明确了每个具体顾客群的直接"绩效所有者"和"绩效责任者",企业合理的销售区域分配和管理能够鼓舞销售队伍的士气,规范企业对顾客服务,有利于销售业绩的评价与控制,提高区域销售绩效。

(1) 合理划分销售区域,有助于合理分配销售资源。好的销售区域划分,使企业清晰掌握市场销售潜力,为此合理调配企业的人力、物力、财力等销售资源,更好地覆盖市场,为获取市场利益最大化奠定基础。

（2）明确划分市场责任，有利于市场的开发与管理。每一个销售区域都有专人负责，可以更好地了解每位客户的需要，每位销售人员对特定的销售区域权责一致，区域目标明确，可以提高销售人员的责任感。并且销售人员可以根据本区域实际情况和区域目标要求，选择适合本区域市场的市场管理工具，致力于开发"自己的"区域市场，改进市场管理工作，提高工作效率，为企业创造更大效益。而且明确的市场"责任人"制度和长期、稳定的合作关系，使销售人员更容易在客户中建立信任。对销售人员的信任是客户建立产品信任、品牌信任和产品忠诚的基础。因此，良好的、相对稳定的区域设计有助于销售人员与客户之间建立长期稳定的关系，实现企业、客户、销售人员三方共赢。

（3）明确划分"绩效"责任，有助于提高销售队伍的销售士气。要进行销售区域划分并配备销售队伍，明确对所在区域全体客户负责的任务，明确每名销售人员的销售范围，避免企业内部销售人员间的客户争夺战，销售区域成为销售人员获取销售绩效的主战场。同时使销售人员了解自己的业绩贡献对企业的绩效价值，能够激发销售人员的主人翁意识。明确的区域划分体现了权责一致的原则，当付出与回报机制明确时，能够鼓舞销售人员努力提高业绩。

（4）明确区分管理责任，有助于改善客户关系。相对稳定的区域划分和销售队伍，使销售人员与客户的长期合作建立互信关系，有望提高公司的商誉，为提高销售绩效创造良好的市场基础。

（5）明确核算责任，有利于降低营销费用。每一个销售区域都由指定的销售人员负责，销售责任、服务责任明确，通常企业也对销售区域实行费用包干或费用独立核算制度，销售人员发生的每一分费用都是"自己的钱"，销售人员会主动设计、选择合理的访问路线，合理利用销售资源，即为了保护销售绩效且保证必要的销售访问活动，尽可能避免对客户进行不必要的重复访问或采用不恰当的访问方法，从而降低销售成本。

（6）明确归口责任，有效改善销售业绩评价与控制效果。确定的销售区域归口管理责任，使企业可以按照区域进行各种数据资料的汇集与分析，针对不同区域数据的对比，明确每个销售人员的个人业绩、成本分析和控制，横向的比较分析可以帮助销售经理、总经理掌握每名销售人员的工作状态与投入情况，及时掌握可能存在的问题，发现某些区域突出表现背后好的经验，为科学地规划销售队伍、管理销售队伍和提高销售绩效提供支持。

3.1.2 销售区域的划分

一个销售区域可以被认为是一个细分市场或多个细分市场按照一定原则进行的集合。好的销售区域由一些有支付能力，并乐意支付的消费者组成。企业销售区域的设计关键在于顾客，对于很多企业来说，拿来行政区划地图，以地理界线为依据对"顾客群"进行分配，方法简单、费用低廉，便于管理和区分管理责任，是很好的方法。但对于相对复杂市场的销售区域划分或者细化的销售区域管理目标，还有很多划分方法可以采用。经常被企业采用的销售区域的划分方法如下。

（1）按地区划分。依据行政区域或地理界线来划分不同销售区域的边界，这是指定销售区域的最普通方法。方法简单、费用低廉。

（2）按产品划分。当企业的产品技术复杂或销售工作中技术要求较高时，可以根据产品的特定使用者即客户类型来培养、选拔具有不同技术背景的专门技术型销售人员来服务特定要求的客户群体。

（3）按顾客划分。即依据客户的规模和购买力进行划分。该方法是基于潜在大客户的销售区域最好由销售专家来管理的思路，认为他们才具有达成大宗生意的能力。那些具有猎取技能，但欠缺大笔买卖经验的销售代表可以负责中小型公司所在的销售区域，合理调配销售资源。

（4）按行业划分。如果你的公司向不同的行业销售不同的产品，则最好根据行业的类别来划分销售区。其好处是提高了销售团队的生产力和工作效率，同时使销售人员能够全力投入区域销售活动，熟谙某一行业；缺点是可能发生派多名销售人员拜访同一城市不同行业客户，造成销售费用较高问题。

（5）综合划分。即应用两个或两个以上原则进行综合性的划分。该方法对销售区域的划分更细致，或更贴合企业销售资源状况或客户的不同需求。

企业可以依据企业销售资源及发展状况选择不同的划分方法，各个企业对"顾客群"的分配各有高招，适合自己的就是最好的方法。既然销售区域是"顾客群"，也就是说销售区域具有动态性的特点，那么销售区域的划分就不是一成不变的。企业可以依据自身的需要及"顾客群"等各方面因素的变化进行动态的销售区域调整，保证企业销售目标的实现。

3.2　销售区域的设计

3.2.1　设计销售区域应考虑的因素

在销售中，销售区域划分与否，与公司的规模、销售的产品以及销售策略密切相关。但销售区域的划分应结合公司的实际，如公司的发展状况、经营状况、人员的配备、资金状况等。盲目分区不仅不能带来良好的销售业绩，还将大量浪费人力、物力。对于需要划分区域进行销售的销售模式来说，区域划分是否合理直接影响到销售人员的积极性与稳定性，而管理是否得当又直接影响公司的销售业绩。

销售区域是销售人员获得销售业绩的主战场，是企业的利润来源，因此企业通常为销售区域的设计设置以下目标：便于识别客户，利于明确市场责任，保证区域效率和效益，方便销售业绩评估，利于销售费用控制，利于客户关系管理等。

1. 设计销售区域实现的目标应具备的特点

（1）可行性。要求销售区域市场具有市场开发价值，具有一定的市场潜力；销售区域的目标通过销售人员的销售努力可以在一段时间内实现。

（2）挑战性。销售区域市场潜力应足够，销售人员通过努力工作能够取得合理的收入，又能够激发销售人员的斗志，既能保证销售人员的工作量，通过积极努力又有一定销售绩效开发空间。

（3）具体性。销售区域的目标应明确表述，各类目标尽量数字化，便于理解，使每名销售人员确切掌握自己要达到的目标，能够客观衡量现实与目标的差距。

2. 进行销售区域设计应考虑的因素

（1）企业所处的经营周期和经营实力。如销售队伍人力资源状态及计划是否支持划分后的销售区域管理。充分考虑人员的配备、公司的发展状况、经营状况、资金状况、企业现有市场地位等因素的影响，保证市场资源的有效开发。

（2）销售区域是否具有足够大的销售潜力。可靠的、具有可信性的、足够大的销售潜力，可以保证销售人员有充足的工作负荷，有可靠的收入来源，并有一定的空间进行进一步的市场开发。

（3）在市场销售潜力足够大的前提下，销售成本是否足够低。使销售人员能够在该区域进行有效的销售活动，同时保证企业的投入产出目标要求能够实现。

（4）销售区域各构成地区之间是否紧凑，区域客户特点及分布情况。紧凑的地区结构、较密集的客户分布，便于销售人员以较低成本进行商务活动，并且保证交通便利性。

（5）各销售区域间是否有大致相等的销售机会，能够进行销售资源相对平衡的分配。相对平衡的区域市场资源分派，能够保证各销售人员较平衡的工作量及收入分配。

企业在决定是否采用区域市场管理方式之前，应通过对以上问题进行调研与分析，或参考行业其他企业决定是否采用区域管理方式，如果采用了区域管理方式，要了解现行管理状况如何。针对本企业各方面资源与同业比较，是否可以借鉴对方经验施行销售区域管理，以此作为参照；如果同行业没有采用销售区域管理方式，就需要深入研究背后的原因，是企业自身的原因还是外部环境和资源问题，如果在此前提下本企业要进行销售创新，即开创性地采用销售区域管理方式，实施前要进行充分的基础调研和科学的论证。

实施销售区域管理不是简单的我试一下，不行大不了再改回来。区域的分派带动的是企业内部资源及市场客户资源的分配与企业销售管理体系的配合，划分销售区域进而实施销售区域管理是对企业市场及市场资源全局的指引，是真正的"牵一发而动全身"的大事，因此一定要慎重。

3.2.2　销售区域设计的程序

设计销售区域是在对目标市场较为全面了解、信息收集与处理基础上的一项工作，设计销售区域的过程分为选择控制单元、测量销售工作量、组合单元形成区域、区域资源配备等几个主要步骤，见图 3-1。

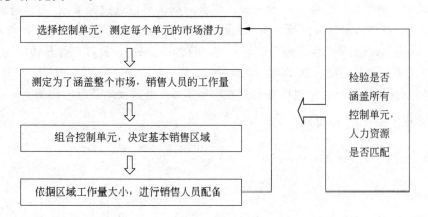

图 3-1　销售区域设计的程序

1. 选择控制单元,测定每个单元的市场潜力

销售区域通常是按地理区域及贸易区域进行划分。贸易区域以消费者购买行为为基础,指主要零售商和批发商所在的城市及其影响的周围区域。首先将整个目标市场按照上一节关于销售区域划分的方法,如按照产品、客户、行业等来划分为若干个大小适中的控制单元;初步选定控制单元后,根据销售预测方法,对各区域销售潜力进行测定,并一一记录备案,作为今后区域市场开发的基础数据和设定区域销售目标的依据。如果出现控制单元过大,控制单元内市场潜力分布不均匀,或者控制单元太小,市场潜力过小没有开发吸引力的情况,就要进行控制单元的再调整,直至各控制单元市场潜力资源分布均匀,并大小适中。即现有客户数量能够吸引销售人员的兴趣,保证基本销售目标的达成,潜在客户资源使销售人员有足够的开发空间,方便下一步组合销售区域。

因此企业划分控制单元时可以根据本企业实际情况设计划分控制单元的标准,常用的标准有现有客户数和潜在客户数、地理面积、工作量等。

2. 测定为了涵盖整个市场,销售人员的工作量

销售区域的设计必须考虑销售人员的工作量,它是指为了涵盖整个市场,销售人员为取得销售潜力必须做的所有工作。不同行业、不同客户、现实客户或潜在客户、不同交易方式、不同人员服务、统一客户所需工作量都会不同,因此对涵盖市场的总工作量的测定是基于一定前提的预测数据。为使得预测的工作量更准确,通常从对客户进行分类开始。假设同类型的客户,如消费量、行业、交易习惯等相类似的客户达成交易所需要的时间相同,在此基础上对所有现实或潜在客户资源进行分类、统计,以经过实际测定的每类客户平均销售时间为依据进行核算。

(1) 对企业所有客户依据一定的标准进行分类。通常的做法是以每个客户一定时间期限内的购买额作为分类标准,用 ABC 分类法对客户分类排序。

ABC 分类法是企业管理中常用的方法。企业根据自己的实际情况选择判断标准,将大客户归入 A 类,中等客户归入 B 类,小客户归入 C 类。例如,某企业有 1 500 家客户,按 ABC 分类法分成三类:A 类大客户和极有潜力的客户 200 家;B 类中等规模及中等潜力客户 500 家;C 类小客户 800 家。

(2) 确定为每类客户服务的频率及每次服务时间。可以通过经验法(有经验的销售人员的主观判断)或观察法配合统计分析历史数据来确定为每类客户服务的频率及每次服务时间。例如,得出结论 A 类客户每周访问一次,每次 60 分钟;B 类客户每月访问两次,每次 30 分钟;C 类客户每月访问一次,每次 20 分钟。

则可以推算出该公司估计对所有类型客户每家每年所需要的访问时间如下。

A 类:$52 \times \dfrac{60}{60} = 52$(小时)

B 类:$12 \times \dfrac{30}{60} \times 2 = 12$(小时)

C 类:$12 \times \dfrac{20}{60} = 4$(小时)

(3) 核算公司全年销售活动工作总量。

A 类:$200 \times 52 = 10\ 400$(小时)

B 类：$500 \times 12 = 6\,000$（小时）

C 类：$800 \times 2 = 1\,600$（小时）

该公司全年销售活动工作总量总计：$10\,400 + 6\,000 + 1\,600 = 18\,000$（小时）。

3. 组合控制单元，决定基本销售区域

该过程是以一定的标准将邻近的控制单元组合成基本销售区域。常用的标准有平衡客户数量为标准，即企业预先设计每个销售区域规模范围，如 $1\,000 \sim 1\,200$ 个现实客户为一个基本销售区域，然后将邻近的控制单元组合到一个基本销售区域中。依照划分标准将每一个控制单元都组合到相应销售区域之后就完成了销售区域的初步设计。

经初步设计组合的销售区域具有大致相等的客户数，同时参照地理面积、行政区划、交通便利性等因素，适当调整控制单元的归属，以平衡各区域的工作量。

4. 依据区域工作量大小，进行销售人员配备

仍以上例为例，以全年销售工作总量 $18\,000$ 小时来说明需要配备人员数量的常用方法。

（1）确定销售人员年工作时间。假定该公司销售人员每周工作 40 小时，每年工作 48 周（扣除休假，生病及临时缺勤），这样每个销售人员年工作时间为 $40 \times 48 = 1\,920$（小时）。

（2）确定不同工作占销售人员总工作时间的比例。销售人员的工作时间要分配给所有需要承担的各项工作事务，通常销售人员至少要完成以下工作事项：①销售访问；②等待客户接见；③为会见客户而进行的交通旅行；④每天花在其他非销售活动上的时间。如会议、填报报表、内部业务沟通等日常工作事项。

通过测算可以得到业务人员平均有效销售时间占全部工作时间的比率。

有效销售时间占全部工作时间的比率＝销售访问花费时间÷工作时间

销售访问是唯一能够为企业带来现金回流的销售活动，因此各企业都希望将本企业销售人员有效销售时间占全部工作时间的比率提高，但大多数企业的该数据低于 50%，这主要是因为该比率受以下多种因素影响。

① 销售人员销售访问的形式。

② 不同的产品销售访问。

③ 产品不同市场开拓阶段。如市场开拓初期，为提升客户对产品价值的认知需要更细致的产品说明活动，与产品成熟期相比，单个客户产品价值说明时间要求要长。

④ 市场竞争强度。较激烈的市场竞争销售人员争取客户所需增加拜访频次。

如上例，该公司有效销售时间占全部工作时间的比率为 40%。

推销活动（销售访问/等候客户接见）：$40\% \times 1\,920 = 768$（小时）

非推销活动：$40\% \times 1\,920 = 768$（小时）

旅行：$20\% \times 1\,920 = 384$（小时）

全年工作时间共 $1\,920$ 小时。

（3）计算出销售队伍的规模。该公司所需销售人员总数：$18\,000 \div 768 = 23.44$（人）$\approx$ 24（人）。即该公司有 24 名推销员就可以完成为现有客户服务的工作量。

该方法简单易懂，并且考虑了不同类型客户区别对待的问题，所需数据也比较容易获得。虽然没有照顾到所有细节，仍不失为一种可行性好、比较精确的规划方法。

5．检验是否涵盖所有控制单元，人力资源是否匹配

销售区域是一个独立销售管理核算单位，在销售区域内要事事不落地，事事落实到人头。因此，销售区域划分后仅仅能够视为预案，要经过评价与检验过程，即检验销售区域是否涵盖所有控制单元，人力资源配备情况与市场销售潜力及公司目标是否匹配。如果匹配，则预案转化为正式的销售区域方案；如果不匹配，就要进行预案改进，直到符合要求为止。

3.2.3　销售区域的动态与调整

为更好地管理销售区域，发挥销售区域管理的作用，销售区域有相对稳定的要求，但是销售区域与生俱来的动态性特点，要求销售区域的划分与管理应具备一定的弹性，以适应各种因素的变化。

1．销售区域的稳定性要求

销售区域的划分是基于一定的市场基础和环境下进行的一项重要的销售管理活动，稳定的销售区域有利于使销售人员产生区域认同感，把区域作为"责任田"下大力气"精耕细作"，以期待较长期的业绩回报；客户对较为固定的人员服务也较认同，销售区域变更、销售人员更迭，在客户面前会造成公司经营不稳定的印象，使公司形象受损，最终损害公司及销售人员的利益。因此，销售区域的稳定性要求是有一定的依据，并得到大部分销售管理者认同的规范。

2．销售区域与生俱来具有动态性的特点

销售区域是"顾客群"的定义决定了销售区域面临时间、环境、需求等因素的变化，生来具有动态性的天性。销售区域面临的很多动态因素在不断变迁。

（1）时间动态。通常企业进行销售区域划定伊始即已经明确给定时间范围。

（2）公司内部环境变化。如公司规模的变化、销售队伍销售能力的变化、企业产品的变迁、产品新功能的开发与利用等。

（3）外部环境变化。客户需求内涵与需求量的增减变化，新市场的出现，大量潜在客户涌入市场，销售技术手段的改进，如电子商务技术的普及、竞争环境的变化等。

3．销售区域的相对可调整性

销售区域是依据一定目标、参照一定标准人为划分的市场资源，当目标与标准变化或调整时，人为划分的销售区域应该也可以进行重新设计或调整，以适应新目标、新标准、新环境的要求。通常情况下，为避免销售区域不稳定带来的诸多弊端或使其影响降至最低，一般建议对销售区域调整尽可能不动根本，适度在原有划分区域的基础上调整。尽量减少挫伤原有销售区域人员积极性、破坏企业信誉形象的状况发生。较安全的区域调整方法如下。

（1）保留地区核心，调整地区外延。原有销售区域核心不变，或在各区域交界处重新划区。

（2）保留绩效核心，从工作不积极的销售人员区域平均成若干等份，重新分配。

（3）保留初始区域，新增区域重新分配。

（4）人员离职，所辖区域部分或全部划分给现任销售人员，以资鼓励忠诚。

3.3　管理销售区域

营销工作的成败原因：一在于策略是否合理；二在于执行是否到位。销售区域绩效的关键是既要以合理的销售区域设计为基础，又要有到位的管理工作。高绩效的销售区域管理来源于管理者对区域充分、清晰的判读和区域管理责任的到位落实。

3.3.1　充分了解所管辖的销售区域

了解销售区域，从了解公司区域划分标准开始。

1. 了解区域划分标准

了解企业以什么标准进行区域划分，是依照产品、地区、行业、客户类型还是采用综合标准进行划分，不同的标准限定了你可利用的现实、潜在客户类型，不同客户类型将影响你的管理方法的选择。如以客户的规模和购买力进行划分，你的区域是大客户销售区，那么意味着你要为该区域打造一支最好的销售专家团队来管理、服务该区域，这样你才能够满足大客户大宗生意购买者的需求。具有猎取技能，但欠缺大笔买卖经验的普通销售代表队伍无法面对此销售区域的绩效要求。

2. 了解区域基本情况

（1）进行区域调研，明确区域市场定位，掌握区域市场资源状况，为实施区域管理奠定基础，为此进行外部基本情况调查。

① 掌握行政区划状况。包括：确认区域的行政划分有哪些；行政区域有什么突出特点；对公司有影响的行政区域有哪些；影响因素有哪些；区域有什么特色；区域文化有没有需要特别考虑的地方等。

② 区域经济状况调查。包括：了解当地主要经济特点；区域内消费者生活水平、消费水平。

③ 区域消费者调查。包括：了解消费需求状况；消费者购买习惯；消费影响要素；对产品关注的要素是什么；关键购买因素是什么等。

④ 区域客户调查。包括：了解客户业务状况、主营行业、收入来源、经营情况、客户的生意发展规划等。重点掌握客户对我们的销售贡献、利润贡献。客户的经营情况，公司与客户的理念匹配、业务匹配度如何，客户的发展与我们未来市场规划的协同度等。

⑤ 区域内销售渠道调查、渠道成员调查、销售终端调查。包括：有多少个大型卖场，它们的性质、作业流程、决策程序是怎样的。

⑥ 行业、竞品及替代品状况调查。包括：公司所在行业对该区域的影响状况，行业集中度、竞争度等对区域的影响；本区域在行业中的地位；区域内竞品、替代品的市场占有情况等。

⑦ 了解外部基本信息，建立客户档案，绘制销售地图。

（2）销售区域内部基本情况调查主要针对销售区域绩效管理、人力资源基本情况进行了解，明确区域绩效目标。

① 区域业务构成及销售状况。包括：公司各品牌、品类、品项销售状况如何；价格制度

及执行情况、渠道协同度;品牌、推广活动;市场占有率、渠道覆盖率等。

②利润状况。包括:各品类的利润贡献情况;利润构成的重点品类有哪些;重点品项的利润来源及发展趋势;利润的持久性、稳定性、增长点等。

③费用状况。包括:历年区域费用状况;区域费用的类别、费用额度、花费事项、花费区域、花费的品类品项;费用投入与产出关系等。

④人力资源状况。包括:区域组织设置如何,运作状况如何;人员配备、人员素质如何。

⑤日常行政管理状况。包括:日常管理规范及执行情况、业务员表单管理、销售拜访管控如何;销售计划制订、执行状况等。

3.3.2　认识销售区域管理责任

区域经理作为区域负责人将对区域目标承担责任,为此应与上级组织确认区域范围、目标范围、具体指标和绩效评价标准,为完成区域目标公司将赋予区域经理的预算情况及职责权利范围,以利于区域经理履行区域管理职责。通常区域经理的职责可以通过企业区域经理职务说明书和任务书有较明确说明,部分企业无明确的职务说明文件,区域经理应与岗位上级进行本人所任区域经理职责和目标确认。

1. 区域经理职能

通常区域经理是企业在当地的全权代表,全面负责当地市场的开发和经营,并对区域销售目标负责。区域经理职能主要包括以下几大项。

(1)销售业务目标管理

①分解落实本地区销售目标、费用预算和货款回笼计划。

②负责区域内销售目标的完成及货款回笼。

③选择、管理、协调区域分销渠道,依照企业整体营销政策建立区域分销网络,对渠道成员资格进行审查、建立合约关系,督导对方对公司销售政策的执行与考核,并加强售后服务及资信管理。

④公平制定、下达区域内业务代表的销售目标。将区域目标层次分解,落实到人头,并保证人人明晰本岗位目标及考核标准。

(2)销售团队管理

①负责制定销售人员的任务和效益指标。通常销售人员的任务和效益指标(或称业绩指标)应包含以下内容:平均每天、每周和每月的产品销售量和销售额;每天访问或接待客户的次数,访问成功率;某一段时间内的平均订单数量;直接销售费用与销售额的平均比率;销售为企业所带来的毛利或毛利率;开拓的新客户数量等。

②对销售人员的激励和业绩考核。对销售人员的激励和考核管理,很多都可参照员工绩效管理的办法。

③负责区域销售人员的招募、培训。根据公司政策要求提出人员招聘、录用数量及要求,由人力资源管理部门实施招聘或应公司要求区域负责执行招聘、培训工作,保障区域人员配备符合区域人力资源预算要求,保证区域业务目标的实现。

④指导区域业务代表开展业务,并接受其工作汇报。

⑤确定销售人员的报酬、奖励等,监督薪酬发放。开展绩效信息收集、整理,形成人员

绩效考核信息，并决定区域人员考核结果，决定奖惩、核算薪酬，监督薪酬发放。

（3）区域销售收入回款和销售费用的管理

① 负责货款流动管理及权限范围内货款政策的制定。如制定区域内客户货款回笼结账周期、额度，评价客户货款流失风险。销售收入回款是指在销售成交后不能马上收到的销售收入款，其主要包括：客户按照结算条款可在信用期（赊账期）期满时支付的货款；客户需要分期支付的工程款或项目服务款；客户事后才支付的服务费等。

② 负责管理并控制区域内各项预算及费用的使用。销售费用是指销售人员因进行推广或销售活动而产生的费用，其主要包括：差旅费和通信费、交通费和运输费、各种招待费和礼品费、给中介方或合作人的分成或报酬等。负责审查区域销售人员（如业务代表、理货员和促销员）的费用报销，并指导其以最经济的方式开展工作，控制成本，同时可以防范销售人员从费用报销中牟取私利。

（4）物流管理

① 负责本区域订货、出货、换货、退货等货物运输、流转管理。包括渠道物流、存储、存储安全、货品存储期限管理。

② 负责本区域跨区销售行为的监督、检查、处理。如针对其他区域越区销售行为的制止、通报有关主管部门；本区内渠道成员、销售业务员跨区销售行为的监督、检查、惩处。

（5）市场信息管理

① 定期、不定期地开展市场调查。监督本区域市场动态，包括本公司及竞品市场动态监控。

② 负责本区域订货、出货、换货、退货信息的收集或处理。

③ 向上级提供关于区域管理和发展方面的建议与区域市场信息。

（6）客户关系管理

① 定期拜访重要的零售及批发客户，并制订促销计划。

② 选择并管理区域内的分销商。

③ 与主要客户密切联系。定期拜访，建立客户档案，随时掌握客户合作动态和经营情况，评估风险。

（7）促销管理

① 负责公司制定市场促销策略的本区域落实、执行。

② 负责本区域促销政策的制定，促销计划的制订、监督、执行与评价。

（8）销售过程和卖场管理

① 销售过程管理主要关注销售行为和做法。如拟订客户访问计划，制定客户访问规范，记录销售活动等。销售人员应做好每次销售活动的现场记录，销售事后及时进行总结，分析销售结果和所获信息；提出关于回访、跟踪、售后服务等方面的意见。

② 销售卖场管理主要针对商品零售或服务企业，要做好销售卖场管理，不断发现和研究卖场销售中的问题，以改进和提高销售效益。如适时地调整卖场的商品陈列、环境布置、宣传展示，以提高促销效果等。

2. 如何达成主要职责

（1）为达成以上主要职责，作为区域经理，首先要在公司年度目标与预算确定下来时就要关注区域年度目标达成的机会有多大？根据现有区域资源应当采取什么措施？如果现有资源不足以保证目标的达成,主动与大区和公司沟通,争取得到支持。

(2) 进行区域目标分解,协助每个销售人员理清年度目标达成计划,评估各销售人员的销售机会如何? 存在哪些问题? 需要从哪些方面进行调整? 如何调整? 帮助销售人员明确当前的重点项目,帮助销售人员确定重点项目推进计划,确定年度工作重点,负责督导销售人员为重点项目制订行动计划。

(3) 定期针对计划执行情况进行检查,以确保计划的推进,提高对项目的掌控力度,如发现问题进行必要调整;让每一个销售人员清晰地知道行动的方向、存在的差距,明确了解行动步骤。

3.3.3 合理利用区域销售地图

地图是人们的日常生活离不开的工具,我们从事的经济活动中,销售地图是必不可少的销售实战管理工具。一般来说,销售地图多采用图表加注记的方式来表达市场相关信息,表示产品区域销售情况、渠道拓展情况、用户满意度、产品的销售量、市场的问题、产品的覆盖、竞争产品的市场分布等情况。销售地图在统计数据之上,用简单的地图平台来直观地表达这些市场信息,帮助用户传达信息,制定决策。一方面,销售地图可以最直观地反映出市场的动态,可以反映出市场的问题,可以帮助我们制定销售战略的决策;另一方面,销售地图也是企业在日常销售、销售管理活动中必须使用的工具之一。

依据绘制目的的不同、反映信息的不同,销售地图可以分为销售分布地图、品牌分布地图、销售量地图、竞争对比图、客户满意度指数图等多种。如销售分布地图旨在说明公司产品营销范围,主要用来表示产品销售区域、销售门店、售后门店等分布情况,多见于产品介绍、宣传、推广等场合;竞争对比图清晰、直观地描述了竞争性产品在市场上的占有情况,在地图上对比分析竞争对手和企业自己的销售情况,能够直观地发现企业在市场拓展中的薄弱环节。

如何合理、有效地利用销售地图? 首先要绘制规范的销售地图,然后才能应用于销售实践活动。

1. 销售地图的绘制

销售地图与其他地图一样具有有效性、时效性的要求,因此销售地图的绘制首先要定义时间点。销售地图的绘制直接反映企业的市场状况与环境,其中对市场的反映来源于市场调研,市场调研的时间点即销售地图的定义点,因此谈到销售地图一定要明确地图的绘制描述的是哪一个时间点的区域市场。

建立客户模型,销售区域设计中,我们谈到区域市场调查形成客户档案,通过前期大量的基础调研形成的客户档案资料,使你已经对整个市场有了宏观的把握,也可以用不同的方式来建立销售区域的客户资源模型。将客户分为现实客户和潜在客户两大类,然后按照一定标准通过一定方法对每大类客户进行分组。如前边的例子用 ABC 分类法将客户进行划分,分为现实客户 A、现实客户 B、现实客户 C、潜在客户 A、潜在客户 B、潜在客户 C 等几类。

可以将潜在客户的排名表输入制图软件中,根据省份、城市甚至街道来划分销售区域的地理位置。现在比较流行的制图软件生成的城市或省份地图上能形象地显示你的潜在客户的分布情况。在你不熟悉的地区划分销区的地理位置时,这类视觉辅助工具是非常有帮助的。用不同的符号、颜色记号代表不同类型的客户标注在地图上,一幅直观的市场销售潜力资源图清晰呈现。例如,以◆红、◆蓝、◆绿代表现实客户 A、现实客户 B、现实客户 C,以

◎红、◎蓝、◎绿代表潜在客户 A、潜在客户 B、潜在客户 C 等,既标明了客户所在地理位置和分布,客户订单大小、销售潜力也一目了然。

2. 依据销售地图,形成销售人员每日业务走访路线图

一旦划分销售责任辖区后,销售人员必须对所负责辖区内的多个客户服务。客户散布于销售区域内,设计一条从起始点出发经过所有当天要拜访的客户后又回到起始点的访问路线,可以节约时间、降低销售费用。访问路线的设计实际是时间分配的问题,合理地安排访问路线,可以最大限度地利用销售人员的时间。如果销售人员采用分类法管理客户,依据不同客户不同拜访频次要求,客户不同的地理分布,不同客户不同访问时间要求,可以合理绘制销售人员每天业务走访路线,即销售路线。

销售路线是指每天或每月巡回拜访辖区内客户的路线,制定科学的销售路线,并认真执行可以为客户提供定期、定点、定时的服务;了解经销店、零售店的存货周转;掌握每一经销店、零售店的销售态势与销货量的变化,进而作为设定未来销售目标的依据。

设计销售业务人员责任辖区的销售路线,将销售辖区内各个经销商一个一个地按照实际地理位置标在图上。同时标出竞争对手的经销店和本公司的经销店,作为销售人员在责任辖区内的业务活动具体活动路线,使销售拜访、推销、送货、收款、服务等活动有计划地进行。

(1) 选取路线形式,主要包括以下几种。

① 直线式。从公司出发,沿途拜访所有客户,然后按原路或其他路线直接返回公司。

② 跳跃式。从离公司最远的客户开始访问,在回公司的途中逐一访问客户。

③ 迴圈式。由公司出发按圆周形式拜访客户,结束时正好返回公司。

④ 三叶式。与迴圈式相似,只是把销售区域细分成一系列叶片形式,销售人员每次访问一个叶片区域。

⑤ 区域式。区域式不是真正的线路设计技术,而是时间管理技术,可以避免重复访问。

路线形式会随市场变化而产生偏差,所以当一个路线形式使用一段时间后,就需要重新检查,调整目标,绘制路线。

(2) 编制以天为单位的拜访路线,即销售人员每日业务走访路线图。选定一种路线形式后,就要根据区域内客户的数量和拜访频率,编排业务人员每一天的拜访路线,并绘制出每一天的拜访路线图。

(3) 形成销售人员业务走访手册。绘制涵盖全部选定目标客户,包括全部现实客户、选定开发的潜在客户的走访路线图,每日一页,配合销售走访表,装订成册,形成业务员、销售人员业务走访手册。

3. 应用销售地图于日常销售过程管理

销售人员按照销售拜访路线逐户拜访销售责任辖区内的经销商,作为销售人员每天活动计划的依托。

按销售地图样式绘出此责任辖区地图,将经销商按地址逐一标明在此地图上,配合表格管理,能够详细描述市场,有利于市场管理,同时避免因人员变动带来的客户流失、服务断层等问题的发生。

随时更新区域内经销商(客户)的资料,以便随时调整销售活动,配合客户需求的变化。

合理规划拜访线路、时间安排,保证销售人员能照顾到区域内所有客户,保证顺利完成任务并具有销售效率。

应根据市场的变化和公司营销战略的变化适时调整销售人员的责任辖区分配,改进销售路线设计,使其更加合理。

3.3.4　巩固和开发销售区域

区域市场是企业竞争的最终战场,任何企业的市场繁荣都离不开区域市场的出色表现。如果说开启一片区域市场是打江山,要求企业目光敏锐,决策准确,策略得当,反应迅速;巩固、维护区域市场就如同守江山,区域市场巩固维护将更加考验企业的实力、产品生命力、队伍素质、销售管理水平,体现区域市场控制能力的是企业细腻的日常销售管理工作和对市场风险的控制能力;潜在风险可能出现在人力、财力、物力、信息管理的各个环节,做好销售网络的维护与管理工作,严密注视、时刻防范潜在风险。

巩固维护区域市场的原则:把握市场脉搏,规范日常管理,加强团队建设,控制风险范围。为此要做好几项工作:规范信息管理,把握市场脉搏;强化终端建设,提升市场控制能力;疏通物流通路,治理窜货行为;加强财务监管,控制账务风险;建立渠道共赢模式,加强分销管理;规范队伍管理,塑造高绩效团队;管理销售时间,提高销售绩效。

1. 规范信息管理,把握市场脉搏

基于区域市场动态性特点,对市场信息的实时监控和规范管理,是企业良好区域管理的基础。为此企业应建立信息收集、传递、处理制度,建立信息处理责任体系。

2. 强化终端建设,提升市场控制能力

终端是销售流程的"临门一脚",是真正实现销售的场所。终端售点生动化管理和终端日常维护管理,是提升市场控制能力的重要工具。

(1) 终端售点生动化管理。售点生动化是指在售点通过有效陈列产品及利用相关的广告材料、设备去吸引、说服消费者购买企业产品的活动。生动化主要表现在产品货架展示、售点广告、产品陈列、存货管理上。一方面,为"吸引眼球",售点生动化要把握"大、明显、集中、全系列"的原则。主推产品要争取货架中间排面,争取摆在离地面 1.5 米左右的"黄金陈列线"上。陈列的所有产品必须有清楚的价格标示并保持产品陈列、展示工具的整洁、有序。通常采用集中陈列,同品牌垂直陈列,同一包装水平陈列的方法。另一方面,实施售点广告终端拦截策略,主要工具有售点 POP、空箱展示、宣传条幅、商品陈列、店头店牌等。应用中注意显眼的重点位置,商品与广告一致、信息时效性的原则。

(2) 终端日常维护管理。销售员终端维护是日常主要工作内容,如定期拜访,在售点拜访中终端展示的商品必须保持整齐、干净;采取先进先出的原则,及时补货,切忌缺货、断货;对于包装破损以及滞销、即将过期的产品及时更换;及时理货,保证每个销售周期内既不断货,也不会造成积压,做好客户的安全存货管理工作;及时处理投诉,弄清事实真相,表示诚挚的歉意,以最低的代价迅速换回不良品,以免事态蔓延,并填写书面报告,按程序反馈信息。

3. 疏通物流通路,治理窜货行为

畅通的物流通路,可以使企业快速覆盖销售网络,既可以保证企业产品快速铺货、面市,又能够有效打击竞品。为此企业应设计科学、合理的物流通路方案,完整的规划,进行认真组织准备工作,即调查研究,了解目标区域市场特征,协调各种通路的产品品种、规格、数量、价格、渠道及促销手段等问题,制订目标区域整体市场和局部市场物流通路计划,编制调度表,并规范执行,认真履行商业承诺,及时妥善处理各种纠纷。

解决困扰区域经理的窜货问题应从制度化管理入手,从加强监督检查,及时惩处方面提高窜货成本,维护市场销售秩序。所谓窜货,就是由于销售网络中的各个销售单位受本单位利益驱动,使得商品在各个销售区域之间无序流动,破坏厂家的销售策略的现象。它可能导致市场价格混乱,假冒伪劣商品充斥,使得中间商和消费者对品牌失去信心,损害企业形象,导致区域市场的崩溃等问题,正所谓"窜货猛于虎"。针对常见的经销商之间的跨区销售政策不均衡型窜货、经销商内部跨越指定销售区域的窜货、企业内部销售人员追求业绩型窜货等几种表现形式,必须从以下几个方面着手加以解决。

(1) 加强企业内部管理,堵住内部窜货源头。内部窜货一般源于销售人员为短期提升绩效,如出台促销政策、竞赛、考核前等,利用内部管理混乱有机可乘进行"私下交易"的跨区销售行为。因此,企业内部应规范相关权责制度,奖惩有度,提高"试法"销售人员的违规成本,就可以有效地避免内部窜货现象的发生。

(2) 针对跨区销售政策不均衡型窜货、经销商内部跨越指定销售区域的窜货,一方面加强企业货物有序管理手段,采用产品代码制来跟踪判断窜货现象。如产品包装加产品销售代码、产品内加电子编码等,配合监督检查,一旦在甲地发现乙地产品,立刻采取措施抑制跨区销售行为。另一方面要理顺价格,确保各级中间商与零售商都有合理的利润空间,避免价格倒挂现象,同时在与经销商签订的合约中强化产品指定区域销售要求,并明确奖惩方案,就有降低窜货冲动的效果。加强内部管理与实施有效监控,双管齐下,控制窜货问题。

4. 加强财务监管,控制账务风险

对内部费用监管通过规范财务制度,加强资金管理即能够取得很好的成效,真正的财务风险来自货款回收管理问题。在销售实践中,应收账款的滞留、催缴及呆死账的管理一向是销售经理最头痛的问题,出现坏账不可避免,如何减少此类事项的发生,降低损失是销售经理要努力的方向。

(1) 规范渠道经销商信誉审查,加强经销商经营风险的定期监控制度的贯彻执行。经销商的信誉审查工作已经得到大家的普遍认同,得到良好执行,但是必须认识到市场瞬息万变,一个企业的信誉及经营风险也是变化的,对合作商户进行定期的信誉审核,能够帮助销售经理及时发现合作商户的异常经营动态,及时调整财务政策,制定应对策略。

(2) 进行回款时间和信用额度管理。企业销售财务政策的制定会因各区域市场的特点而预留一定的弹性,该弹性也正是销售经理的区域财务权限所在。区域经理在销售付款方式上便通的权力,可以给予中间商一定的信用额度空间。在审查、确认中间商资信等级、发放信用额度时首先要慎重;其次要加强日常监管监督工作,发现问题及时协商解决。对出现诸如经营滑坡等迹象,及时帮助经销商分析原因,帮助其解决问题,同时开展风险再评估工作,必要时可采取降低信用额度、缩短结款时间等方式降低财务风险。如某酒业公司依据酒店经营规模(如餐台数量、周销售量)确定企业信用额度,辅之以回款时间要求来降低风险,如10台以上,周销量100箱以上,新客户信用额度可以达到3万元,合作一年以上优质老客户可以拿到5万元、10天回款的政策。即货到10天后回收货款,如果为旺季、节假日销售,不足 10 天，达到信用额度即收取货款；并将逾期停供产品作为惩罚措施，违约客户将被取消信用额度待遇，严重者直至取消经销权。

这些做法在短期内可能会影响销售量，旨在让经销商理解只有建立在相互信任基础上的合作才是长期可靠的合作，企业要赢得稳定可靠的市场，但绝不放纵、姑息不诚信的行为。

5. 建立渠道共赢模式，加强分销管理

协助经销商构建销售网络，建设销售队伍，提升其产品销售能力。一方面，有利于经销商更好的配合企业销售目标的达成；另一方面，随着市场竞争的不断激烈，掌控经销商已经过时，共赢的合作发展理念为更多的企业家所认同。

（1）建立经销商档案。经销商资料管理主要包括经销商规模、动态销量以及经销商下游客户、终端网点的动态资料管理。建立完善的客户档案，并动态更新，力求把分销商和终端网点的业务动向牢牢掌控在手中。

（2）提供经销商队伍培训。企业与经销商合作一方面能弥补企业资源的不足；另一方面，经销商的优质社会资源，是企业开拓市场的需要。其中经销商销售队伍作为企业的编外销售队伍，对其进行销售技能培训，提高经销商队伍的营销水平，有利于更好地贯彻企业销售理念，保证销售活动步调一致。

（3）及时协调渠道冲突。渠道冲突实质是利益的冲突，是销售政策不统一的结果。协调渠道间冲突是区域经理的职责之一，关键要调整好不同渠道的利益分配，并加强区域价格体系管理。

6. 规范队伍管理，塑造高绩效团队

销售队伍是一个公司最昂贵而又最重要的资产，销售是一项专业性很强的工作，销售人才及销售管理人才往往准备不足。忽视自身销售队伍建设的企业不可能长久赢得市场上的胜利。

销售工作是一项十分繁杂细致的工作，再优秀的中间商资源，让他为企业发展服务要依靠优秀的渠道管理人员的规范管理与监督才能够达成。销售竞争最终表现为销售队伍的竞争，所以，企业在区域市场管理中，销售队伍管理就显得尤为重要。

（1）销售队伍目标管理。区域市场目标管理应做到"五定一挂"：定区域、定任务、定人员、定费用、定利润，薪资与目标任务挂钩。目标管理的目标主要包括销售任务目标、获取信息目标和行政管理目标。销售任务目标主要包括销售量、销售回款、市场占有率等。获取信息和积累资料的目标包括收集有关客户和市场的信息，积累市场和客户、竞争对手的相关资料。行政管理目标主要有分公司的日常管理，业务员的表单管理、形象管理等。将区域目标分解为每个销售单元，每个单品，每个业务员，每个客户，每个季度，每个月，甚至每天，通过区域经理带领业务人员完成销售目标的过程来达成区域目标。

（2）规范日常销售管理表单。在目标执行过程中加强日常销售报表的应用管理，能够帮助企业实地督查、追踪目标的执行情况，及时发现问题、采取措施，并作为评估与激励的依据。表单管理是一种方便、实用的管理方式，表单能够提高销售人员工作效率，如销售人员日报表便于区域经理掌握市场情况，对其业务人员和市场实施良好的控制、更好地开展客户服务。

（3）日常市场管理跟进。跟进即区域主管深入市场，从渠道、终端检查中发现问题、解

决问题的一项销售管理工作方法。跟进是提高区域市场执行力和销售绩效的关键要素。如巡视是区域经理常用的一种销售跟进方法,掌握第一手市场情况,能够对各级市场保持高频率拜访,处理好客情关系,便于对销售队伍的监督、管理。同时,可以及时掌握竞品信息,市场动向,找出营销方案与实际执行之间的差距,制订调整方案,提高市场应变能力。

（4）规范绩效管理。区域市场绩效管理宜采用多指标的综合绩效考核机制,这有利于企业长远发展。例如,在销量基础上增加重点产品达成率,以促进形成完整的产品梯队;增加顾客维持率与顾客增长率,以保证公司长期发展的永续动力;增加市场占有率指标,以培养比较竞争优势。

（5）销售例会管理。区域市场应该实行例会制度。如早会一般 5～10 分钟,简单部署一天的工作,晚会一般 20～30 分钟,主要总结当天工作以及明确第二天的工作计划。例会制度一方面可以更好地控制销售人员;另一方面可以增加团队沟通力、凝聚力与战斗力。

7. 管理销售时间,提高销售绩效

设计销售区域就是为了使销售经理和销售人员更好地利用时间进行销售。时间就是金钱,指的是时间的重要性。在实际销售过程中,大量的时间用于非销售活动,销售人员用于销售洽谈的时间正在减少。重视对销售人员的时间进行有效管理,能够有效提高销售绩效。

（1）针对自己的销售人员如何使用时间进行正式调查,规范销售时间管理。对各种客户进行分类,把握销售工作的重点。

（2）结合销售走访计划,应用销售地图,确立客户销售目标,明确给出"到哪里去"和"拜访谁"问题的答案。如许多销售人员制订出每日、每星期和每月的访问计划,可以按照计划事先与顾客们订立约会、安排食宿等。

（3）使用计算机协助销售人员进行时间和区域管理。分析销售与产品、顾客、销售人员、销售时间、区域之间的关系以及这些因素综合影响的分析。

（4）销售经理要运用时间管理工具来管理销售区域,要给销售人员合理分配销售辖区,并对销售辖区的时间进行有效管理。对辖区内的客户数目、对顾客进行销售访问的次数、每次销售访问所需的时间、对顾客进行销售访问的频率、在辖区内旅行的时间、非销售时间、投入时间的收益要做到心中有数。

本章小结

（1）本章明确销售区域是分配给各个销售人员、销售分支机构或分销商的一群现在和潜在顾客的总和。讨论了销售区域设计的重要性、销售区域设计方法和设计步骤、管理销售区域的问题。

（2）销售区域的设计一般分为几个步骤:选择控制单元,测定每个单元的市场潜力;测定为了涵盖整个市场,销售人员的工作量;组合控制单元,决定基本销售区域;依据区域工作量大小,进行销售人员配备;检验是否涵盖所有控制单元,人力资源是否匹配。

（3）管理销售区域要在充分认识销售区域现状基础上,认识销售区域管理的责任,把握市场脉搏,规范日常管理,加强团队建设,控制风险范围。高绩效的销售区域管理来源于管理者对区域充分、清晰的判读和区域管理责任的落实。

关键概念

销售区域 销售地图

思考题

1. 为什么要设计销售区域?
2. 销售区域设计一般应遵循哪些步骤?
3. 销售区域信息管理的主要内容是什么?

案例分析

某汽车公司销售区域管理经理招聘信息

公司:北京××汽车有限公司

工作地点:北京市

职位描述

主要工作职责:

1. 负责管理销售渠道,实施目标市场开发计划,收集和管理渠道反馈信息,完成区域销售目标。

2. 了解市场动态,并制订区域销售政策和销售计划。

3. 制定区域销售费用预算,管理销售费用支出。

4. 负责分配区域资源,完成区域目标,指导和支持下属开展工作,制订地区销售计划,制订区域目标市场开发计划。

5. 根据销售和市场部的指导实施区域的市场活动,实施区域经销商的培训活动;协助进行价格管理、经销商审计、举办经销商会议。

6. 制订渠道管理计划,提升区域网络质量,目标市场渠道评估,新渠道建立的推荐,渠道竞争力(盈利)改善和提升计划。

7. 管理经销商信息反馈,参与进行区域市场调研,经销商订单处理;经销商资金流的管理及反馈,经销商库存管理,零售用户信息反馈,经销商档案修订,竞争对手信息反馈,其他信息反馈。

8. 区域售后服务管理水平的提升与改进。

9. 区域团队建设,评估和考评下属工作业绩;制定、实施和改进区域内部业务流程;完成上级领导交办的其他任务。

任职条件:

1. 大学本科或以上学历,营销、汽车技术、企业管理等相关专业为佳。

2. 3年以上汽车类产品区域销售经理岗位工作经验。

3. 了解汽车销售流程,熟悉渠道管理,具有较为全面的财务、法律、经济等知识,了解汽车市场和行业发展动态。

　　4．熟练使用计算机，有驾驶执照，具有一定的英语基础。

　　5．具有销售、市场、产业知识方面的专业培训经历。

　　6．优秀的沟通协调能力；独立开展工作能力；市场开拓能力；团队组织建设能力。

　　公司简介：北京××汽车有限公司创立于……公司诚邀各界精英人士加盟我们的国际管理团队，携手共创伟业，所述应聘者应具有较强的团队协作和敬业精神，有意应聘者请将中英文详细简历、相关证书复印件、联系方式等，发传真、电子邮件或信函至本公司（请在信函封面或电子邮件主题中务必注明应聘部门、应聘职位及姓名）。联系方式：××××。

　　（资料来源：人和网，http：//www.renhe.cn.）

　　思考：依据案例信息，为该销售区域管理经理岗位设计岗位权利模型。

实践训练

销售地图绘制与应用

　　训练目标：掌握销售地图基本绘制方法及基本应用。

　　角色：你为某区域快速消费品（具体产品自己选择）区域销售经理。

　　训练任务：

　　1．选择所在城市某行政区域为选定销售区域；进行产品现有客户调研，并建立初步客户资料档案。

　　2．在行政地图上标出现有客户所在位置，按照客户经营规模不同分为3类，每类设计不同的拜访时间和频率要求。设计一周销售活动，区域全覆盖销售地图。

　　3．初步测算某工作日依据销售地图进行客户拜访活动，确定在途时间与有效销售时间（客户拜访时间）的时间比例。

　　执行要求：小组作业，5～6人为一个小组，共同完成任务。时间设定为一周课余时间完成任务目标要求。

第 4 章

销售组织管理

【学习目标】

1. 了解销售组织的基本概念和功能。
2. 了解常见销售组织的类型和特性。
3. 掌握销售组织设计的原则和影响销售组织设计的因素。
4. 掌握对销售组织中常见问题的认知技能。

4.1 销售组织概述

高效率的销售组织体系,是确保顺利达成企业营销目标的前提。现代销售组织的设计与管理以顾客为中心,以发现组织运行中存在的问题、解决问题为导向,其目标是为了最大限度地集成各种组织资源,并借助组织活动中放大效应的发挥,保障销售工作任务的高效完成。销售组织的设计与管理是销售管理的一个重要方面,销售管理人员通过建立并维持某种组织结构,以此来管理销售人员及其行为,销售人员通过组织体系来共同承担企业销售目标。

4.1.1 销售组织的概念

销售组织是指企业销售部门的组织,是将生产或经营的商品销售给客户的销售部门的组织。销售组织是企业为了实现销售目标而将具有销售能力的销售人员、产品、资金、设备、信息等各种要素进行整合而构成的有机体。一个销售组织要想有效地达成其目标,就必须在协调合作原则下,将员工在工作中的地位、职责、权力,以及他们相互间的关系加以明确的规定,分工协作,并各司其职。

销售人员是来自五湖四海不同背景、不同学历、不同人生追求的人组成的团队,销售工作是一项自由度较高的工作,大多数员工长期远离总部,分布在不同的地方孤军奋战,而且大多数超负荷肩负各项业务指标,因此销售管理工作更需要高度计划与协调多方资源,来保证企业销售目标的实现。销售组织的目标就是通过销售人员访问和接待顾客、介绍产品、把握顾客需求、促成交易、提供售后服务以及反馈市场信息等一系列销售活动的完成而实现的,因此形成开放的、可见的、正规的组织结构,组织成员之间进行严格的分工,明晰职责,形成团队,以建立共同目标,并运用"协调"的方法,使部门与部门之间协调,人员彼此之间协调,相互了解沟通,消除冲突,整合资源,发挥各部门力量,按照企业的销售目标,有计划、有步骤、有分工、有协同地行动。

现代企业内部的销售活动与分工越来越细,销售组织层次不断增加,企业为求得销售各部门之间,销售人员之间的协调,必须建立授权制度,给予销售人员一定的资源支持并给予需要的、一定范围的决策权限,以利于销售人员顺利达成工作目标。为保证企业销售目标的达成,必须建立明确的组织结构,明确各部门间、岗位间的分工与合作关系,形成为实现特定目标而共同合作的团队。对分配给各支销售组织团队的工作种类、性质、范围等分别加以限定,明晰对应的职责、沟通关系、沟通渠道和权限范围等。只有通过专业的分工,例如,分成产品采购、物流、销售、收款、售后服务等工作,才能完成好企业的销售任务,企业才能最终获得效益。

4.1.2 销售组织的作用与特点

1. 销售组织的作用

销售组织与其他组织一样具有良好的汇集个人力量、提高组织活动的有效性以实现资源放大效应的作用,它是组织建立与发展的重要手段。

销售组织使人们联合起来,相互协作、合作,共同努力完成企业销售目标。销售组织追求的是销售效率,销售组织设计即是追求实现组织资源群体效率,实现"1+1>2"的放大效应,即组织力量的放大效应。正如亚里士多德指出的:"整体大于各个部分的总和";而放大效应依赖于组织完备的沟通渠道和畅通的信息交流,依靠组织成员的良好协调、合作精神,即分工、协调、授权、团队成员的团队意识。

2. 销售组织的特点

销售组织与其他组织具有共同的作为组织的基本特征的同时,拥有其特有的特性。即销售组织与其他组织不同,销售组织是以顾客为导向,通过对人力、财力、物力、信息管理等资源进行合理组织和充分利用,高效率地完成各种销售活动来完成企业销售目标;同时销售组织会依据企业的产品特征、市场覆盖范围、流通渠道、人力资源、企业发展状况等内外部环境因素构成不同的组织形式,并随着企业发展战略的调整和企业经营环境的变化进行调整与变革,以保证销售组织的良好运行效率。

4.1.3 常见的销售组织

企业销售组织的类型受到多方原因的影响,也有多种选择。常见的比较典型的销售组织有区域型销售组织、职能结构型销售组织、产品结构型销售组织、顾客型销售组织。

1. 区域型销售组织

按地区划分销售区域并形成组织是最常见的销售组织模式之一。区域型销售组织是指企业的销售组织中,各业务人员按照组织设计,分派到不同的地区,在该地区全权代表企业开展销售业务。在区域中区域主管权力相对集中,全权负责销售业务管理,人员管理,客户管理,资金、设备、物流、信息等的使用和管理,并负责该区域市场目标的实现。区域型销售组织结构如图4-1所示。

区域型销售组织的特点比较突出:该销售组织地域划分比较集中,管理费用较低;销售

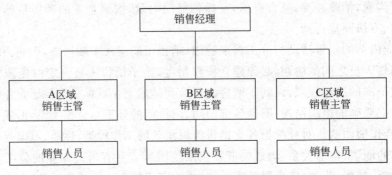

图 4-1　区域型销售组织结构

人员相对集中,同时负责区域内所有的销售活动,便于日常管理;地区经理坐镇区域,管理权力集中,市场决策速度快,有利于迎接销售竞争者的挑战。但因为区域销售人员专业分工不够细化,存在技术上可能不够专业的问题。

我国地域辽阔,各地区差别较大,可以说在建立销售组织时,不考虑地区因素而建立的销售组织是不存在的。因此,无论是采用何种形式,最终销售组织单位的分布都是根据地区因素而设定的,并由各区域主管负责该地区所有本企业产品的销售业务。此种销售组织形式也为大多数初建企业所采用。但区域型销售组织不能够适应产品种类丰富、技术含量高、产品间专业技术差异大的产品。

2. 职能结构型销售组织

职能结构型销售组织也是很多企业采用的组织结构形式。就是按照不同职能组建的销售组织,根据专业职能的不同形成如销售业务部、销售计划部、宣传推销部、售后服务部、客户管理部等职能部门,担当不同的业务职责。当业务分工专业化较强,或一般性的专业能力已经不能够满足企业业务发展的要求,同时企业资源能够满足专业分工细化需要时,职能结构型销售组织形式是很好的选择。职能结构型销售组织结构如图 4-2 所示。

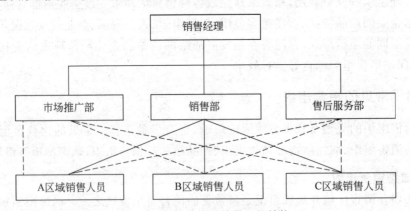

图 4-2　职能结构型销售组织结构

职能结构型销售组织的特点:专业分工的细化,人员队伍庞大,专业人员各司其职,销售活动分工明确,专业性强,销售活动具有专家性的特点,有利于专业技术门槛较高的产品销售,进行专门而合理的销售活动,使销售职能能够得到较好的发挥。其缺点是销售队伍庞大，管理费用高，管理效率相对较低，各部门、专业职能间的资源调配与协调是管理者日常工作的重要内容，而且容易产生责任不明确、销售活动缺乏、灵活性差等问题。

职能结构型销售组织适合经营规模较大、实力强、销售队伍人员较多、业务素质水平高、能够适应较细化的专业分工，并按照各种销售职能指示完成业务指标的庞大型企业。

3. 产品结构型销售组织

产品结构型销售组织是企业按照产品分配销售人员，组建销售团队，形成不同产品的销售部门，如 A 产品销售部、B 产品销售部、C 产品销售部、D 产品销售部，对应的销售组织专门负责特定的产品或产品线的销售业务。产品结构型销售组织结构如图 4-3 所示。

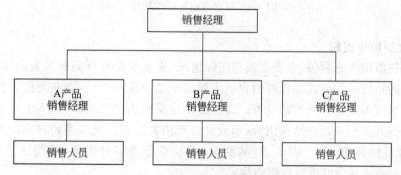

图 4-3　产品结构型销售组织结构

产品结构型销售组织内的销售人员负责特定产品的销售，他们了解产品及产品技术，同时熟悉该产品客户常见问题的解决和公司对应的政策，能够更好地服务特定产品的客户，同时快速反馈市场状况并进行应对。但是如果某客户同时使用企业不同产品，客户就要面对该企业不同部门或人员提供的销售服务，客户将迎接同一企业不同产品业务人员销售拜访，造成相对混乱局面，引起顾客的不满，并使企业销售成本提高。产品经理要协调各方资源来满足客户需求，但产品经理在企业中职位较低，因此，对产品经理的协调沟通能力要求较高。

产品结构型销售组织适合于企业产品种类丰富，不同产品使用不同销售渠道，各产品间技术专业区隔较大，产品销售技术要求不同或产品技术复杂的企业。

4. 顾客型销售组织

顾客型销售组织是根据不同顾客类型组建的销售组织。如某银行的销售组织就是按照客户类型（如政府事业机构、企业单位、小型商户、个人散户等）来加以区别，建立对应的销售服务机构。虽然对不同的顾客销售相同的商品，但由于顾客的类型不同，顾客需求不同、顾客要求提供的服务也不同，对销售人员所需要的销售技巧也不同。顾客型销售组织结构如图 4-4 所示。

企业采取顾客型销售组织模式，便于销售人员了解客户的特定需要，集中精力为各种类型的顾客提供满意服务。但是由于专门人员为特定客户提供服务，对销售人员业务素质要求较高。

顾客型销售组织适用于不同客户、销售活动对象的需求、客户销售途径区分较大的企业，企业可以将客户按一定方式（如行业）加以划分的情况下采用，金融、保险、电信等企业多选择顾客型销售组织。

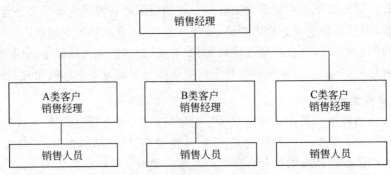

图 4-4　顾客型销售组织结构

5. 复合型销售组织

各种销售组织各有利弊,企业要根据实际情况(如企业现有资源和发展阶段)来选择一种适合自己的销售组织形式。同时销售组织形式不是一成不变的,企业要随着公司内外的环境变化适时完善或进行组织的变革。以上是比较单纯的销售组织,事实上企业可以根据自身情况选择几种形式进行结构组合,形成复合型销售组织。复合型销售组织可以满足企业对于销售目标需求、客户需求、产品要求、市场竞争等多种需要,适应企业发展需要。图 4-5 为某企业的复合型销售组织结构。

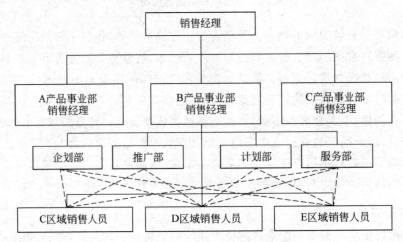

图 4-5　某企业的复合型销售组织结构

6. 新型销售组织的发展

随着市场的发展和现代技术的进步,企业的销售活动有了很多新的变化,企业的销售组织也在发生改变,很多新型销售组织不断涌现。

(1)团队型销售组织。企业将进行销售活动所需要的合适人选和资源集中起来,可以包括销售人员、技术人员,甚至包括律师、财务分析师、产品设计人员、预算人员等。团队型销售组织富于弹性,可以因客户企业性质的不同、销售性质的不同、客户要求提供的产品服务的不同而有所不同。团队型销售组织由销售人员和必要的职能人员构成,组织目标明确,共同承担销售任务,保证销售工作顺利进行。

(2)外部销售组织。许多企业将本公司外部的批发商和零售商及客户组织起来,形成销售组织的补充队伍,通过被组织起来的客户进行销售,如将批发商纳入公司销售组织的有机组成部分,通过他们来进行市场开发,发掘有效的销售方法,开发销售工具,以使销售组织发挥更大的作用。

4.2 销售组织的设计

销售组织的设计是对销售各职能部门和销售人员之间信息、权力和责任的一种正式协调过程。一个设计完善的销售组织应该具有一种良好的框架结构,销售人员能够了解自己的责任,明确需要向谁负责,确定职责分工,做好自己本职工作,以保证组织能够为顾客提供良好的服务,顺利达成销售目标。合理的销售组织设计是影响企业提供产品和服务有效性与相对效率的重要因素。

4.2.1 销售组织设计的原则

根据销售管理的需要和销售组织的目标,在进行销售组织设计时应遵循下列原则。

(1)统一指挥原则。销售管理的命令和报告只能经由一个系统传达,保证各种销售活动有效、有序进行。

(2)精简高效原则。销售组织的结构、人员、活动必须是有效的。销售组织要有明确的目标和实现目标有效率的组织机构。防止机构庞杂,职能交叉,人浮于事。

(3)管理幅度与层次适当原则。管理幅度是指指挥监督者能领导的隶属人员的数量(即直接汇报的下属数量)。在完成相同数量工作前提下,管理幅度越窄,管理层次就越多,信息传输速度就越慢。通常情况下扁平化的管理层次,6~9人的管理幅度对销售组织来说是比较合理的。

(4)稳定而有弹性原则。组织应保持员工队伍的相对稳定,组织结构的相对稳定,以保证销售活动的延续和队伍的凝聚力;同时销售组织又要具有一定的弹性,以适应企业内外部环境变化的要求,如图4-6所示。

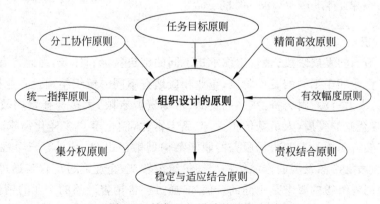

图 4-6 销售组织设计的基本原则

【小资料 4-1】

传统的组织设计原则

美国学者戴尔(E. Dale)的五项组织设计原则如下。

1. 目的性（objectives）。企业内各职位的目的必须与组织的整体目的相一致。

2. 专业化原则（specialization）。对同一性质的活动和职能，应分部归类，派相应的人员成立组织，并负责执行，以收到分工专业化的成效。

3. 协调性原则（coordination）。企业内各成员的努力应指向企业的共同目标，企业应通过建立有效的手段而进行有效的协调。

4. 权限（authority）。企业应建立起从组织的最高层到组织内各个成员的明确的直线权限。

5. 责任（responsibility）。权限与责任对称。

（资料来源：百库文库，http://wenku.baidu.com.）

4.2.2　影响销售组织设计的因素

建立销售组织时，需要考虑市场类型、企业状况、产品销售的范围、渠道特性的影响以及外部市场环境的影响等。

1. 市场类型

不同的市场类型具有不同的销售特征，应采用不同的销售组织。因此，在建立销售组织时，首先要考虑市场的类型和对应的购买者购买行为特征。对于消费者市场和组织市场，其购买者的购买行为具有不同的特点，对销售服务有不同要求。如生产资料、专用品等在销售方式上就有所不同，技术方面的要求也不相同，因而销售组织也不相同。

【小资料 4-2】

消费者市场和组织市场特征

消费者市场是为了消费而购买的个人与家庭，购买者数量庞大，单次购买规模较小，购买品种多，购买频次高。

组织市场是指为生产、转卖或公共消费而购买产品的各种组织机构、制造商、中间商、政府机构等。购买者的数量少，单次购买规模大，购买频次相对较低，多具有专家购买的特点。

（资料来源：智库百科，http://wiki.mbalib.com.）

2. 企业状况

企业处于不同的发展阶段，销售组织承担不同的销售目标和任务，因此将有不同的销售组织的设计。企业处于不同的发展阶段，企业相应地有不同的组织结构。企业初创，企业处于市场开拓期，人力资源、财力资源、产品资源、市场资源有限，大多选择费用较低的区域型销售组织；随着企业的发展，人员队伍扩大，产品丰富化，满足客户多样化需求，企业实力壮大，有机会、有能力向提供专业市场服务的职能结构型销售组织、满足客户个性化需求的顾客型销售组织、满足产品发展的产品结构型销售组织转变；企业通过广告与通过人员来推销产品对企业的销售组织的要求是不同的。例如，通过广告销售产品的企业的销售人员较少，其销售组织较简单；企业的售后服务政策同样也影响着企业的销售组织结构。

3. 产品销售的范围

产品销售范围不同，对销售组织有很大影响。例如，在区域型销售组织中，各个销售人员被派到不同地区，在该地区全权代表公司从事销售业务；有些产品由于自身特点的影响

（如生鲜产品），只能在有限范围内进行销售，商品销售的区域范围小，销售组织相对就简单；产品销售范围大，如宝洁公司的洗化产品丰富，相对来说销售组织复杂，影响着销售组织结构。一般来说，地区性的销售组织不同于全国性的销售组织，而国际性的销售组织也不同于全国性的销售组织。

4．渠道特性的影响

选择销售的渠道不同，影响销售组织的建立。设立销售组织时，要考虑产品销售渠道的特性是什么，根据这些因素来设计销售组织。如果选择直销渠道，一般要按顾客对象或产品建立销售组织，以满足客户的不同需求；对于通过经销商渠道进行销售，采用区域型销售组织，服务和管理经销商是较经济的选择。

5．外部市场环境的影响

企业销售组织是一个开放的系统，它与外界市场环境不断进行物质和信息等的交流，并寻求一种动态的平衡。企业外部环境对销售组织的设立与变更影响较大。一般来讲，销售组织一旦确定即处于相对稳定的状态中发挥其应有的作用。但对于外部市场环境的剧烈变化，企业的销售组织乃至整个公司组织体系会经常呈现出一种相应的变动状态。常见的导致销售组织剧烈变化的外部因素主要有两个：一是市场需求变化；二是竞争状况的变化。如全球市场竞争加剧，国际企业纷纷抢滩中国市场，同时大批国有品牌也走向国际市场，企业为满足海外消费者的需求相应地建立海外销售部门和专业策划推广队伍，以适应环境的变化，为此销售组织将发生改变。

4.2.3　销售组织设计的内容和步骤

销售组织设计分为以下几个主要步骤，见图4-7。

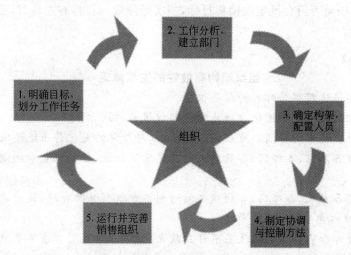

图4-7　销售组织设计的主要步骤

1．明确销售组织设立的目标，并划分工作任务

设立销售组织的第一步，是确定组织存在的目的和所要达到的目标。明确它要完成哪些任务，需要开展哪些工作，在此基础上将销售组织总任务划分为一系列各不相同又相互联系的具体工作任务。确定组织设计的基本方针,即企业可能采取的销售组织结构、管理幅度、授权程度等。

2. 进行销售岗位工作分析,建立部门

为搞好企业的销售工作,要根据企业销售任务、目标分析对销售活动进行分类,将相关的工作、职能分派到同一岗位,并将相近的工作归为一类,在每类工作上建立相应的部门,并采用高度专业化的组织。在实际销售管理活动中,若设置职位较多时,凡属相关的工作可以进行归纳,依据工作量的大小进行人员配备,设立相应的部门,并设计基础业务管理流程。

3. 确定组织结构框架,按照销售岗位配置人员

确定组织结构框架,并根据人力资源情况、工作复杂程度、授权情况确定合理的管理跨度,相应地明确管理层次、职权、职责范围。确定不同销售岗位的人员任用资格条件并建立相应的编制。在明确销售组织框架和编制后,映照出合适的销售人员担任相应的岗位工作标准,以便销售人员配备工作能顺利完成。企业可以对销售人员加以培训,符合岗位要求后再让其上岗。

4. 制定协调与控制方法

销售活动分工复杂,需要各岗位人员良好协调和过程控制,以保证销售活动按照既定的目标进行。在管理销售活动时,应明确定义各岗位人员岗位坐标、工作内容、权限和沟通渠道,使得销售人员明白自己在组织内的位置,工作报告对象是谁,与他人的关系如何,以及怎样与他人合作等。

5. 通过组织运行不断修改和完善销售组织

销售组织设计不是一蹴而就的,它是一个动态的不断修改和完善的过程。在组织运作中,必然暴露出许多矛盾和问题,也获得某些有益的经验,这一切都应进行信息反馈,促使领导者定期检查组织是否符合既定的销售目标,当实际绩效与目标有差异时,要加以改进使销售组织日臻完善。

【小资料 4-3】

组织结构有效性的主要体现

1. 组织能够迅速获得外部各种相关信息。

2. 信息在组织内部能够迅速准确地传递到该传递的地方。

3. 决策能够在适当的时间和地点迅速作出,以对外部的变化作出迅速准确的反应。

4. 组织内部各层次、各部门、各领域之间信息交流畅通,各种机会和问题能够迅速得到发现并加以解决。

5. 组织内部各层次、各部门、各领域之间的利益和权利分配合理,没有恶性的相互冲突和竞争,只有良性的竞争和相互合作。

6. 组织对外部和内部问题的反应不存在救火现象,组织能够有条不紊地运行。

(资料来源:陈国权.组织行为学[M].北京:清华大学出版社,2006.)

4.3 销售组织的发展与变革

当今中国企业正处在不断变化的内外环境中,企业不断地发展和变革,才能保持可持续性的生存和健康发展,销售组织面临同样的问题。销售组织作为开放的系统,也要面临组织的发展与变革。图 4-8 为销售组织发展与变革的力量来源。

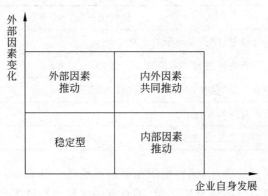

图 4-8　销售组织发展与变革的力量来源

4.3.1　销售组织的发展

　　企业销售组织是一个开放的系统,随着外部市场、技术、环境的变化,企业的销售组织也在不断地发展变化。由于企业处于不同的发展阶段,销售组织承担不同的销售目标和任务,随着企业内外部的动态反映,销售组织也要不断地发展。

　　企业外部环境的变化对销售组织的发展与变革影响较大:①人口结构与社会文化的变化带来的市场需求的改变。如城市人口老龄化的趋势,消费人群消费需求与消费行为的改变带来的影响。②经济环境变化带来竞争状况的变化。如经济全球化进程,带来商品流动范围的改变。③政治、法律环境的变化带来的影响。如自 2005 年 12 月 1 日起施行的中华人民共和国国务院第 443 号令《直销管理条例》的颁布,规范了直销企业的经营行为,很多产品直销企业依法建立直销门店和专柜进行产品销售。④技术和产业进步带来的变化。如高速公路的发展带来物流能力的提高。

　　企业处于不同发展阶段,企业内部资源变化影响销售组织的发展。企业内部环境的变化主要是指企业自身成长所带来的变化,如企业销售人力资源的变化,企业规模的改变,企业产品的丰富化,产品销售和服务内容的改变,销售范围的变化,企业自身规模、品牌定位、销售策略的变化等。内外部环境变化对企业销售组织发展与变革的影响见表 4-1。

表 4-1　内外部环境变化对企业销售组织发展与变革的影响

外部变化因素	销售组织发展动力	
政治环境	外部因素推动:企业销售活动维持在一定规模和水平上,外部环境变化较大,企业销售组织变革旨在适应环境求生存	内外因素共同推动:企业规模和水平不断提高,外部环境也在不断改变,企业销售组织变革旨在应对变化,寻求生存发展空间
经济环境		
文化环境		
法律环境		
技术环境	稳定型:企业经营相对稳定,内部变化较小,外部环境相对稳定。销售组织相对稳定,出现问题进行局部完善	内部因素推动:企业不断发展扩张,外部环境较稳定,销售组织变革为满足企业自身成长需要
市场环境		
竞争环境		

续表

外部变化因素	销售组织发展动力
内部成长因素	销售人员数量、结构和质量的变化
	公司销售策略改进与产品流通政策改变
	公司产品生命周期的不同和产品结构的改变
	产品销售范围的变化
	销售管理技术及设备改进

面对内外部环境因素的变化，销售组织原有组织设计的初始条件已经改变，销售组织在销售业务运行方面不能够发挥应有的作用，不合理的销售组织会阻碍销售目标的顺利达成。

1. 销售活动效率低下，市场开拓和销售面临瓶颈

有些企业在不断发展壮大，销售组织也迅速扩展，但销售效率低下，销售业绩不振，人均业务量持续下降。销售人员增加，而总销售额下降，随着效率的降低，导致对市场的反应变得迟钝，使得整个销售体系运转迟钝，该企业不得不面临重组。很多时候，扩展也带来销售管理跨度与管理层次的问题，结果出现大量的管理层冗员现象，销售管理效率非常低下。

2. 销售组织系统混乱，出现管理失控现象

部分企业的快速发展，销售组织不能及时适应新的业务发展，管理和监控系统混乱，造成诸如：①信息失控问题。如有些销售人员不向总部及时传递市场和客户信息，或谎报军情，夸大对手的竞争实力和促销力度，或推卸责任，以掩盖自己的无能，使得真实信息不能得到有效的传递，出现扭曲、变形；上层指导信息出现传递延迟或中断，错过市场机会；财务失控；营销费用持续上涨，但销售额并没有增加；产品销售收入得不到有效的监管而被挪用，货款大量呆滞，死账、坏账增多。②人员管理失控问题。如销售人员一方面变企业客户和经销商为私人关系网，利用公司销售政策，要求降价和促销；另一方面又向经销商要回扣中饱私囊。③公共关系失控问题。如企业规模扩大之后，不注意与经销商和其他相关部门建立长期的合作关系，也没有建立一套市场危机处理系统，结果出现某些地区的经销商集体反叛、消费者信用危机、公关危机等情况。这些情况都危及整个销售体系和公司形象：如某企业业务迅速发展，带来管理队伍人员匮乏，造成只有主管能力却当经理，只有经理能力却管省级片区的问题；新销售区域的开发，带来销售业务的迅速增长，同时出现大面积的应收账款问题、过渡促销和窜货现象，人员队伍素质参差，经销商队伍良莠不齐，盗取企业利益的现象时有发生，销售管理失控，带来企业信用危机和品牌危机，企业最终将为此付出巨大代价。

3. 沟通不畅，企业的营销措施无法及时推行

沟通问题分为与外界的沟通，如与客户、渠道成员的沟通不畅，多是由于企业业务快速发展，带来客户、渠道需求多样化，而企业没有能够及时了解并适应，带来的企业的营销措施无法及时推行问题。另一种沟通不畅是企业内部信息传递与交流问题，造成部门、人员协调不到位，信息沟通、共享不充分，使企业的营销措施无法顺利推行。如某公司的销售部门总是抱怨广告打得不够多不及时，新产品推出不够迅速，价格过高，质量欠佳，但是却对顾客需要什么样的东西并不清楚，也不知道广告能产生多大效果、降价能促进多少销售增长；市场部门则认为销售人员不够努力,但这些信息的流通却经常是止于本部门。市场部门与销售、广告推广部门间沟通不畅,带来对外界市场信息的理解与应对措施的错位,造成企业市场反应及措施失当。

4. 责任不清,奖罚不明,公平问题扩大化

有些企业销售业务的发展,带来新的工作任务和工作内容的丰富化,但是企业没有就变化的工作责任进行及时的职务分析与固化,造成任务分配随意化、随机化、流动化,一旦新增业务出现问题并造成损失,销售组织无法进行清晰的责任认定,形成奖不能激励,罚不能分明的现象,长久发展,必定造成公平问题扩大化;员工士气低落,不满情绪增加,如出现管理人员离职率增加,员工旷工率和病事假率增加等。

5. 本位主义盛行,追求局部利益、短期利益

由于企业在发展过程中,首先快速发展的是销售组织,并且企业的发展也逐步倚重于销售组织的发展,而且销售人员的利益主要与销售业绩挂钩,销售人员必然追求短期利益,结果导致整个企业追求短期利益。

当企业销售组织面对以上诸多问题时,应及时采取局部改进完善措施。例如,业务流程改进,加强监控体系和信息传递渠道建设;完善培训系统,加强组织文化建设,建立销售队伍共同愿景,以弥补快速发展带来的销售人员能力缺失问题;强化岗位工作分析,确认变化了的工作内容和工作目标分配;完善制度,及时阻止企业资源流失。局部的完善措施应能够修补销售组织运行中不断出现的问题,并对销售效率和效果加以改善。但是,当局部改进不能够扭转销售组织"失效"的局面时,应考虑实施销售组织变革。

4.3.2 销售组织的变革

为适应企业环境而进行的销售组织变革要根据其影响范围选择组织局部改进、完善或者选择进行颠覆式的变革。局部改进和完善是在组织总体平衡前提下进行的一系列持续的改进,而且改进活动通常仅影响到组织的一部分。颠覆式的销售组织变革打破了组织的基本运行规则,使整个组织发生改变,如改进某部门部分工作岗位职责范围,增加销售人员编制,是组织局部改进活动。颠覆式的销售组织变革程序如图4-9所示。

1. 确定销售组织变革的目标和主题

销售组织变革的发动源于企业管理层的变革决心。因此,管理者要回答的问题是:我们针对销售组织的变革要变革什么? 要做多大幅度的变革? 我们的变革要进行多长时间? 变革从哪里开始? 分几个步骤? 在哪里结束?

针对组织面对的主要问题进行评价,确定销售组织变革的核心任务和关键任务、工作要点与规范。明确组织变革的目标是使组织更具环境适应性,使管理者和销售队伍更具环境适应性,而非针对个人进行的活动。

2. 确定销售组织改进的内容

通常销售组织改进包括以下部分或全部内容。

(1) 对完成销售工作的销售组织结构的变革,改进管理层次、管理幅度,完成销售任务对应职责进行划分。

(2) 对现有为达成销售任务所需承担的管理权力关系和协调机制的改进。

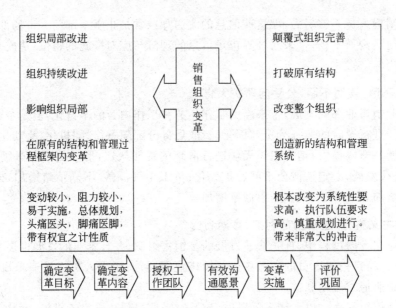

图 4-9　颠覆式的销售组织变革程序

（3）对保证销售目标而制定的业务流程体系重新设计、修正和组合。

（4）对销售岗位与工作再设计，对销售岗位人员编制、任职要求进行再设计。

（5）对销售人员工作目标与行为规范进行描述。

（6）企业其他改进内容。

3. 授权工作团队

明确销售组织变革的目标与内容，并且管理层就变革事项达成共识，然后最重要的是要建立一支受管理层信任，有能力，有责任感，了解企业销售组织情况，具有一定声望与权威，并为销售队伍信任的人员组成团队。该变革指导团队将受管理层指派并授权承担销售组织变革任务。

4. 有效沟通愿景

工作团队将与管理层及销售队伍进行充分沟通，使相关人员就销售组织变革形成紧迫感，并就变革的愿景形成共同认知和责任感。明确销售组织变革是针对组织及工作任务目标的改变过程，而非针对某个人或人群进行的革新，以争取各方对变革的理解与支持。沟通过程是一项艰辛的工作，将一直贯穿整个变革进程。

5. 变革实施

销售组织变革是涉及组织各方面人员与利益的过程，变革实施过程要遵照既定变革计划严格执行，同时要时刻关注销售队伍与市场、环境的反应，对于反馈的信息，工作团队要及时与管理层进行沟通，同时尽量使变革带来的对业务和市场的负面影响降到最低。

6. 评价并巩固成果

对变革中的短期成果要及时进行评价与推广，以增强销售队伍和管理层对变革愿景的信心。同时对变革成果进行及时评价，对已达成目标的部分成果进行固化，巩固变革胜利果实。

【小资料 4-4】

卢因变革模型

组织变革模型中最具影响的也许是卢因变革模型。卢因(Lewin)(1951年)提出一个包含解冻、变革、再冻结三个步骤的有计划组织变革模型,用以解释和指导如何发动、管理和稳定组织变革过程。

1. 解冻。这一步骤的焦点在于创设组织变革的动机。鼓励员工改变原有的行为模式和工作态度,采取新的适应组织战略发展的行为与态度。为了做到这一点,一方面,需要对旧的行为与态度加以否定;另一方面,要使干部员工认识到变革的紧迫性。可以采用比较评估的办法,把本单位的总体情况、经营指标和业绩水平与其他优秀单位或竞争对手加以一一比较,找出差距和解冻的依据,帮助干部员工"解冻"现有态度和行为,迫切要求变革,愿意接受新的工作模式。此外,应注意创造一种开放的氛围和心理上的安全感,减少变革的心理障碍,提高变革成功的信心。

2. 变革。变革是一个学习过程,需要给干部员工提供新信息、新行为模式和新的视角,指明变革方向,实施变革,进而形成新的行为和态度。这一步骤中,应该注意为新的工作态度和行为树立榜样,采用角色模范、导师指导、专家演讲、群体培训等多种途径。卢因认为,变革是一个认知的过程,它由获得新的概念和信息得以完成。

3. 再冻结。在再冻结阶段,利用必要的强化手段使新的态度与行为固定下来,使组织变革处于稳定状态。为了确保组织变革的稳定性,需要注意使干部员工有机会尝试和检验新的态度与行为,并及时给予正面的强化;同时,加强群体变革行为的稳定性,促使形成稳定持久的群体行为规范。

(资料来源:智库百科,http://wiki.mbalib.com.)

本章小结

(1) 销售组织是指企业销售部门的组织,是企业为了实现销售目标而将具有销售能力的销售人员、产品、资金、设备、信息等各种要素进行整合而构成的有机体。

(2) 销售部门的组织模式是企业销售战略的重要内容。建立高效率的销售组织体系,是确保销售工作高效完成的前提。经典的销售组织模式有区域型销售组织、职能结构型销售组织、产品结构型销售组织、顾客型销售组织,企业要根据实际情况(即企业现有资源和发展阶段)来选择一种适合自己的销售组织形式,可以采用经典的销售组织模式,也可以依据企业实际采用复合型销售组织。复合型销售组织可以满足企业对于销售目标需求、客户需求、产品要求、市场竞争等多种需要,适应企业发展需要。所以说销售组织模式对企业来说没有最好,只有最适合。

(3) 影响销售组织设计的主要因素有很多,但销售组织设计要把握统一指挥原则、精简高效原则、管理幅度与层次适当原则、稳定而有弹性原则,以适应企业内外部环境变化的要求,并经过严格调研、分析,科学的步骤来设计。但是再优秀的组织设计也会经常面临绩效低下等问题,应考虑实施销售组织变革来帮助销售组织获得新生。

关键概念

销售组织　组织设计　组织变革

思考题

1. 常见的销售组织类型有哪几种？
2. 影响销售组织设置的因素有哪些？
3. 销售组织常见的问题有哪些？
4. 如何改进销售组织以适应市场变化？

实践训练

调查并描述销售组织

训练主题：某企业销售组织调查。

训练要求：进行调研，了解某企业现行销售组织的组织模式，从专业角度进行描述，并就现行模式下的业务运行流程进行说明。

训练形式：个人作业，可以对身边熟悉企业进行了解，通过走访或网络调查某企业的销售组织。

阅读材料

扫二维码阅读"为什么要建设新型组织"。

为什么要建设
新型组织

第 5 章

销售人员招聘与培训

【学习目标】

1. 了解销售人员招聘的途径及各自的优缺点。
2. 了解销售人员招聘途径。
3. 掌握招聘销售人员的程序。
4. 掌握常用的销售人员招聘方法。
5. 掌握销售人员培训的内容。

5.1 销售人员招聘计划的制订

5.1.1 优秀销售人员的基本特征

销售经理的重要工作之一就是建立一支合格的销售队伍。销售员是公司和客户之间的纽带,对许多客户来说,每一个销售员对外代表的就是公司。反过来,销售人员又从客户那里带回许多公司需要的有关客户的信息。因此,要顺利开展销售的工作,很大意义上取决于是否有一支素质高、业务能力强的销售队伍。现在企业最难办的事情有两类:一类是产品开发的选项;另一类是产成品的推销。而这些无不与销售人员的工作密切相关。从一定意义上可以这样说,选择销售人员、培养销售人员、管好用好销售人员是企业能否占领市场、不断拓展市场的关键性工作。

1. 销售人员的基本素质

销售是一项艰苦的工作,因此,不是任何人都适合做销售工作。做销售不易,做一个优秀的销售人员更不容易。一个销售人员的优秀与否与个人性格紧密相关,而个人性格在很大程度上受到其先天的秉性、生活环境、后天的教育等诸多因素的影响。销售就是介绍商品所提供的利益,以满足客户特定需求的过程。销售是一项很具挑战性的工作,成为销售人员比较容易,成为优秀的销售人员却没有那么简单。世界著名的市场研究公司——盖洛普管理咨询公司曾经对近 50 万名销售人员进行了广泛的调查和研究,研究表明,优秀的销售人员一般在以下四个方面具有良好的素质:内在动力;严谨的工作作风;推销能力;与客户建立良好关系的能力。这四者相辅相成,缺一不可。

(1) 内在动力。不同的人有不同的内在动力,如自尊心、幸福、金钱等,但所有优秀的销售人员都有一个共同点:有成为杰出人士的无尽动力,这种强烈的内在动力可以通过锤炼和磨炼形成,但却无法教会。人的内在动力的源泉各不相同,如受金钱的驱使、渴望得到承认、喜欢广泛的交际等。

根据内在动力源泉的不同,可以将销售人员大体分为四种类型:成就型、竞争型、自我实现型和关系型。具体来说,"成就型"销售人员特别渴望成功并且会为此付出巨大的努力;"竞争型"销售人员不但想获得成功,而且渴望战胜对手(其他公司或其他销售人员)以获得满足感,他们通常会站出来对其同行说,"我承认你是本年度的最佳销售人员,但是我会与你一比高低的";"自我实现型"销售人员往往喜欢体验一下获胜的荣耀,他们总会把自己的目标定得高一些;"关系型"销售人员的长处在于他们能与客户建立、维持良好的客情关系,他们往往为人慷慨、细致且做事尽力。

没有单纯的成就型、竞争型、自我实现型或关系型销售人员,优秀的销售人员或多或少都会带有其他三种类型销售人员的一些特征。而且,属于某种类型特征的销售人员如果能有意识地多培养一些其他类型性格的人所具有的特征,他就会变得更成功。例如,"竞争型"销售人员如果多一些关系意识,他便会在客情关系方面也做得不错,并且能因此获得更多的订单。

(2) 严谨的工作作风。不管销售人员的内在动力如何,如果他们组织松散,凝聚力不强,工作不努力,他们就会难以满足客户越来越多的需求。优秀的销售人员总是善于制订详细、周密的工作计划,并且能在随后的工作中不折不扣地予以执行。其实,销售工作并不存在什么特别神奇的地方,有的只是严密的组织和勤奋的工作。一位成功的总裁如是说:"我们优秀的销售人员从不散漫和拖拉,如果他们说将在 2 天后与客户会面,那么你可以相信,2 天后他们肯定会在客户那边的。"销售人员最需要的优秀品格之一是"努力工作",而不依靠"运气"或技巧(虽然运气和技巧有时也很重要);或者说,优秀的销售人员之所以能碰到好运气是因为他们总是早出晚归,他们有时会为一项计划工作到深夜,或者在别人下班的时候还在与客户洽谈。

(3) 推销能力。如果销售人员不能从客户那里获得订单,即使他的技巧再多、再好,那也是枉然。无法成交就谈不上完成销售,一般而言,优秀的销售人员总会想方设法来与客户达成共识,从而顺利签单。那么,如何才能成为一名优秀的销售人员呢?研究表明,有一点很重要,即销售人员应该具备一种百折不挠、坚持到底的精神,不怕失败,甚至最后一刻也不放弃努力。

优秀的销售人员往往对自己和所销售的产品深信不疑,他们通常都十分自信并坚信自己的决策是正确的;他们十分渴望成交,通常会在法律和道德允许的范围内采用各种方法来使交易获得成功。

(4) 与客户建立良好关系的能力。在当今的关系型营销环境中,优秀的销售人员最需要注意的一点是,成为解决客户问题的能手和与客户发展关系的行家(未来的销售人员将不再是销售人员,而是客户的顾问),力求敏锐地把握客户的真实需求。优秀的销售人员通常是这样的:他们全神贯注,很有耐心,细致周到,反应迅速,善于倾听,十分真诚;他们能站在顾客的立场上,用客户的眼光来看问题。

2. 优秀销售人员的特征

成功的销售,关键在于对人的理解。美国某著名销售专家曾说:"销售的 98% 是对人的理解,2% 是对产品知识的掌握。"除了对人的理解之外,优秀的销售人员还需要掌握一些销售技巧。概括地说,优秀的销售人员表现出以下一些特征。

（1）具备正确的营销理念。作为优秀的销售人员，他需要清晰地了解现代营销的发展方向。具体地说，营销理念的形成与发展，经历了从以公司为中心的生产理念、产品理念与推销理念，现阶段正沿着以客户为中心的营销理念、关系营销理念、社会营销理念方向发展。

生产理念的特点：供不应求，被动接受。公司以生产为中心，不断改进生产过程，提高生产效率。产品理念的特点：注重品质，忽视需求，克服"营销近视症"，公司以产品品质为中心，向市场提供自己能够生产的产品。推销理念的特点：以销定产，开拓市场，扩大销售。公司的任务是不遗余力地将已经生产出来的产品推销给客户。上述三个阶段的营销思路都没有引起客户足够的重视。因此，从现代营销趋势来看，都或多或少存在着这样或那样的不足。

以客户为中心的现代营销理念，特点是强调以销定产，注重需求，营销焦点从先前的"生产"转移到"市场"。公司的任务是强调从客户的需求出发，进行营销活动，从而以适当的产品或服务来满足客户的需要与欲望。关系营销理念，强调在产品或服务的整个生命期间，销售应该集中在买卖双方之间的关系上。进一步发展的社会营销理念，其特点是强调满足需求，兼顾社会大众。公司的任务是必须在企业利润、客户需要与欲望和社会福利三方面进行权衡，走可持续发展的道路。在当前营销趋势下，社会营销理念的一大特点表现为强调社会环保，凸显企业的社会责任感。

（2）具备正确的道德规范与相应的法律知识。对销售人员来说，不道德的销售行为或许在一次交易中会侥幸得逞，但要建立与发展真正的合作伙伴关系需要百分之百的诚实和真挚。通常情况下，人们将道德定义为判定正确和错误行为的标准，因此，被社会大多数人认同的行为标准就是道德规范。这些规范，一部分可以用法律来约束，违反规范就要受到法律的惩罚；另一部分，不属于法律约束的范畴，只能用道德的力量去限制。

（3）注意在销售中情感的导入。人们常说"功夫在诗外"，销售的功夫也在销售的产品之外，销售人员要注意销售以外的事情，也就是那些被称为人之常情的事情。销售人员应该帮助客户满足某种愿望，客户只有明白产品会给自己带来某种好处才会作出购买决定。

（4）掌握销售业务所必需的知识。对优秀的销售人员来说，售前掌握必需的业务知识是非常必要的。销售需要勇气，但绝不能理解为盲目行动。成功的销售基础是对客户的理解，因而事先需要进行调查和了解情况，掌握必要的知识。销售过程是对客户的说服与指导过程，只有掌握了必要的知识，才能进行有针对性的说服与指导。

（5）善于把握销售中的一切机会。机会不是突然降临的，不是现成的收获，而是不断追求的酬劳，是艰辛劳动的成果。机会属于有准备的头脑。销售过程中的机会包括动机的准备、观念的准备和才能的准备。销售的成功是在一定的概率中实现的。优秀的销售人员总是把注意力放在排除故障上，因为障碍的另一面就是需求。这种需求是一种潜在需求，将潜在需求转化为现实需求，销售所创造的完全是一种新格局。正因为如此，优秀的销售人员总是把拒绝看成销售的开始。虽然事先了解、掌握销售业务所必需的知识是必要的，但如果总想有了十分的把握再行动，那就失去了探索的勇气。具备"试一试"的胆略和勇气，不断地克服销售恐惧顽症，是销售人员应该具备的素质。优秀的销售人员从不言失败，只是将每一次销售都视为一种尝试，而且视为逐渐接近成功的尝试。

（6）具备旺盛的学习热情。在当前的信息社会，科技在日新月异地发展，销售业务，包括销售内容、销售形式等都会随着科技的发展而不断地推陈出新。因此，优秀的销售人员需要保持旺盛的学习热情,努力学习不断更新的业务知识,掌握更先进的销售方法与技巧。只有这样,才能不断地提高自我,不断地创造一个又一个的销售契机,从而逐步成长为一个优秀的销售人员。

一个真正优秀的专业销售人员会成为客户的顾问、战略伙伴,甚至是代言人。他会为客户带来竞争优势。客户更希望销售人员成为其"业务伙伴"而不是"玩友",销售人员应该很清楚这一点。优秀的销售人员要做的不是去讨客户的欢心,而是应该真正去关心客户的利益,关心客户的业务发展方向,关心怎样才能帮上客户的忙。

5.1.2　销售人员招聘计划及准备

1. 招聘计划的概念及内容

招聘计划是公司对某一阶段招聘工作所做的具体安排,它包括招聘目标、信息发布时间和渠道、招聘人员、甄选方案及时间安排等几项内容。完整而详细的招聘计划有利于顺利地开展招聘工作。在编写招聘计划书时需要注意:一要对各项内容的描述力求具体、明确;二要对时间及资金的安排充分考虑本公司的实际情况。招聘计划一般包括以下内容。

(1) 人员需求清单。包括招聘的职务名称、人数、任职资格要求等内容,以及人员需求的数量。一个企业经营战略计划的实施势必要有人力资源的支持,所以,这是一个重点。还有就是内部职位晋升计划,也会有一部分人员的补充。再有就是人员流动(辞职、辞退等)因素,从而造成人员缺少。总之,人员招聘计划必须与各个方面结合起来考虑。

(2) 招聘信息发布的时间和渠道。招聘渠道有很多,常见的有 360 赶集网、报纸、杂志、电视、电台、国际互联网、布告、新闻发布会等正式渠道。除此之外,还有随意传播的发布形式,这是有关部门或有关人员用口头的、非正式的方式进行招聘信息的发布。

(3) 招聘小组人选。包括小组人员姓名、职务、各自的职责。

(4) 应聘者的考核方案。包括考核的场所、大体时间、题目设计者姓名等。

(5) 招聘的截止日期。

(6) 新员工的上岗时间。

(7) 费用招聘预算。指招聘人员所需的预算,即成本控制,包括资料费、广告费、人才交流会费用等。

(8) 招聘工作时间表。尽可能详细,以便与他人配合。

(9) 招聘广告样稿。

2. 招聘计划的编写步骤

(1) 获取人员需求信息。

人员需求一般发生在以下几种情况。

① 人力资源计划中明确规定的人员需求信息。

② 企业在职人员离职产生的空缺。

③ 部门经理递交的招聘申请,并经相关领导批准。

(2) 选择招聘信息的发布时间和发布渠道。

(3) 初步确定招聘小组。

(4) 初步确定选择考核方案。

(5) 明确招聘预算。

（6）编写招聘工作时间表。

（7）草拟招聘广告样稿。

3. 描述职位并确定任职条件

描述职位的书面结果为工作说明书（job description），包括直接上级、工作目标、工作职责与任务、工作绩效、可轮换岗位、权限范围。其中，最重要的是工作职责与任务，包括销售和服务的职责、计划、报告、公司联系、日常行政事务及内容处理。工作说明书因不同的产品或服务、用户购买行为、销售形式和公司文化而不同，相同职务因区域不同、产品和客户不同销售人员也有区别。销售经理要详细分析目标市场，研究在新老客户、主次区域、高低档产品之间最佳的时间分配结构，明确每个所需销售人员的工作重心，以便认识对候选人在经历、技能、知识和个性特征的不同要求。销售经理应定期分析、检查并修改工作说明书，以反映产品或服务、竞争、用户、环境和战略的变化。

描述职务之后就应确定任职条件，一般有技能、经验、知识、品质、任职时间。产品销往国外市场的企业要求销售人员的语种及其程度与国内市场不同；开发新产品的企业要求销售人员的开发能力与销售老产品的人员不同；产品针对集团客户的企业要求销售人员的谈判能力与针对个人的人员不同；跨区域销售结构的企业要求销售人员适应出差的能力比区域结构高。销售经理要清楚目标市场的细分以便找到合适的销售人员。任职资格是解决谁来做的问题。

5.2 销售人员招聘途径与招聘程序

在销售人员的招聘过程中，首先面临的问题是怎样吸引具备销售人员品质和能力的人来参加应聘。因为从事销售工作的人需要一些特殊的品质、技能和知识，所以如何从较大的范围吸引具备这些潜质的人来应聘就成了问题的关键所在。企业可以从多种渠道获得人力资源。招聘渠道可分为两类：内部招聘渠道和外部招聘渠道。

5.2.1 内部招聘

内部招聘有很多优点，从内部获得人员是一种重要的来源渠道。从某种意义上讲，内部招聘也是企业员工职业生涯管理实现的重要途径。

1. 员工晋升

从企业内部提拔一些适合空缺岗位要求的人员是常用的一种方法。这种方法可迅速从员工中提拔合适的人选到空缺的职位上，内部晋升为员工提供了发展的机会，使员工感到在组织中是有发展机会的，个人职业生涯发展是有前途的。

（1）晋升的优点。包括：①有利于企业建立自己的稳定的、核心的人员队伍，使企业拥有高绩效的员工；②新上任的员工能很快适应新的工作环境；③省时、省力、省费用。

（2）晋升的不足。包括：①由于人员选择范围小，可能聘不到最优秀的员工而造成"近亲繁殖"的弊端；②有可能使未被晋升的优秀员工对组织产生不满而离开，导致企业人才流失。

因此，当企业的关键职位和高层级职位出现空缺时，一般采用内外同时招聘的方式。

2．工作调换

工作调换是指职务等级不发生变化，工作岗位发生变化。它是企业从内部获得人员的一种渠道。工作调换为员工提供从事组织内多种工作的机会，为员工今后的发展或提升做好准备。它一般用于中层管理人员的招聘。

3．工作轮换

工作轮换多用于一般员工的培养上，让有潜力的员工在各方面积累经验，为晋升做好准备，也可以减少员工因长期从事某项工作而带来的枯燥、无聊。

4．内部人员的重新聘用

有些企业由于一段时期经营效果不好，会暂时让一些员工下岗待聘，当企业情况好转时，再重新聘用这些员工。由于员工对企业的了解，对工作岗位很快适应，为此可以节省大量的培训费用。同时又以较小的代价获得有效的激励，使组织具有凝聚力，促使组织与员工个人共同发展。

5.2.2　外部招聘

内部招聘获得人员的最大不足是不能从根本上解决企业内部劳动力短缺的问题。尤其是当企业处于创业时期、快速发展时期或需要特殊人才时，仅有内部招聘是不够的，必须借助外部劳动力市场，因此外部招聘也是重要的人员来源渠道。

1．求职者自荐

求职者自荐是指在没有得到公司内部人员推荐的情况下，应聘者直接向招聘单位提出求职申请。求职者在某种程度上已经做好了到企业工作的充分准备，并且确信自己与空缺职位之间具有足够的匹配程度，然后才会提交求职申请。

（1）求职者毛遂自荐的优点。包括：①费用低廉，可以直接进行双向交流；②求职者已花费很长时间了解企业，也更容易受到激励。

（2）不足之处。包括：随机性较大，时间较长，合适人选不多。因此，用这种方式招聘合格人员，需要专人负责接待，要有详细的登记表格，并尽可能鼓励求职者表现自己的才能。

2．广告招聘

尽管通过广告所招募来的人往往比直接来公司求职的人和被推荐来的人要稍差，并且成本通常也更高一些，但是它是目前最为普遍的招募方式之一。

企业在设计招聘广告时，首先要回答两个非常重要的问题：我们需要说些什么？我们要对谁说？就第一个问题来说，许多公司由于没有回答好，导致职位空缺的细节内容没有有效地传递出去。在理想情况下，看到招聘广告的人应当能够获得足够的信息来对工作以及要求作出评价，从而使他们能够判断自己是否具备招聘广告中的资格要求。这可能意味着广告的篇幅要长一些，成本也要更高一些。

招聘广告媒介的形式很多，其中利用报纸招聘的情况比较多见。在报纸上刊登招聘广告比较适合于有大量求职者的情况，而且这些大量求职者又恰好是企业所刊登广告媒体的受众。在这种情况下，刊登这种招聘广告很合算。下面介绍一下如何利用报纸招聘销售人员。

（1）报纸招聘广告的设计原则，一般概括为"注意—兴趣—愿望—行动"四个原则，即AIDA（attention-interest-desire-action）原则。

① 招聘广告必须能够引起受众的注意。在一份报纸上可能有很多的广告，但能够引起别人注意的广告一定是那些新颖、独特、与其他广告不同的广告。比如，使用了与众不同色彩的广告，或者是使用了吸引人的标题的广告，或者在众多的小字体的"豆腐块儿"中有一篇字体较大、篇幅较长的广告，再有就是那些放在显著位置的广告。

② 招聘广告要能够引起受众的兴趣。招聘广告词的撰写要生动、煽情，能引起人的共鸣。如"你希望自己辛勤的付出换回丰厚的回报吗？""你愿意与充满活力的企业共同成长吗？"这样的广告语常常是令人感兴趣的。

③ 招聘广告要能够激发起求职者申请工作的愿望。在广告词中将求职者申请工作的愿望与他们的需求结合在一起，通过强调企业或职位中吸引人的一些因素，例如，成就、培训与发展的机会、优越的薪酬福利、充满合作氛围的团队等，激发求职者对工作的愿望。

④ 招聘广告要具有让求职者看过之后能够立刻采取行动的特点。在招聘广告中，应该有企业联系的方式，如联系地址、联系人、联系电话等。

（2）招聘广告的撰写。招聘广告设计完成后，紧接着进行招聘广告的撰写工作。

① 招聘广告的内容。第一，关于企业基本情况的介绍。企业介绍部分要用最简洁、最富有特色和吸引力的语言，广告中最好能使用本企业的标志或提供本企业的网址。第二，关于职位情况的介绍。在介绍职位情况时应从读者的角度来撰写，内容主要有职位名称、工作职责、任职资格要求等。第三，关于应聘者应做哪些准备。在广告中应标明需要应聘者准备的材料，例如，简历、学历证书复印件、职业资格证书复印件、身份证复印件、照片等。第四，关于应聘的方式和联系方式。在广告中一般需要提供企业的通信地址、传真号码或者电子邮件地址。另外，还应写明应聘的时间期限。

② 撰写招聘广告的注意事项。第一，真实。招聘企业必须保证招聘广告的内容客观、真实，并且要对虚假广告承担法律责任。对广告中所涉及的薪酬、福利、保险等政策必须兑现。第二，简洁。广告的编写要重点突出招聘岗位名称、任职资格及联系方式等内容。同时，应注意对企业的介绍要适可而止。第三，合法。广告的内容要符合国家和地方的法规与政策，不能违法。

（3）招聘广告刊出方式一般有两种：表明式招聘和隐蔽式招聘。

① 表明式招聘。即在刊登的广告词上载明企业名称及职位、应聘条件，甚至说明条件不适者请勿前来应聘。一般此类广告应聘者数量较少，但素质较高。不过招聘主管在招聘时应注意：先求应聘者数量的增加，再求应聘者素质的提高。

② 隐蔽式招聘。即不写明招聘企业的名称及招聘的职位，只表明企业欲招聘男女员工若干名、升迁机会和收入、待遇，凡有干劲、能吃苦耐劳者均可报名。把工作机会写出，但不明确地说明，有意者只有亲自联系才能获知详情。这是一般小型企业在职位不够吸引人时采取的做法，想多次刊登招聘广告的企业有时也采用这种做法。

3. 就业服务机构

在我国，随着人才流动的日益普遍，人才交流中心、职业介绍所、劳动力就业中心等就业服务机构应运而生。这些机构通过定期或不定期地举行人才交流会，供需双方面对面地进行商谈，增进了彼此的了解，并缩短了招聘与应聘的时间。我国目前存在的人才交流中心、职业介绍所、劳动力就业中心多属于公共就业服务机构,能够为企业提供比较全面的人力资源管理代理服务。公共就业服务机构在招聘中扮演主体作用。猎头公司(Hunter Head)是私营就业服务机构的一种具体形式。它定位于在别的企业工作成功的且未主动寻找新工作的人。猎头公司在供需匹配上较为慎重,其成功率比较高,当然收费也非常高。

4. 校园招聘

在大学或学院进行招聘,正在逐步成为企业喜欢运用的招聘渠道。在我国,校园面试是招募初级专业人员以及管理人员的一个最重要来源。许多企业认为,要想争取到最优秀的学生,除了通知这些在不久的将来会毕业的学生来参加面试之外,给学生们留下强烈印象的最好方式是实行大学生见习计划。

校园招聘的显著好处:企业能够找到相当数量的具有较高素质的合格申请者。不足之处:毕业生缺乏实际工作经历,对工作和职位的期望值高,一旦录用后,容易产生较高的流失率。为了保证校园招聘的效果,这就要求企业精心选择学校,对招聘者进行培训,和高等院校建立良好的关系,实施大学生实习计划以及考虑在招聘的时候采用真实工作预览的策略。事实上,大多数学院和大学中也都设置了就业办公室来辅助企业进行校园招聘,进而帮助毕业生实现就业。

5. 网络招聘

网络招聘是指企业通过网络渠道来获得应聘人员的资料,从而选拔合格员工的方式。企业可用两种方式通过网络来进行招聘:一种方式是在企业网站上建立一个招聘渠道,由企业自己来进行求职者资料的获取和筛选;另一种方式是委托专业的招聘网站进行招聘,最后再进行验证测试即可。

5.2.3　销售人员招聘程序

销售人员招聘程序是指企业从出现销售岗位的空缺到候选人正式进入企业从事销售工作的整个过程。这个过程包括识别职位空缺、确定招聘渠道和方法、获得候选人、候选人选拔测评、候选人正式进入企业工作等一系列环节。各个企业的招聘程序不尽相同,但必须在上一个步骤检查通过之后才能进入下一个步骤,以确保选出优秀的销售人员。招聘、录用销售人员是对销售人员进行管理的基础,它的成功与否关系到销售队伍基本素质的高低。录用的销售人员只有具备了一定的基础条件,再经过培训和实践的锻炼,才能成为一个合格的销售人员。

1. 初步淘汰

通过多种途径获得的候选人通常比岗位所需要的人数要多,但免不了鱼目混珠。为了防止明显不合格的人员继续参加以后各阶段的选拔,以节省时间、费用和提高效率,要对应聘者进行初步淘汰。

对于直接到现场的应聘者,可以先由负责派发申请表的人员对明显不适合做销售工作的应聘者予以婉言拒绝(不发申请表)。对初步印象(如年龄、性别、外貌、体格等)合格的应聘者发给申请表。或者参加各种招聘活动,可以得到众多应聘者的简历,对这些应聘者的简历根据销售岗位的需要进行认真的筛选,确定初步符合条件者进入下一个程序。

2. 面试

面试是一种最普遍,也是最重要的选拔测评方法。狭义地说,面试就是面谈,指通过主试者与被试者面对面的观察、交流等双向沟通方式,了解应聘者的素质、能力与求职动机的一种选拔技术;广义地说,面谈是考官通过与应聘者直接交谈或者置应聘者于某种特定情境中进行观察,从而对其是否具备某些能力、素质和资格条件进行测评的一种方法,面试包括情境模拟和现场测评。大部分的面试都包括五个阶段,在不同的阶段中,适用的面试题目类型也有所不同。

(1)关系建立阶段。这一阶段的主要任务是创造一种轻松、友好的氛围,便于双方在后面的面试过程中更好地沟通。在这一阶段通常讨论一些与工作无关的问题,如天气、交通等,这部分内容大致占整个面试内容 2% 的比重,在这个阶段主要采用一些简短回答的封闭性问题。如"今天天气真冷,是吧?""我们这个地方容易找吗?""路上堵车吗?"。

(2)导入阶段。在导入阶段主要问应聘者有所准备的比较熟悉的题目,以缓解其紧张的情绪。这些问题比较宽泛,有较大的自由度,如让应聘者介绍一下自己的经历、介绍自己过去的工作等。导入阶段占整个面试的比重大致为 8%,这一阶段最适用的面试题目是开放性问题。

(3)核心阶段。这一阶段是整个面试中最为重要的阶段,在核心阶段着重收集关于应聘者核心胜任力的信息,并依据这一阶段的信息在面试结束后对应聘者作出是否录用的决定。核心阶段占整个面试的比重为 80%,在这个阶段可以将开放性问题、探索性问题、假设性问题、封闭性问题和行为性问题结合起来,这将会有效得出关于应聘者的关键胜任能力的信息。

(4)确认阶段。在这一阶段要对应聘者关键胜任能力的判断进行确认,确认阶段在整个面试中所占的比重为 5%。这一阶段所使用的问题最好是开放性问题,例如,"在刚才的那个例子里,你妥善地处理了顾客的异议,你能不能概括一下处理顾客异议的基本步骤"。

(5)结束阶段。在结束阶段,主考官检查自己是否遗漏了那些关键胜任能力的问题,并加以追问,而且应聘者也可以借这个机会来推销自己,表现职位所要求的关键胜任能力。结束阶段占整个面试的比重为 5%,在这个阶段,可以适当采用一些关键胜任能力的行为性问题或开放性问题。

3. 测验

一个人要想胜任销售工作或在销售工作中取得一定的成就,就必须具备相应的能力,例如,观察能力、记忆能力、理解能力、思维推理能力等。面试只是反映应聘者的外在表象,测验则能测出应聘者的真实能力和水平。

(1)专业知识的测验。专业知识的测验主要是针对应聘者进行销售知识方面的测验,目的是看应聘者是否具备有关销售方面的基本知识。这些知识一般包括产品知识、客户知识、竞争知识、职业状况等。

(2)智力测试。智力测试主要对应聘者进行综合智力水平,包括逻辑和推理能力、语言和数学的使用以及空间想象能力的测试。

(3)诚实测试。诚实测试用来检验应聘者的诚实性,通过测试了解他的道德规范和行为体系。

（4）态度测试。态度测试主要是用来检测应聘者从事销售工作的热情程度。

（5）个性测试。个性测试主要是测试应聘者的适应力、推动力、感情稳定性、脾气等方面的个性。

（6）情境测试。情境测试是将应聘者置于销售工作的特定情境中，由主试人员观察其在此情境下的行为反应，从而判断其个性特点。

4. 调查

在测验环节通过之后，下一步就是对应聘者所提供的材料进行审核，以确认资料的真实性。调查的主要内容包括工作经历、品格、信用及经济状况；调查的主要方式可以派专人拜访知情者，可以迅速有效地对各种有关资料进行审核，也可电话联系、信函查核等。在调查时，应只调查与应聘者未来工作有关的信息，不要将时间花费在无价值的信息上。

5. 录用

在运用各种方法对职位候选人进行几轮选拔后，我们就得到了他们能否胜任的信息，根据这些信息对胜任者作出是否录用的决定。

（1）人员录用的原则

① 工作动机优先原则。在合格人选的工作能力基本相同时，候选人希望获得这一职位的动机强度，是决定其能否被录用的关键。研究表明，一个人的工作绩效取决于他的能力和积极性两个因素。所以在两个人能力基本相同的情况下，应重点考虑他们的工作动机。

② 注重工作能力原则。在合格人选的基本情况差不多时，以往的工作经验和工作绩效是录用决策者所看重的条件，也就是说，在其他条件相同或相似时，工作能力突出的优先录用。

③ 公平竞争原则。对所有应聘者，应当一视同仁，不要人为地制造不平等的限制，应该采用竞争录用、择优录用的原则。

④ 慎用超过任职资格条件的应聘者。在坚持平等竞争、择优录用原则的同时，还必须谨慎录用那些过分超过任职资格条件的人。

（2）人员录用要注意的问题

① 在录用中不要有"矬子里拔高个"的做法，因为录用一个不很适合工作岗位的人意味着不久又得把整个招聘程序重来一遍。

② 在决定录用某一个人时，要考虑这个人能否与其他成员相处。考查的办法很简单，邀请他到招聘的部门去工作半天，通过观察便知分晓。

③ 对那些频频更换老板的求职者要小心，一个现在数落前老板的人，可能在不久的将来在别人面前数落你。一个不诚恳的应聘者并不是你想用的人。

④ 经验证明：一个人一生如果都很顺利，充满成就和许多成功记录的话，那么这种人往往也可能继续成功。对那种自称运气不好的应聘者，要特别小心，不论他们解释得如何言之有理，也不要轻易相信。

⑤ 对那些只想暂时先找一份工作安身，然后再慢慢找一个更稳定的永久工作的应聘者要特别留心。因为在他们身上投资了三个月的人员训练，而他们却会在工作快要进入状态之前离去。在甄选人员时，一定就这一点对应聘者诚恳地表达你的质疑。

⑥ 正式录用后，要及时通知已录用的应聘者，同时对于未录用的应聘者，要委婉拒绝。

5.3 销售人员培训的内容及方法

近年来,随着社会上商业竞争的加剧,企业越来越认识到人才的重要和学习的重要。企业销售的产品和服务是通过销售人员来完成的,销售人员是一个企业最宝贵的资产,不断提升销售人员的职业素质,满足职位对员工技能的要求是创造一个学习型企业,在市场竞争中立于不败之地的法宝。所以有计划、有目的地对销售人员进行培训成为许多企业实现这一目标的有力帮手。本节重点讨论达成销售人员良好培训效果的常见培训工具和培训方法。

在当今的知识经济时代,增加销售人员个人价值和职业能力最好的方式是学习新知识与新技能,而培训是满足企业发展需要和销售人员职业需要的一种有效方式。

5.3.1 销售人员培训的内容

对于销售人员来说,为提升个人的职业价值有个人的培训需求,而企业的培训工作是为企业经营目标服务的工具,企业员工培训的主要内容根据培训对象的不同也有所不同。企业员工培训,一般情况下,针对新晋员工,培训内容侧重于企业的价值观、行为规范、企业精神、有关工作岗位所需要的基本技能;针对老员工,培训内容侧重于与工作直接相关的职能、技术和工具;针对管理人员,培训内容侧重于管理知识及技能、人际关系协调能力、工作协调能力、决策能力、领导组织能力等。企业针对销售人员的培训内容主要分为以下几个部分。

1. 行业与企业知识

企业希望通过培训使员工了解企业的发展战略、企业愿景、经营方针、经营状况、规章制度、企业文化、市场前景及行业竞争情况;依据培训对象的不同,知识内容还应结合岗位目标来进行,对于有些规章制度和企业文化,要求全体员工能理解、认同和遵守。销售人员应重点了解行业与市场特点,本企业在所属行业中的现有地位,企业的经营历史和发展等。

2. 企业产品知识

企业产品知识包括产品的种类、特性、发展趋势、竞争情况等内容。产品知识是销售人员与客户沟通的桥梁,是销售人员为客户提供良好服务的基础。

3. 顾客知识

销售人员要掌握本企业各类产品用户的群体特性、消费行为规律和公共关系建立技巧;掌握本企业客户状况和管理规范,以便于在实际工作中建立稳定、良好的客户关系。

4. 销售技能

销售技能是指为满足销售工作需要必备的能力,而销售技巧是要通过不断的练习才能得到的。作为销售人员要进行市场信息获得与管理能力培训;销售访问与成交技术培训;判断与决策能力、改革创新能力、灵活应变能力、人际交往能力等的培训;文字和报告能力等基础专业能力培训。同时要进行管理技能(如目标管理、时间管理、有效沟通、销售计划制订与实施、团队合作、营销管理等执行力)的训练,保障企业销售目标的实现。

5.3.2　销售人员培训的原则与方法

销售培训更多的是站在企业的立场,销售人员的培训工作最终的目的只有一个,那就是带来销售业绩提升。只有达到了这个目的,销售培训才算是真正完成了任务,达成其培训的使命。为全面提升销售人员的现代营销能力和综合业务素质,避免热热闹闹搞培训,培训后出现"培训的内容在实际工作中用不上""培训后员工没有多大的转变""培训课程针对性不强,不能解决实际问题""培训后员工的业绩没有多少提升"等问题,销售培训应坚持一定的培训原则,采用科学的、符合教学规律的培训方法来进行。

1. 销售人员培训的原则

要提高销售人员培训的效率必须了解并遵循人类学习的规律,针对学习人群的特点及企业培训目标进行科学的培训活动。企业在组织和实施销售培训过程中应遵循以下四项基本原则。

(1) 理论联系实际,学用一致的原则。销售培训具有明确的目的性和针对性的特点,销售人员培训中培训的内容应从实际工作需要出发,与销售实际相符,应强调"实践为主,理论为辅"。即所谓关注"实战",就是针对这个行业的具体可用的操作技巧,而不是放之四海都可用的那种经验理论。有些培训师因为不了解一线的实际情况,因此就不能将经验理论与销售实际结合起来讲述,从而欠缺了这种必要的结合,学员应用起来就很困难,也不实用。

人们所学的内容与现实越贴近,越能达到提高销售人员销售能力的培训效果。教学方法的选择上也多采用案例解读、现场演练、实践过程指导等方式。销售人员培训是一个学习、实践、提高、再实践的过程。可以说,销售人员的培训是必不可少的,而培训的效果来自成员对培训内容的不断练习,从而变成自发的知识和技能。

(2) 注重导向,坚持价值性原则。培训内容应与销售人员岗位职责相衔接,同时要强化企业文化、理想、信念、价值观等引导,结合企业目标、企业文化、企业精神、企业传统的宣讲,有利于形成共同愿景,提高团队合力。

同时,员工培训是人、财、物投入的过程,销售培训更多的是站在企业的立场,是价值增值的过程,培训必须有产出和回报。销售人员培训的目的是提高销售人员的业务实践能力,终极目标是提升企业整体销售绩效。因此,培训的重点必须放在那些能够获得最大回报的销售绩效提升领域。

(3) 订立目标,全面规划原则。培训是一个全员性的、全方位的、贯穿员工职业生涯始终的持续性的过程,在整个过程中要采取多种手段强化被培训人员学习能力的培养。企业的产品、技术、市场和顾客都在变化,一次培训并不能满足变化的要求,因此不存在一劳永逸式的培训。现实中有很多销售管理者业绩好时忙绩效,绩效没了"临时抱佛脚"搞培训,希望培训是一剂"起死回生"的"灵丹妙药"。要知道培训是销售管理的工具之一,具有提升绩效的作用,但不是万能钥匙,而是一项需要长期投入和持续努力的过程。

企业应结合销售目标与销售队伍实际设定培训目标,培训目标应明确、具体、可操作、通过努力可以达成。针对培训目标进行全面规划,制定科学的培训体系,企业应当建立和完善培训管理制度,把培训工作例行化、制度化,以保证培训工作的真正落实,保障销售培训目标的实现。

(4) 全员培训与重点提高相结合原则。全员培训是有计划、有步骤地对销售队伍进行培训,以提高全员业务素质,同时要充分考虑受训对象的层次、类型,考虑培训内容和形式。如要针对不同层次销售人员进行不同内容的培训。不同年龄、经验、背景的销售人员对学习内容掌握的速度不同,优秀销售人员与一般销售人员在实践中存在的技能问题也不同,要对后进销售人员进行重点业务技巧训练,对优秀销售人员和后备管理梯队成员重点强化销售管理和决策能力的提升。例如,沈阳假日酒店对全体员工定期进行专业业务培训,同时针对业绩优秀的销售人员和后备主管人选提供交叉培训项目作为一种福利和奖励措施,拓宽其业务技能,为企业培养后备人才队伍。

销售人员培训的常用方法与普通的教学工作不同,销售人员培训一方面是针对成年人的教育与行为改进过程;另一方面是站在企业的立场之上进行的旨在提升企业绩效的工作过程,因此常常出现经过培训后,销售经理觉得在课堂培训中已经强调过的事情,学员就应当能够做到。殊不知,"知道"和"做到"是有很大距离的,这个距离是需要反复检查、督促、练习才能跨越的行为改进过程。培训内容说起来好像很简单,但学员仅仅听懂了还远远不够,关键还要练习,在反复练习之后才能够真正掌握,要落实为行为习惯,还需要一定的过程,并要符合人类的学习规律。

2. 销售人员培训的方法

销售人员培训的方法很多,企业往往根据培训目标和企业实际进行选择。

(1)讲授法。是通过语言表达,系统地向受训者传授知识,让学员进行接受式学习的教学方法。讲授法属于传统的培训方式,也是企业最广泛应用的训练方法。讲授法的优点:短时间内能够使学员获得大量、系统的新知识;该方法运用起来方便,便于培训者掌握和控制学习整个过程;有利于加深理解难度大的内容;较多的应用于进行一对多的培训环节,既可以节省培训资源,又能够获得较大目标范围的有效信息传播。

讲授法的缺点:属于单向信息传递方式,讲授内容往往具有强制性,受训人获得讨论的机会甚少。而且一对多的培训使培训者无法顾及受训人的个体差异性,信息反馈机会少、效果差,学过的知识一带而过,不易被巩固,学习效果易受培训师讲授水平的影响。

讲授法常被用于一些理念性知识的培训,最适用于有明确资料做内容的培训,如对本企业新销售政策、管理制度的介绍,新产品知识的普及等理论性知识内容的培训。讲授法也可与其他形式的训练相结合,如与情境模拟法、现场训练法相结合使用,会收到良好的培训效果。

讲授法的灵魂是培训师,培训师对培训内容的掌握,对教学技巧的运用能力、对教学对象的了解、培训师的权威性等都直接影响到培训内容的权威性和培训的整体效果。

采用讲授法进行培训时,可以采用辅助教学工具来加强教学效果。如传统的板书、教学资料的发放、模型或实物的展示与应用、现代的多媒体辅助教学设备的使用,培训结束后的考核过程等。

(2)岗位培训法。是销售人员在实际工作岗位和工作现场进行的训练与学习。通过对培训人员或优秀销售人员业务执行过程的观察,以行为模仿方式来进行学习。在销售岗位培训销售人员是一个比较行之有效的方法。它是历史最长、采用最普遍的一种培训方法。

岗位培训法的优点:适用于各种类型的销售部门,费用较低、节省资源、针对性强,对正常的销售业务影响较小。由于在销售业务现场完成培训过程,有利于对销售人员个体进行多方面了解和指导,培训内容就是销售人员工作中将要应用的知识或对销售人员销售中存在问题的改进等,销售人员学习的新知识、新技能可以直接应用,培训内容生动,应用性、针对性强,受训人员学习效果好。

岗位培训法的缺点:销售业务现场可容纳的受训人数有限,在指导受训人员过程中,指导者如为其他优秀业务人员,其不得不放下本职业务来完成培训过程,可能会在一定范围内影响到培训人员本职绩效,从而带来一定的损失。

岗位培训法适用范围较广泛,非常适用于技能知识的培训。如新员工入职后在对本企业以及产品和服务有了必要的了解之后,就可以开始岗位培训,也适合于对现有销售人员新销售工具、设备的使用培训等。

岗位培训法取得良好的培训效果来源于周密的计划,以及良好培训师的选择和悉心的现场辅导,因此对培训师的选择和培训周期的安排非常重要。对于现职销售人员为后备调岗或职务提升而进行的岗位培训,目的是拓宽其任职岗位能力,进行非本岗位技能培训,通常采用工作岗位轮换的岗位培训方式。

(3)销售会议法。销售会议是企业销售工作中最重要的日常工作之一,销售会议同时还是一个很好的培训过程。销售人员通过销售会议沟通信息、布置工作任务、协调资源、产生决议。如召开月度业务销售部门会议时,销售经理人员会沟通销售业务计划完成情况,了解各区域市场动态,研讨下一步工作计划,协调安排下一步工作。在会议中可以安排销售人员一起参加旁听,使销售人员对公司整体市场操作思路有深入理解,就各市场信息的通报和分析,对销售人员认识和收集市场信息的能力提高便是一个很好的培训机会。

销售会议法具有双向沟通的优势,是提高销售人员分析问题、解决问题的能力,培养市场决策能力的良好途径。但由于受训者对会议背景资料了解的局限性,一次销售会议的培训效果是有限的,应通过多次培训过程,通过多次会议不同信息、数字的对比,强化受训者的信息处理能力,会达到较好的培训效果。

会前关于会议背景资料的准备、会上较日常会议详尽的信息分解、会后特别安排的讨论都是保障销售会议法培训效果的法宝。

(4)案例研究法。案例是对真实情境和问题的描述,案例研究法是通过向培训对象提供相关的背景资料,使受训者运用其工作经验及所学理论研求解决之道,让其寻找合适的解决方法的过程。目的在于鼓励受训人思考,培养信息管理及应用能力,它是比较适合静态地解决问题并便于辅导的一种学习方式。

案例研究法的优点:提供了一个系统的思考模式,有利于使接受培训者参与企业实际问题的解决;这一方式培训费用较低,对学习成果的反馈效果好,受训人员便于向他人学习,有利于学员间的互动学习,可以在较短时段内有效训练学员分析、解决问题的能力。

案例研究法的缺点:受案例收集者自身条件的限制,对情境的描述可能带有一定的倾向性,或者信息全面性受到一定限制,影响讨论效果,并且培训师的指导能力对培训效果影响较大。

另外,近年的培训研究表明,案例讨论的方式也可用于知识类的培训,且效果更佳。该培训方式对受训者和培训师要求较高。案例研究法多用于管理能力培训和销售人员决策能力培训。

(5)角色扮演法。即受训者在培训师设计的销售工作情境中扮演客户或销售人员的角色,来模拟实际的销售发生过程,通过扮演不同角色,了解销售活动中各方的心态、目标、利益和态度等细微的变化过程,其他学员与培训师在学员表演后作适当点评的培训方法。

角色扮演法的优点:具有信息传递多向化、培训反馈效果好的特点,而且培训过程实践性强、费用低,有助于训练基本销售技术,提高销售人员销售技巧、观察力和解决问题的能力。

角色扮演法的缺点:该培训方法的培训效果受参与活动的人员影响较大。如受训人员的投入程度,培训师对角色和情境的设计,对培训过程的指引等都会影响培训效果。

角色扮演法多适用于销售人员商务谈判、销售技巧、有效沟通、销售话术训练。

(6)销售培训方法的新发展。随着科技的发展、技术的进步,近年来开发了一些新的销售培训方法,如商业游戏、拓展训练、网络培训等方式,丰富了销售培训内容,开拓了培训空间。

网络培训摒弃了过去销售培训让路于销售旺季、避开业务高峰的问题。企业将培训资源上传网络,建立网络培训中心,销售人员根据自己的实际需要打开计算机,接通网络就可以进行"单点"式的培训,可以不受时间、地域的限制;或者公司针对销售人员的业务情况,为销售人员定制个性化的培训方案,并规定培训目标和时间范围,由员工自助进行网络培训。互联网的兴起,使远离总部的"独行侠"般在市场上拼杀的销售人员能够有机会接受企业系统的销售培训和业务指导,因此受到企业和销售人员的欢迎,目前已广为应用。

拓展训练源于对海员面对灾难的求生训练,目前已经为很多企业应用于销售人员培训,作为一种"磨炼意志、陶冶情操、完善自我、熔炼团队"的培训项目。一些企业还把拓展训练开发为企业与销售渠道互动式的训练方法,通过该项训练提高双方的互认程度和凝聚力,提高渠道合作力。

商业游戏是对实际销售管理问题的一种模拟,通过各种角色在不同情境和规则下的互动,借助网络和计算机技术,可以精准地投射不同角色的表现带来的整个游戏系统的变化,参与者可以通过参与游戏过程检验决策过程和预测过程,商业游戏可以进行 3~4 小时,也可以持续数天甚至数月,互联网的普及使这种培训方式的拓展成为可能。商业游戏培训能够激发参训者的积极性,更好地理解销售活动的系统性和现实性特点。

培训的方法有很多,对于培训方法的选择,企业要根据企业实际和销售队伍自身的状况,有目的、有针对性、符合预算地进行选择。

5.4 销售人员培训程序

销售人员培训的流程分为销售培训需求分析、制订培训计划、培训实施与控制、培训评价四个阶段,如图 5-1 所示。

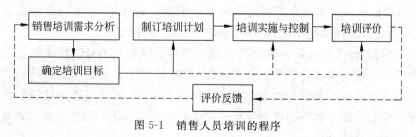

图 5-1 销售人员培训的程序

1. 销售培训需求分析,确定培训目标

培训需求分析一般从以下三个方面去探求:组织分析,即一个良好的培训课程必须符合企业发展战略和组织目标的发展要求;工作分析,即充分了解销售人员当前的工作状况;人员分析,即不同销售人员自身的状况以及未来需要达到的目标。对于培训需求分析,很多企业采用培训需求调研的方式,了解各方对培训需求的状况。通常经过培训需求的提出、培训需求分析、培训目标确认三个过程。

(1) 培训需求的提出。通常来源于企业管理层、销售经理人员、销售人员三个层次。企业管理层:形成于企业对销售队伍实际绩效与企业目标绩效间的差距引发的培训需求意向;销售经理人员:形成于经理人员对本销售团队实际绩效与目标绩效间的差距向培训职能部门申报的培训意向;销售人员:主要针对销售工作中存在的工作阻碍和个人职业规划与现实工作差距提出的培训申请。

(2) 培训需求分析。需求确认是培训职能人员要确定哪些人员真正需要培训,需要哪些培训,根据企业销售目标与企业资源(如培训预算、业务时间表等)能够提供哪些培训的过程。

各级人员提出的培训需求,由于其立足点的不同会有很大差别。对于各级人员提出的要求与差距可能是多种原因共同作用的结果。培训职能人员要深入分析造成差距的真正原因是工作投入与态度问题、基本素质问题、职业技能问题、沟通等问题中的哪些问题作用的结果。如是基本素质问题,要通过培训来达成改变,会带来巨大的成本和对工作的影响,就要考虑通过该员工任职调整而非培训来解决差距。对于工作投入与态度问题,可以评价其问题存在的程度是否处于可逆转阶段。对于可逆转阶段人员,可以通过一系列的培训与沟通解决问题;而对于深度的不可逆转状态,应做其他考虑。如某医药公司销售人员小张,其工作绩效差距来源于个人职业规划与现实工作间的差距造成工作投入不足。其是医学专业学生,理想是当医生,本科毕业当年报考研究生落榜,公司招聘销售人员,进入销售岗位。小张工作后并没有放弃当医生的理想,一边工作一边学习,目前正在积极备考。对于小张的状况,需要做的是与小张深入沟通,培训并不能够解决绩效差距问题。

企业的销售培训是一种经营投资行为,因此通过培训达成对绩效的改进是销售培训的根本目的。将有限的培训资源投入改进绩效的刀刃上是培训职能人员不二的选择。因此,对于销售队伍中优秀销售人员的培训重点,应作为一种激励员工忠诚的工具,而销售绩效短期内提高比例有限;对于中等绩效的销售人员,给予销售技能强化培训,是企业大幅度提升销售绩效的良好选择;对于长期末位绩效人员,要充分了解问题的实质,此时培训也许不是解决问题的关键,应积极采取多种措施进行绩效改进。

(3) 培训目标确认。通过分析确定要对组织中哪里进行培训,使哪些人通过培训掌握哪些知识、培训后能胜任哪些职能、培训后哪些绩效将有所改进。

例如,某公司销售人员区域销售物流管理短期培训项目目标:①使参加培训的销售人员能够掌握公司区域销售物流管理的有关制度、规定和奖惩办法。②在今后的销售管理工作中能够观察到的违反有关销售物流管理有关规定的行为,使每省级区域每年发生违反有关销售物流管理有关规定的行为低于三次。③企业销售绩效因销售物流窜货造成的经济损失与前一年度相比降低 25%。

2．制订培训计划

培训计划要针对确定的培训目标明确培训时间、地点、培训对象、培训内容和选择培训方法，并编制培训预算。在执行培训计划时切忌盲目照搬和赶时髦，应针对本企业实际和确定的培训目标进行合理的内容设计与经济、适用的方法选择。一个定位准确、组织有序、全面周密而又经济的培训计划可以帮助企业提高销售人员的销售业绩。

一旦确定培训计划的重要内容，就要开始编制培训预算。销售培训预算一般是指实施培训计划的直接费用，主要包括两部分内容：一部分为整体计划的执行费用；另一部分为每一个培训项目的执行或实施费用。

3．培训实施与控制

培训实施与控制是保障培训顺利进行，实现培训目标，增强培训效果的保证。为顺利达成培训目标，在培训实施伊始，培训组织者、培训师和受训者要充分沟通本次培训的目标，并达成共识；在培训项目进行中，培训组织者和参加者要定期回顾培训目标，对培训进程和目标达成情况进行评估，培训组织者要根据评估结果以及受训人员、培训师的反馈情况对培训计划进行适当和必要的调整。

4．培训评价

培训评价包括对培训活动的评价和受训人员参加培训效果的评价两方面。需要明确的是，评价是为了帮助企业不断了解销售人员的进步情况和培训工作的绩效。培训评价应遵循以下基本原则：要有良好的评估工具；要有正确的评估观念和适合的措施；要求完整的评价回馈系统；充分发挥评价对培训工作进行检讨和促进作用。

对培训活动的评价通常以培训活动结束当日填写评价调查表的形式进行，主要包括以下几项。

(1) 受训者对培训活动组织的评价。

(2) 受训者对培训师的评价。

(3) 对培训效果的自我认知情况的评价。

(4) 受训者对培训的整体印象和其他要求的反馈。

培训评价可以根据企业实际需要选择三级评价方法。

(1) 一级评价。又称现场评价。现场评价是传统的培训评价方式，多采用培训现场对受训人员采取书面考试、操作考核的方式对培训效果进行评价的方式。

(2) 二级评价。又称到任评价。到任评价即是对培训效果的评价，同时具有培训效果推进的作用。采用培训结束后 1～3 月内由培训机构派出人员到受训人员任职岗位进行实地考察，对受训人员回任后的行为、态度和绩效改进情况进行了解与评价的过程。可采用访谈受训人员、其同事和岗位上级的方式；对受训者本人采用问卷调查、书面报告、行为观察、技能考核的方式对培训效果进行评价，并进一步交流培训内容的应用情况，发现问题及时进行辅导，巩固培训效果，对评价结果可以通过分类打分或评语的方式进行。

(3) 三级评价。又称任职评价。任职评价要求培训机构于受训人员回任半年或一年后进行，要求受训人员进行小结，评价自己的培训效果，同时请受训人员岗位直接上级给出评语，由培训机构进行汇总和分析。

对培训效果的评价是定义培训是否应在企业内继续进行的依据，是对培训进行持续完善的动力。对培训预算执行情况的评价是培训评价不可缺少的部分。

5.5　培训师的选择

影响销售培训效果的因素很多,培训师的重要性是毋庸置疑的,其中最重要的是销售培训师的水平。无法想象一项完善的培训计划,由一名不能够灵活应用授课方法使培训内容为受训者所接受,不具备培训课程专业知识及实践经验的培训师来执行,培训目标注定要失败。所以说培训师是培训活动的灵魂不为过,企业培训师的来源有两个,即来自企业外部和企业内部。

1. 企业外部培训专家

来自企业外部培训专家多为同行业中优秀的销售主管或从事销售培训的专业顾问,也可以是高校市场营销专业教授或行业协会的销售培训专家。

优秀的外部销售培训专家能够理论联系实际,帮助销售人员开阔眼界,增长见识,增加信心,特别是能从战略高度来看待销售培训工作,因此他们的讲授更容易得到认可。但是优秀的外部培训专家一般费用较高,而且理论型的外部培训专家(如高校教师等)可能具备良好的教学素质和深厚的专业知识,但是存在缺乏实践经验、对企业及产品所知有限等问题。

2. 企业内部培训专家

从公司内部选择培训师也有两个来源:一个来源是企业专职培训师,内部培训师如果为专职培训人员从事培训教学,应注重强化培训师的实践能力和实践领域,不存在一专多能的全才型培训师适合所有的技能培训。另一个来源是从优秀的销售人员、销售经理中选择理论知识较扎实,实践经验丰富,销售业绩持续领先,并且口碑好,具备良好沟通技巧,掌握一定教学基本功的人员进行销售培训。

内部培训师具有费用较低,了解企业销售业务,销售经验丰富,能够现身说法的优势,具有较强的说服力,而且培训内容能够有效应用于销售工作实践的实用性特点。但是,通常"外来和尚好念经",内部培训人员不易建立威信,并且由于培训讲授技巧和教学能力受到限制,受训人员投入热情和接受程度较低。

本章小结

(1) 在销售人员的招聘过程中,销售人员招聘的途径很多,从大的方面看主要有内部招聘和外部招聘两种,企业一般既要采用内部招聘,也要利用外部招聘来有效地激励员工。在招聘工作中,要按招聘工作的程序要求做好招聘工作。销售人员招聘程序一般包括初步淘汰、面试、测验、调查、录用。

(2) 培训是满足企业发展需要和销售人员职业需要的一种有效方式,是企业提高市场开拓能力的重要手段。企业通过加强在职培训去影响职工,把职工培养成为具有自信心、独立性强的职工,培养销售人员的素质,传授销售技巧,提高其销售的能力。通常以讲授法、岗位培训法、销售会议法、角色扮演法、案例研究法等多种形式,针对行业与企业知识、企业产品知识、顾客知识、销售技能等内容进行训练。

关键概念

内部招聘 外部招聘 面试 培训

思考题

1. 人员招聘的途径有几种？它们各有什么特点？
2. 销售培训包括哪些内容？
3. 销售人员招聘应遵循什么程序？
4. 选择外部培训师有哪些优势？可能存在哪些问题？

实践训练

模 拟 招 聘

训练目标：熟悉销售人员招聘基本流程，熟悉销售人员招聘考核方法。

角色：按小组分工，选择两个小组形成招聘委员会，其他小组同学作为应聘人员。

训练执行：模拟销售企业业务人员招聘活动。

第 6 章

销售人员的激励与考核

【学习目标】

1. 了解销售人员激励的一般原理。
2. 熟悉常用销售人员激励的组合和特点。
3. 熟悉销售人员绩效考核的内容与常用方法。
4. 熟练掌握销售人员绩效考核方法的运用。
5. 了解雷达图分析法在销售效率评价中的应用。

销售人员管理的最终目的是要将合适的人员匹配到合适的岗位中,并使他们发挥最大的潜能和作用,保证企业目标利益的实现。良好的激励能够提高员工的工作积极性和努力程度,考核可以使员工正确认识自己的工作成果,逐步在工作中提高自己。

6.1 激励的一般原理

作为一个销售组织的管理者,必须懂得如何采取有效的方法让员工能够积极地、有创造性地、全心全意地工作。要做到这一点,管理者就必须了解工作激励的相关理论、方法和技巧。在销售人员管理中,工作激励是非常重要的领域。对于不同组织、不同环境、不同管理对象采取的具体激励方式也将不同,但是管理工作中的激励应遵循几项基本原则:目标结合原则、物质激励与精神激励相结合原则、内在激励与外在激励相结合原则等。

1. 目标结合原则

目标的设置是激励的关键环节。目标的设置必须体现组织目标的要求,同时要能够满足员工个人的需要,否则无法达到满意的激励强度。只有组织目标和个人目标相结合,员工投入自身的资源给组织,使组织目标得以实现,员工从中实现个人目标。只有组织目标包含较多的个人目标,使个人目标的实现离不开组织目标所做的努力,才能够收到良好的激励效果。

2. 物质激励与精神激励相结合原则

物质激励是基础,精神激励是根本。物质激励是提高员工积极性很重要的一种方式,但仅有物质激励显然是不够的。根据马斯洛需求层次理论,物质是人们较低层次的需要,当这一层次需要得到相对满足后,人们就会重视其他方面的需要,即希望得到社会和组织的尊重、重视和认可。因此在实际工作中,要将物质激励和精神激励二者有机结合起来,既要反对唯精神主义,也要满足员工的各种精神需求,在物质激励和精神激励两者结合的基础上,寻求对员工物质需要和精神需要满足的方法,以取得最大的激励效果。

【小资料6-1】

马斯洛需求层次理论

马斯洛(A. H. Maslow)需求层次理论是他于1954年在其代表作《动机与个性》中提出的。他不但提出了人类需要的五个层级,而且推论出人们对需求的追求是不同的。他认为人类需要以下五个层级。

(1) 生理的需要。这是人类最原始的基本需要,人类必须满足这些需要以维持生命,如饥饿、口渴、睡眠和其他生理机能的需要。在工作环境中,工作的基本目的就是满足基本需要。

(2) 安全的需要。人类基本的需要获得满足后,随之产生安全的需要。这些需要包括摆脱事业的威胁、要求在生病时有医疗保险、年老时有依靠、避免职业病的侵袭等。

(3) 社交的需要。这含有两方面的内容:一方面要有爱的需要,即人都希望伙伴之间、同事之间关系融洽或保持友谊和忠诚,希望得到友爱;另一方面为归属的需要,即人有一种归属感,有一种需要归属于一个团体或群体的情感,希望成为其中的一员并能相互关心和照顾。

(4) 尊重的需要。人希望自己有稳定的地位,有较好的声誉,要求个人的能力和成就得到社会的承认、尊重。

(5) 自我实现的需要。这是最高一级的需要,指人对个人的技能、能力及潜力得到充分发挥,实现个人的理想和抱负的需要。

(资料来源:360百科,http://baike.so.com.)

3. 内在激励与外在激励相结合原则

根据美国学者赫茨伯格双因素理论,传统的激励办法是以各种物质刺激和精神刺激为手段,根据员工的绩效给予一定的工资、奖金、福利、提升机会、认可、荣誉等外在激励,它们是对员工付出劳动的补偿,对人的激励是有限的、相对短暂的;而人们对工作本身的兴趣、工作带来的满足感、自豪感、成就感、自我实现感等都是对人更直接、更持久的激励。这些激励属于工作本身,可以激发人们内在的积极性,称为内在激励。因此,职位领导者应善于将外在激励与内在激励相结合,以内激为主,寻求事半功倍的激励效果。

【小资料6-2】

双因素理论

双因素理论是由美国心理学家费雷德里克·赫茨伯格(F. Herzberg)提出的。20世纪50年代末期,赫茨伯格在一些工厂企业里进行调查研究,他设计了许多问题,如"什么时候你对工作特别不满意""什么时候你对工作特别满意""满意和不满意的原因是什么"等,向一批会计师、工程师征求意见。根据对调查所得大量资料的分析,他发现使职工感到不满意的因素与使职工感到满意的因素是不同的。前者往往是由外界的工作环境引起的,后者通常是由工作本身产生的。一方面是诸如本组织的政策和管理、监督工作条件、人际关系、薪金、地位、职业安定以及个人生活需要等因素往往引发不满意情绪,这类因素统称为"保健因素"。另一方面是诸如成就、赏识、艰巨的工作,晋升和工作中的成长,责任感等因素常常带来满足感,这类因素可统称为"激励因素"。因此,赫茨伯格认为,必须改善保健因素,才能消除不满,维持原有的工作效率,但这不能激励个人有更好的表现或提高劳动热情,而这方面必须依靠增加激励因素。

（资料来源：360 百科,http://baike.so.com.）

4. 正激励与负激励相结合原则

美国心理学家斯金纳(B. F. Skinner)强化理论将正激励视为奖励员工符合组织期望的行为,以提高该行为出现的频次和强度;将负激励视为惩罚违背组织目的的非期望行为,使其不再发生,即行为向积极的方向转移。在实际管理工作中,应将正激励和负激励相结合,即建立所谓奖惩结合、奖罚分明的激励制度,坚持以正激励为主、负激励为辅,对员工的工作行为进行评价和反馈,实现员工行为的良性转化。

【小资料 6-3】

强 化 理 论

强化理论是由美国心理学家斯金纳提出的。斯金纳认为,人们为了达到某种目的,都会采取一定的行为,这种行为将作用于环境,当行为的结果对行为人有利时,这种行为就会重复出现;当行为的结果不利时,这种行为就会减弱或消失,这就是环境对行为强化的结果。在管理中运用强化理论来进行行为改造,一般可以有以下两种方式。

(1) 正强化。就是奖励那些组织上需要的行为,从而强化这种行为。如发奖金,对成绩的认可、表扬,改善工作条件和人际关系,提升、安排担任挑战性工作,给予学习和成长的机会等,都能起到正强化的作用。

(2) 负强化。就是惩罚那些与组织不相容的行为,从而削弱这种行为。如批评、处分、降级等,甚至当时不给予奖励或少给奖励也是一种负强化。

不同的强化形式所起的效果是不一样的,因此,我们在运用强化理论时,不仅要注意强化的内容,也要注意强化的方式。要根据强化对象的不同需要采用不同的强化措施,实施时一般应为阶段设置目标,小步前进,并及时反馈、修正,以达到强化结果。

（资料来源：360 百科,http://baike.so.com.）

5. 按需激励原则

激励的起点是满足员工的需求,但同一个人在不同的时间、不同的位置,需求存在动态性,个体间需求更是存在差异性,可以说是因时而异、因人而异。因此,动态地掌握员工需要的变化,并根据这些变化制定相应的激励措施,一直是管理者面临的重要问题。要在企业内部建立多种多样满足员工不同需求的激励方案,并且只有满足员工最迫切的主导需要的激励措施,其激励强度才最有效。

6. 民主公正的激励工作原则

公正是赏罚严明,并且赏罚适度,照章办事,对任何人一视同仁,公正是激励的一个基本原则。让员工看到只要自己为组织目标做贡献就能够得到回报,从而实现自己的目标。因此,建立科学的激励制度是提高员工工作热情、抛弃顾虑、努力工作的基础。

【小资料 6-4】

公 平 理 论

公平理论是美国心理学家亚当斯(J. S. Adams)于 20 世纪 60 年代首先提出的理论。这种理论侧重研究工资报酬分配的合理性、公平性对员工积极性的影响。

公平是一种心理现象，但对公平的含义也有不同的理解，它是通过比较来判断的，因而是一种主观感受。亚当斯的公平理论指出，职工的工作动机不但受其所得的绝对报酬的影响，而且受到相对报酬的影响，每个人都会不自觉地把自己付出的劳动和所得报酬与他人付出的劳动和报酬进行比较，这种比较便会影响他对公平的感受。

由于公平是相对的，不是绝对的，而且是一种主观感受，因而必须努力消除管理者个人的私心和偏见，加强管理，尽量完备地度量个人的绩效，做到在管理上让多数人都认为公平。

（资料来源：360百科，http://baike.so.com.）

6.2　销售人员的激励组合

销售激励就是要激发销售人员发挥自己的能力，不断地完善和发展自我，投入更大的销售努力，使销售人员与企业荣辱与共，共创未来，从而达成企业的销售目标。销售人员与其他人员一样具有人性的基本特点，并符合马斯洛需求层次理论，对于不同职业时期、不同人生阶段，每个人有不同的需求、欲望。同时由于销售工作相对外向型的工作模式，销售人员见多识广、阅历丰富，并在日常工作中承受着巨大的心理压力，因此针对销售人员的激励活动具有共性与个性激励相结合的特点，应采取不同的激励措施以满足销售人员的不同需要。

销售工作具有工作情境变化大，挑战性较强，工作绩效与销售人员的工作投入相关性强的特点，因此激励销售人员的销售努力至关重要。常常出现同一个人面对同样的销售工作，因为不同的销售投入而带来不同的绩效结果，或者不同的销售人员面对同等业务背景采取相同销售策略得到不同销售绩效的状况，销售管理人员常常面对这样的困惑，每当此时如果其他销售策略没有出现偏差，就应该从销售激励方面入手，检讨销售管理工作进程对销售业绩的影响。要知道销售人员和其他人员一样，需要由低级到高级也可分为五个阶段，即生理需要、安全需要、社会需要、角色地位需要及自我实现需要。作为销售管理人员，就是要从销售人员的需求入手，为销售人员提供适时、适度、适应需求的激励，使销售人员能够从销售工作及活动中，通过达成销售目标而得到不同层次需求的满足。

6.2.1　常见的激励方法

激励的第一步是摸清员工的需求与不满，结合不同激励对象各自的需求特点，辩证地采取相应的激励方法，以达到激励的最佳效果。每一种激励方法就像一个网眼，各种方法结合在一起才能构成一张激励之网，单靠一种方法是难以发挥其作用的。激励的精髓是沟通，沟通贯穿于激励机制设计的全过程，激励约束机制需要一整套的配套制度来支持；每个企业的激励机制都不会完全一样，一定要根据自身情况设计自己的激励约束机制，个性化设计需要不断创新。销售团队的激励途径见图6-1，常见的激励工具有以下几种。

1. 物质激励

销售人员从事销售工作是为了生活，收入是生活的保障之一。销售经理要满足他们的这些最起码的需要，即生理方面的需要，安全需要。一定的收入保障，能使销售工作进行下去。物质激励手段包括工资、奖金和各种公共福利。物质激励是最基本的激励手段，因为工资、奖金、住房等决定着人们的基本需要的满足。

物质激励的重要性是显而易见的。物质是人类生存的基础，衣、食、住、行是人类最基本

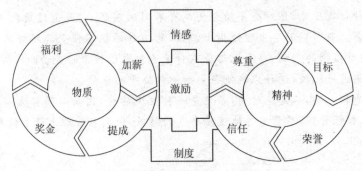

图 6-1　销售团队的激励途径

的物质需要,从这层意义上说,物质利益对人类具有重要的意义。国外企业对物质激励是十分重视的,认为这是激发人的动机、调动积极性的重要手段。因此,还建立了一系列的工资制度和工资政策,与绩效考核紧密结合。物质激励也是公认的有效的一种激励方法,因而得到各企业的广泛运用。但是,物质激励本身存在着一些无法弥补的缺陷,在应用物质激励的同时要十分注意把握事物的度,因为重赏会带来副作用,在重赏之下的激励,很容易让人们产生拜金主义,达不到应有的长效激励效果。

2. 精神激励

精神激励是在较高层次上调动职工的工作积极性,其激励深度大,维持时间也较长。精神激励包括表扬、授予光荣称号、记功、通令嘉奖、发放象征荣誉的奖品和奖章等。这是对销售人员贡献的公开承认,可以满足他们的尊重需要,从而达到激励的目的。

在管理学看来,追求良好声誉是经营者的成就发展需要,或归于马斯洛的尊重和自我实现的需要。尊重并不是惧怕和敬畏,尊重意味着能够按照其本来面目看待其人,能够意识到他的独特秉性,尊重意味着让他自由发展其天性。如果承认马斯洛的自我实现的需要是人类最高层次的需要,那么声誉就是一种终极的激励手段。销售人员追求良好声誉是其为了获得长期利益的一种"天然"选择。对于销售队伍管理者来说,荣誉激励是一种"低投入高回报"的激励方法,因此对于员工不要太吝啬一些头衔,它可以换来员工的认可感,从而激励起员工的干劲。如应用比较普遍的销售主管、项目销售经理等虚位头衔,以及业务明星、金牌业务员等称号。

现代企业管理实践表明,物质激励必须同精神激励相结合。尤其是在物质激励不可能完全到位的情况下,有效的精神激励,可缓解某些特定时期员工的内心不平衡。因此,创造一个激励员工奋发有为的企业环境,其功效是一般物质激励难以替代的。

很多人认为精神激励的作用更长久,而往往有时候它可能只起到短期的作用。比如,人们往往认为公开的表扬甚至获得证书不仅会使人产生荣耀感,同时他会把表扬看成一个信号,由此促使销售人员萌发加薪或升职的愿望,因此如果仅仅只有表扬而无任何动作,这种激励的效果恐怕很难实现。也就是说,精神激励的效果同样需要物质激励来巩固。

3. 成就激励

在职务设计中充分考虑技能的多样性、任务的完整性、工作的独立性,并阐明每项任务的意义以及设置反馈环节,就可以使员工体验到工作的重要性、所负的责任,并及时了解工作的结果,从中产生强烈的内在激励作用,形成高质量的工作绩效和对工作高度的满足感。

成就激励最重要的表现形式就是合理晋升。如通过职责扩大化等,使销售人员产生成就感、荣誉感,通过内部晋升与选拔使销售人员看到自己的工作能力与业绩得到肯定或补偿,可以激发人才的献身精神,而且可以给其他人才一个同样的期望。

4. 授权激励

对于较成熟的销售人员给予一定范围的决策权力,既可以充分发挥人才优势,又能够激发被授权人的责任感。如某企业赋予项目销售经理针对一个项目的全部指挥权、用人权、财权和奖励分配权。这一机制极大地激发了企业销售人员的创新能力和责任心,营造出有史以来"每季度产销量、企业效益"持续快速增长的鲜活局面。

5. 沟通激励

从某种意义上说,管理就是各个部门、各个层次的相互沟通,管理人员必须不断寻找下属的需求,了解员工对企业的意见,实行各种形式的民主管理,使下属知道正在进行哪些活动,让他们参与管理决策活动。激发销售人员企业的主人翁精神,通过民主制度实施的激励,可以充分调动销售人员的积极性与主动性。

6. 培训进修激励

如为拓展视野、丰富学习经验,公司将组织管理人员、专业人士以及荣获嘉奖的职员到外地考察。通过培训提升销售人员的销售技能,满足他们求知、求发展的需要,使他们体会到来自企业的关怀与培养,同时提高其个人职业价值及人力资源市场价值,从而激励他们为企业创造更多的财富。

7. 关怀激励

"卓有成效的企业福利需要和员工达成良性的沟通。"从某种程度上说,员工的心是"驿动的心",员工的需求随着情况和自身条件的改变在不断变化。要真正获得员工的心,公司首先要了解员工的所思所想、他们内心的需求,创造一个良好的工作氛围,给予他们在大集体中结交朋友、交流感情的机会,提升团队凝聚力,使销售人员能心情愉快地努力工作。

8. 感情激励

肯定与赞美是最强有力的激励方式,而且不花钱。企业的感情投资如生日祝贺,为职工排忧解难、办实事、送温暖等都会很好地激励销售人员的销售努力。我们很多企业领导不会赞美激励,只会批评,他们认为表扬会使员工骄傲。于是我们就见到太多被领导训得"灰头土脸的员工",一直在这种灰色情绪下工作,如何能获得良好的客户满意?

9. 目标激励

目标激励是指为销售人员确定一些应达到的销售目标,并以目标完成的情况来激励销售人员一种方式。通过帮助定位员工角色,明确目标期望值,明确绩效标准,建立活动规范,决定组织结构,激发员工实现自我激励。通常针对销售岗位的主要目标有销售量定额、毛利额、访问客户数、新客户数、访问费用和货款回收率等。

管理者通过目标管理,即当组织最高层管理者确定了组织目标以后,必须对其进行有效分解,转变成各个部门以及各个员工的分目标,分解到每个业务岗位,再到每名销售员具体产品、时间、区域业务目标,管理者根据分目标的完成情况对下级进行考核、评价和奖惩。通过具体、明确的目标激励导致更高的人员绩效;在制定目标过程中,作为销售管理者应注意销售队伍成员的业务成熟情况,保证确定的目标具有激励性。

在目标激励的过程中,要正确处理大目标与小目标,个体目标与组织目标、群众目标,理想与现实,原则性与灵活性的关系。施行目标激励要求目标具体化,明确、具体地描述预期的成果;制定工作目标时,涉及目标的所有群体共同制定目标,并共同规定如何衡量目标的实现程度;明确规定每一阶段任务完成的期限,同时不断地给予员工目标实现程度或接近目标程度的反馈,使销售人员能及时地了解工作的进展,掌握工作目标的进度,从而及时地进行自我督促和行为矫正。

10. 榜样激励

我们常讲榜样的力量是无穷的,就是一种典型人物的行为,激发人们的情感,运用国内外优秀销售人员成功的案例来激励大家,形成团队行为"标杆",引发人们的"内省"与共鸣,从而起到强烈的示范作用。榜样就像一面旗帜,引导人们的行动,为销售人员增添克服困难、实现目标、争取成功的决心及信心。通过设立各种行为榜样,激发销售人员的共鸣,以示范作用带动销售人员的工作努力。

11. 竞赛激励

竞赛激励方式包括通过竞赛方式推动销售业绩的提升、推动新市场的开发;通过竞赛持续提高工作绩效,改进工作方法;通过竞赛方式提高销售队伍素质。经常采用的竞赛内容有业绩竞赛、服务竞赛、新产品或新市场推广竞赛、销售队伍训练竞赛、销售费用管理竞赛、销售信息管理竞赛等,要针对销售队伍短期目标和长期目标确定竞赛主题。

6.2.2　重点人员的激励组合应用

每个人都需要激励,因此激励是管理者的重要工作任务。销售工作因其工作特点,每个销售人员每天都要面对频繁的拒绝和挑战,使销售人员更加需要内心的激励,复杂的流程也需要他们具有理性和恒定的心理素质。员工激励归纳起来不外乎两种方法:合理的薪酬制度和科学、系统的管理体系。但人的需求是多层次的,物质需求只是最低层次的需求,因而薪酬的激励作用有限。因此要提升业绩,实现有效激励就要真正了解销售人员的特点,研究不同类型销售人员的表现,洞悉他们的真实需求,并采用相应的激励方式。销售人员依据不同行为表现可以归纳为几种类型:竞争型、成就型、自我欣赏型、服务型。针对不同类型的销售人员心理与行为可展开个性化的激励方式,即开展因人而异的销售激励。

1. 竞争型——目标与竞赛主导激励组合

这类销售人员是竞争性很强的人,在销售竞赛中会表现得特别活跃。对于此类型销售人员,最简单的办法就是清楚地把目标标准告诉他,需要为他们制定各种各样的销售定额,并应给予充分的信任,他们也渴望通过成绩来证明自己,目标激励和销售竞赛是激发其潜能的最有效方式。精明的销售经理能巧妙地挑起这类销售人员之间的竞赛,以获得业绩的大幅度提升。不断给他们提出新的目标,会激发他们的活力。同时不断地完善和发展企业的产品,为他们的销售提供良好的产品基础。

2. 成就型——任务主导型工作激励组合

成就型销售人员有主人翁精神,能做战略性规划并承担相应的责任,内在激励就能起到重要的作用。因此许多销售经理认为,成就型销售人员是理想的销售人员,对销售业务十分熟悉,善于同客户打交道,是企业的销售骨干,他们是企业的宝贵财富,也是一种无形的资产。他会给自己定目标,而且会把目标定得比别人更高。只要整个团队能取得成绩,他不在乎功劳归谁,他是一名优秀的团队成员。销售经理该如何激励这类已经能自我激励的销售人员呢? 正确的方法是应树立其形象,充分发挥他们的带动作用,给他们提供创造更大成就的条件,确保他们不断受到挑战。如依据其自身优势帮助其制定目标,并把大目标交给成就型销售人员让他们放手去干,这对他们来说本身就是一种很大的激励。这不但有利于他们继续为企业服务,而且可以带动其他销售人员,从而提高销售队伍的整体素质。

3. 自我欣赏型——民主管理精神激励组合

自我欣赏型销售人员需要的远不止奖牌和旅行,他们需要别人的尊敬,特别是经理的重视,希望别人把他们当作事事做得好的专家,乐于指导别人。他们希望感到自己重要,被给予尊重。精明的销售经理应该设法让他们如愿以偿,这是对此类销售人员最有效的激励方式。比如,让自我欣赏型的杰出销售人员带几个小徒弟,这类人喜欢被年轻人奉为大师。

优化销售环境并建立健全销售管理制度,从制度上保证杰出销售人员充分发挥自己的潜力,激励他们不断进取,如果新人完成任务,就证明他指导有方。再比如,全球知名的盖洛普公司总经理赞盖里认为:"最能激励自我欣赏型销售人员的方法是向其征询建议,比如,请其加入企业智囊团或就重大事项征询其意见。"

4. 服务型——培训激励主导组合

服务型销售人员通常最不受重视,因为他们往往带不来大客户,提不出有价值的东西,他们的个性往往比较保守,不喜欢张扬,他们的销售热情不足,甚至缺乏野心,他们的共同之处是缺乏销售工作的开拓性激情。但销售团队需要服务型的人员扎扎实实去完成日常基础工作,去耕耘成熟型市场。对团队中服务型销售人员应通过思想教育工作鼓励他们发扬优点,对销售人员定期进行培训,提高他们改进业务的能力,增强他们对公司及对本人的信心;不断地予以激励,提高士气,鼓励销售人员承担更多的责任,不断地给予销售人员以新的工作,使之具有挑战性与刺激性,创造竞争的动力。

要经常运用多种形式的奖励,以精神激励为主,并与物质激励相结合,通过引导帮助他们确定一个合理的目标,指导销售人员制定未来事业的发展计划,把他们的个人需求与组织目标结合起来,攀登更高的目标。提倡团队精神,应用榜样激励,激发市场开拓精神。

人的行为特性是随着生产的发展、工作实践经验的积累而不断提高的,相应的管理方式也应当发展,关键在于提高人的主人翁责任感和实际本领。上述激励组合模式都是根据销售人员素质中的主流倾向而设计的多种激励方式的组合,由于人们心理特点和外在表现的多样性与复杂性,在实施激励时,绝不可机械地运用这些模式,而要综合运用。可以以一种模式为主,辅以其他模式。我们在运用激励这一管理工具时,物质激励为日常激励活动的基础,辅之以精神激励,充分发挥我国的优势与传统,加强沟通、关怀与销售团队感情激励,从而充分调动销售人员的积极性,使他们有持久的工作效力。充分发挥企业文化的凝聚与行为导向作用,推动销售团队形成争创一流的信念与积极进取、革新创造、建功立业、同舟共济的销售精神。销售人员团队意识的培养,归属感和向心力的形成,是达成销售目标的关键。

6.3　销售人员绩效考核

如今我国企业与国外企业在世界经济舞台上面临着新形势、新挑战、新机遇,站在同一起跑线上进行平等竞争。企业要在激烈竞争中立于不败之地,谋求企业的兴旺与发展,都离不开销售人员。目前,许多企业对销售人员的绩效考核大多采用定量指标,如销售量、货款回收率、区域市场占有率等指标,造成销售人员为了单纯完成销售任务,不惜损害企业的整体利益和市场上的长远利益。对销售人员进行全面、科学有效的考核,制定一个对企业最有利的考核制度,充分调动销售人员的积极性,对销售工作的长远发展具有决定性作用。

6.3.1　销售人员绩效考核的目的和原则

1. 销售人员绩效考核的目的

绩效考核的终极目的是保证企业经营目标的实现。在实际操作中,绩效考核同时还拥有推动企业和员工的共同成长,提高组织和员工的绩效能力,并且考核结果可以作为薪酬奖金分配依据的作用。

(1) 通过绩效管理实现公司目标。绩效管理是连接员工个体行为和组织目标之间最直接的桥梁。销售目标是销售管理过程的起点,如果岗位销售目标没有完成,公司的经营目标也就难以实现。因此在这种情况下,考核个人销售目标的完成与否,就能促使他们朝着销售目标方向努力,从而建立起个体行为与公司目标之间的联系,保证销售队伍实现企业的销售目标。在绩效考核过程中,既能够保证销售计划的顺利执行,同时又能够不断反馈计划与现实市场的贴合情况,使企业能够进行有效的计划滚动与计划实施。

(2) 通过绩效考核改善销售管理工作。绩效考核不仅能够帮助组织销售计划目标的实现,同时整体绩效管理是一种有效的控制手段,可以发现公司销售管理各方面运营状况,及时了解发展战略实施过程中存在的问题,既包括计划方面,又包括队伍建设与管理、资金管理、物流管理、促销管理、竞争情况等,全面进行管理,并通过修正策略,跟踪行动计划和绩效结果,从而保证市场策略的实现。有效的绩效考核能够促使销售人员聚焦销售目标,更谨慎思考及行动,并及时发现个人工作中的不足,使销售管理变得相对"简单",各销售区域的业务活动量及效率会自动增加,以提高管理效率。

(3) 通过绩效考核推动销售人员职业发展。通过绩效考核引导员工行为,能够更好地加强员工的自我管理;能够查明销售人员的实际销售能力、运用效果及绩效,跟踪并建立持续的绩效档案,可以为公司的人员选拔、岗位调动、奖惩、培训及职业规划等提供信息依据。同时可以帮助了解员工长期的绩效表现及职业技能水平状态,因而可以针对性地开发培训计划,提高员工绩效能力。绩效考核还能够帮助实现员工与上级更好地沟通,如果发现他们在某方面的能力没有得到充分发挥,可以给予其更具挑战性的任务,为他们提供尽展才华的机会。不断提高员工的职业能力和改进工作绩效,提高员工在工作执行中的主动性和有效性,促进员工的职业发展,员工则赢得自我的认知、改进与发展,为企业创造绩效价值。

(4) 绩效考核可以作为薪酬体系的规划设计与人员奖惩的依据。考核是给予公平报酬的依据,科学考核并给予公平的报酬,对激励销售人员有着重要的影响。有效的考核方案通过对销售人员的业绩进行恰如其分的评价,调整员工的待遇,给予销售人员相应的公平报酬,激励销售人员继续努力。同时,考核结果可以作为对员工进行奖惩的依据。

总之,科学合理的绩效管理系统对实现企业的目标和提高员工的业绩有着深远影响与意义。同时绩效考核也是一把双刃剑,有效的绩效考核可以获得企业与员工共赢的良好局面,"不好的"绩效考核,往往是企业公平问题爆发的导火索。

2. 销售人员绩效考核的原则

（1）实事求是。考核的标准、数据的记录等应建立在客观实际的基础上，绩效考核贯穿于销售管理过程的始终，考核标准是评价销售业绩的基本依据，只有客观、充分、完整、准确、有效的信息，才能全面准确地反映实际状况，客观反映销售工作实际，科学地处理各类数据，以得出正确的考核结论，作为绩效考核的依据。

（2）重点突出。考核要根据重点突出原则，以影响销售利润和效率的指标为主，其他指标为辅。绩效信息来源于销售人员日常工作记录与报告体系，如销售报表、销售发票、销售访问记录、销售费用账单等，这些海量信息通过完善的信息系统的收集、汇集与分析，交由企业权威的考核部门进行考核时应用，这是一项庞杂的"大工程"。良好的绩效信息管理能够带来实事求是的销售现实描述和公正的绩效评价，但一旦过度，便会造成企业销售管理绩效与效率损失。因此，绩效信息管理要突出工作重点，对重点信息绝不放过，对关键信息事无巨细，对次要信息规范管理，以达成绩效考核目标。

（3）科学评价。公平、客观的绩效考核是在科学的信息采集、处理，与专业的考核组织，应用专业考核工具的结果，如此考核才能够兼具权威性与科学性。考核组织的权威性要求考核人员作风严谨，坚持原则，精通业务，并且值得信赖。

（4）激励主导。在销售公司销售人员的绩效考核中，应以激励占主导，因为销售人员是销售公司的第一线人员，他们的积极性与战斗力将直接影响销售公司基本目标的实现。绩效考核要突出本项工作的激励目标，偏向于激励，激励销售人员尽量多地销售，充分体现"多劳多得，按劳分配"的原则，根据考核结果给予赏罚分明的奖惩，以激励销售队伍的士气。

6.3.2 绩效考核的内容

回顾第2章销售计划管理，其中销售计划目标项目很多，依据是否可以直观量化的标准，可以分为两大类：定量指标和定性指标。在两类指标体系中，定量指标能够最有效地反映销售人员的销售业绩；定性指标则描述的是销售人员的主要工作活动。为全面、客观地反映销售人员的工作投入与业绩，针对企业销售人员进行绩效考核包括主观考核和客观考核两个方面。定性指标一般采用主观考核，定量指标一般采用客观考核。在两类考核标准中，定量考核标准能够最有效地考核销售人员的业绩，定性考核标准则主要用于考核销售人员的主要工作活动。用两种尺度来考核销售人员的个人业绩，能够更加全面地反映销售人员的绩效状态，常见销售绩效考核指标见图6-2。

1. 客观考核

客观考核衡量的是与销售人员主观意图相关的销售努力，是针对销售活动的绩效考核。客观考核用的指标有三大类：产出指标、投入指标以及产出/投入比率指标。可以用多种客观投入、产出以及比率指标考核销售人员的个人业绩。

客观考核结果，较少受到个人偏见的影响，能够真实反映客观实际，因此客观考核简单、直观，能够清晰反映销售量化目标达成情况。

（1）产出指标。产出指标有销售额、销售毛利、销售边际贡献率、每一个新顾客的平均成交额、每一个原有顾客的平均成交额等。另外，订单数、订单规模、新开发的顾客数、与新顾客的成交总额、顾客流失数等也是重要的产出指标。

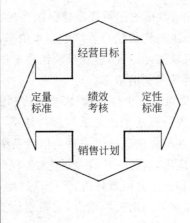

图 6-2   常见销售绩效考核指标

① 订单。包括订单数量、订单平均规模、取消的订单数量。

订单数量直接反映销售人员销售能力。订单规模反映客户质量及销售潜力,评价销售人员价值客户的筛选能力和服务能力。取消的订单数量呈现个体销售人员销售活动的针对性与合理性是否应受到质疑。

② 客户数量。包括现有客户数量、新客户数量、流失的客户数量、逾期不付货款的客户数量、潜在客户数量。

通过客户数量指标,可以对销售区域绩效价值有全面了解,这些指标体现了销售人员销售区域管理能力。现有客户数量真实反映了区域现实市场规模,对现有客户历史数据进行比较,并将之与行业数据进行对比,能够反映销售人员的业务水平与努力程度。销售人员在既定时期内开拓的新客户数量与流失客户数量,能够反馈企业销售政策的合理性、客户需求变化程度,以及销售人员市场开拓能力。

(2) 投入指标。许多公司采用的客观指标一般都侧重于考查销售人员付出的努力,因为与客观因素的变化相比,销售努力更能为销售经理所控制。投入指标有销售人员访问顾客的总次数。包括新老客户和未成交的潜在客户、每一个新顾客的平均访问次数、每一个老顾客的平均访问次数、每一个客户的平均访问次数、访问准顾客的总次数等。能够反映销售人员销售业绩来源和客户管理状况,以及销售人员的销售努力投入情况,并为区域划分和管理提供基础数据。

① 销售访问。包括访问次数、计划内访问次数、计划外访问次数。

计划内访问数量的良好达成反映销售地图设计的合理性及区域客户管理的规范性,当计划外访问发生很少时,标志着销售区域管理良好。计划外访问多为意外情况或失误引发的补救性工作,当计划外访问频繁发生时,反映区域客户管理方面出现了危机,需具体分析原因。同时大量计划外访问的出现会在一定程度上影响销售人员正常的客户管理工作。

② 工作时间及时间分配。包括工作天数、每天销售访问次数、销售时间与非销售时间、

销售费用占销售定额百分比。

对于同级别客户销售人员间横向对比,工作时间和时间分配是评价销售人员工作努力程度及销售效率的主要指标。更高比例的工作时间用于客户的有效销售活动是企业的愿望,也是提高销售绩效的有效途径。

③ 费用。包括总费用、明细费用、费用占实际销售额的百分比、费用占销售定额的百分比,如交通费、住宿费、招待费等。详细、明晰的费用管理制度和考核可以有效开展销售成本控制。

④ 非销售活动。包括推销的数量、推销电话的数量、提出正式销售建议的数目、举办广告展示会的次数、与分销商/经销商会晤的次数、访问分销商/经销商的次数、为分销商/经销商开办培训班次数、服务访问的次数、收到客户意见的数量、收到逾期欠款的数额等。

非销售活动是企业市场耕耘的基础工作,是企业获得长期市场利益的保障。但由于非销售活动不产生直接绩效,往往为销售人员所忽视,因此一些企业也对这些责任的完成情况予以评价。

(3) 产出/投入比率指标。将各种投入指标与产出指标以特定方式相结合(通常是比率关系),可以得到其他一些有用信息。

① 费用比率。包括销售费用比率、每次访问的平均费用。

销售费用比率是指将销售人员的投入与产出相比的结果。这些比率不仅可以在企业内部各销售人员之间进行比较,也可以用于与同行业其他企业之间的横向比较。费用比率可以用来分析各种费用与销售的关系,销售人员可以通过增加销售或控制费用来调整。

$$销售费用比率 = 费用 \div 销售额$$
$$每次访问的平均费用 = 费用 \div 访问次数$$

② 客户开发与服务比率。包括客户渗透率、新客户转化率、流失的客户比率、客户平均销售比率、订单平均规模、订单取消比率。

客户开发与服务比率反映销售人员抓住商机的能力,帮助销售经理发现问题及分析原因。

$$客户渗透率 = 购货客户数 \div 所有潜在客户数$$
$$新客户转化率 = 新客户数 \div 客户总数$$
$$流失的客户比率 = 未购货的老客户数 \div 客户总数$$
$$客户平均销售比率 = 销售额 \div 客户总数$$
$$订单平均规模 = 销售额 \div 订单总数$$
$$订单取消比率 = 被取消的订单数 \div 订单总数$$

③ 访问比率。包括每天访问次数、客户平均访问次数、击中率。

访问比率能够反映业务人员的销售努力及业务水平。如发生击中率偏低的情况,应帮助业务人员分析原因,是客户的个性化需求问题还是业务能力提升问题。

$$每天访问次数 = 访问次数 \div 工作天数$$
$$客户平均访问次数 = 访问次数 \div 客户总数$$
$$击中率 = 订单总数 \div 访问次数$$

从以上分析可以看出,用多种客观投入、产出以及比率指标考核销售人员的个人业绩,能够更真实地反映销售实际。

2. 主观考核

主观考核反映销售人员执行这些主观意图的好坏,一般涉及的是销售人员的行为考核。

主观考核容易受到个人偏见的影响,因此主观考核要比客观考核困难得多。而且不同企业、不同考核目的的主观考核对考核的内容的侧重点不同。但需要注意的是,用定性指标来考核不可避免地会有些主观,为了使其有效,应当多采用实地考察的方式,结合定性指标的运用。

(1) 主观考核的内容

① 销售成果。包括销售额(量)、对新客户的销售额、产品线销售额等。

② 工作知识。包括企业政策、产品知识、推销技巧等。

③ 销售区域管理。包括访问计划、费用控制、销售文件记录和处理。

④ 客户与企业关系。包括对于客户、同事以及企业关系的处理。

⑤ 个人特点。包括工作态度、个性、能力等。

⑥ 定性指标。如销售技巧、与顾客的关系、自我组织能力、产品知识、合作与态度等。

主观考核所评价的定性指标有助于解释定量考评的结果,以帮助管理者确定产生不理想绩效结果的原因。因此,通常都是在进行客观考核的同时进行主观考核,以做到取长补短。利用综合性的考核方式有助于销售经理直观了解销售定额、利润完成情况,客户开发状况、销售访问是否符合计划要求等。有利于销售经理诊断目标进程情况,同时帮助销售经理掌握没有完成指标的可能原因。如人员工作态度问题、销售技术的缺乏、团队沟通障碍等。

(2) 主观考核的方法

① 评分法。主观考核一般涉及销售人员的行为考核。评分法就是考核者对销售人员的销售行为打分,分值可以是百分制,也可以是十分制。评分法的应用如表 6-1 所示。

表 6-1　某医药企业销售人员的考核评分情况

考核项目	自评分(满分 100 分)	考核分(满分 100 分)
销售计划执行		
销售总结跟进		
品项布局落实		
计划定性任务		
临时指令任务		
专项推广提议		
政策执行结果		
纵/横向沟通		
客户默契度		
生动化展示		
咨询及投诉处理		
产品知识的更新		
营销技能及执行提高		

② 图尺度评价法(graphic rating scale)。也称为图解式考核法,是最简单和运用最普遍的工作绩效评价技术之一。它列举出一些组织所期望的绩效构成要素(如质量、数量或个人特征等),还列举出跨越范围很宽的工作绩效登记(如从"不令人满意"到"非常优异")。在进行工作绩效评价时,首先针对每一位员工从每一项评价要素中找出最能符合其绩效状况的分数。然后将每一位员工所得到的所有分值汇总,即得到其最终的工作绩效评价结果。

③ 行为锚定等级考核法(behaviorally anchored rating scale,BARS)。是基于对被考核者的工作行为进行观察、考核,从而评定绩效水平的方法。应用范例见表6-2。

评分法会受到考核人员主观因素的影响,而 BARS 法可以较好地解决这一问题。BARS法是指以行为作为基础的分级法。BARS 系统以行为为评价尺度,评价尺度上的每一个判断点,都可以由具体的、与工作有关的实际行为来说明。

对销售人员的考核,应采用定量和定性双重指标。实际上,这二者的考核结果是相互关联的,如考查某个销售人员绩效很差的原因,可以从他很低的访问收益率中发现,也可能是他的推销技术、顾客关系和产品知识很差的缘故。

表 6-2　行为锚定等级考核法评价人员分析判断能力

分析判断能力描述	分数	行为评价标准
较弱:对问题研判不清晰	1	不能及时作出正确的分析与判断
一般:分析与判断能力能够达到团队一般水平	2	能对问题进行简单的分析与判断
较强:良好的分析与判断能力	3	能对复杂的问题进行分析与判断,但不能灵活运用到实际工作中
强:出色的分析与判断能力	4	能迅速地对客观环境作出较为正确的判断,并能灵活运用到实际工作中取得较好的成果

【小资料 6-5】

某公司绩效考核内容与所占比例

1. 业务指标完成情况(占绩效考核总成绩的 50%)。

2. 工作态度考核(占绩效考核总成绩的 10%)。

依据员工奖惩条例进行日常工作行为规范考核,如迟到、早退、事假、加班等,考核员工出勤、加班等情况。

3. 基础能力与业务熟练程度考核(占绩效考核总成绩的 10%)。

4. 责任感考核(占绩效考核总成绩的 20%)。

星级服务规范履行情况、顾客意见调查结果汇总,考核员工服务行为,顾客表扬加分,顾客投诉扣分。

5. 协调性考核(占绩效考核总成绩的 10%)。

合作精神,团队贡献。

(资料来源:神州培训网,http://www.szceo.com.)

(3)影响主观考核的因素

客观考核是传统的绩效考核重点,如今主观考核越来越为企业所重视,但主观考核中如存在以下影响考核结果的客观性因素应得到必要的关注。

① 晕轮效应。晕轮效应是指在人际相互作用过程中形成的一种夸大的社会印象,是一种光环作用。常表现在一个人对另一个人的最初印象决定了他的总体看法,而看不准对方的真实品质,晕轮效应的最大弊端就在于以偏概全,这是进行主观考核难以避免的现象。

在绩效考核中,晕轮效应意味着一个考核者对被考核者的某一绩效要素的评价较高,就会导致他对该人所有的其他绩效要素也评价较高;反之,如果对被考核者的某一绩效要素的评价较差,则会导致他对该人所有的其他绩效要素也评价较差。实质上,评估者在员工绩效评估过程中,把员工绩效中的某方面甚至与工作绩效无关的某一方面看得过重,用员工的某个特性去推断其他特性,造成"一好百好,一差百差",以偏概全的评估偏差。当被考核者是那些对考核者表现特别友好或特别不友好时,晕轮效应是最容易发生的。

② 人际偏见。人际偏见是指我们对别人的看法以及对其行为的接受程度,受到我们个人对其喜欢程度的影响。由于评估人员对被评估者的某种偏见,影响对其工作实绩的评估造成的误差,就被称为偏见误差。在一个企业里,如果评估人员是工程技术出身的,往往不自觉地认为销售人员不学无术,只会"要要嘴皮子"而已,那么他在评估时对销售人员的评价就不会太高。他们忽视了视察员工本身,这就是惯性思维——偏见造成的误差。销售经理对其下属的考核一样存在个人偏见。

③ 考核人员的态度。在主观考核时,有些销售经理比较极端:或者极端宽容,对每个销售人员的每一个考核因素评价都很好;或者异常苛刻,销售人员在每一个方面都不能令他满意。另外,一些经理则行中庸之道,对业绩好坏几乎不加区别。因此,对业绩缺乏统一定义和理解的主观考核方法,其有效性难免会受到影响。

④ 近因效应。一般来说,人们对近期发生的事情印象比较深刻,而对远期发生的事情印象比较淡薄。在绩效评估时往往会出现这样的情况,评估人员对被评估者某一阶段的工作绩效进行评估时,往往只注重近期的表现和成绩,以近期印象来代替被评估者在整个评估期的绩效表现情况,因而造成评估误差。有的被评估者往往会利用这种近因误差效应。如在一年中的年前工作马马虎虎,等到最后的一个月销售竞赛夺魁,照样能够得到好的评价。

⑤ 暗示效应。暗示是一种特殊的心理现象,是人们通过语言、行为或某种事物提示别人,使其接受或照办而引起的迅速的心理反应。评估人在领导者或权威人士的暗示下,很容易接受他们的看法,而改变自己原来的看法,这样就有可能造成绩效评估的暗示效应。例如,在企业评选"先进工作者"时,首先企业领导会对员工们谈谈评选的重要意义,之后他们往往会有意无意地提道:"大家工作都很努力,尤其是××,销售区域困难多、竞争激烈,在本职岗位上勤勤恳恳,作出了不平凡的市场业绩……"这样,似乎不再需要选举,××就被"任命"为"先进工作者"了。在评估中,暗示效应引起的误差是难免的。为了防止这种误差,评估中领导者或权威人士的发言应放在最后,这样他们的讲话就难以起到暗示作用了。

因此,在主观考核时,为了避免以上种种因素的影响,许多企业制定了一系列规定,把考核建立在销售人员可以观测到的业绩基础上,必须仔细观察员工的行为和工作成果,并定期记录在案,然后将它与绩效评估标准进行比较,警惕不要让考核人员个人好恶影响考核结果,尽可能做到客观公正,慎重对待晕轮效应,考核必须有充分的依据等。

6.3.3 绩效考核的程序

销售人员绩效考核是企业根据销售人员职务说明,对销售人员的工作业绩(包括工作行为和工作效果)进行考察与评估。绩效考核一般由企业高层发动,制定考核业务程序,以基层为起点由下而上进行。绩效考核的业务程序,即绩效考核工作的先后顺序见图6-3。

绩效考核工作的开展由企业最高层发动,由专业部门执行该项业务流程,从企业基层岗位开始,由基层部门的领导对其直属下级进行绩效考核。对基础销售人员的考核内容包括销售绩效、销售投入、努力、技能等主客观考核内容。对基层销售人员考核后,对中层销售经理和职能部门进行考核,主要包括部门总体的销售工作绩效,如任务完成率、销售效率、费用

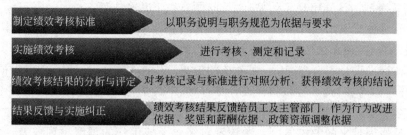

图 6-3　绩效考核的业务程序

管理、客户管理、信息管理、团队管理等方面。考核程序：首先对销售经理个人工作行为与特征方面的主客观进行综合评价,经待逐级上升到公司领导层,由公司所隶属的上级机构(或董事会),对公司这一最高层次进行绩效考核,主要内容是经营效果方面硬指标的完成情况(如利润率、市场占有率等)。

6.3.4　绩效考核反馈与行为改进

绩效考核反馈是绩效管理过程中的一个重要环节。它主要通过考核者与被考核者之间的沟通,就被考核者在考核周期内的绩效情况进行面谈,在肯定成绩的同时,找出被考核者工作中的不足,并促使其加以改进的过程。绩效考核的目的是改进工作者的行为方式,提高工作者的业绩水平,绩效反馈是实施绩效改进的基础和前提。

组织绩效考核反馈可以通过多种形式来进行,但效果最理想的还是绩效面谈。因为绩效考核结果往往与员工的报酬、晋升、惩罚等直接相关,所以进行反馈最好是考核者与被考核者之间进行面对面的沟通。通过充分沟通让员工了解自己在本绩效周期内的业绩是否达到所定的目标,行为态度是否合格,让管理者和员工双方达成对评估结果一致的看法。面对面的交流,有利于双方共同探讨绩效不合格的原因所在,管理者可以借此机会传达组织的期望,双方共同制订绩效改进计划和绩效改进合约。

绩效考核反馈不仅要指出问题,更应当找出问题产生的原因和症结所在,找出处理问题和解决问题的办法,特别是从机制上找出防范问题再度发生的办法,即实现绩效改进。绩效改进是指通过找出组织成员工作绩效中的差距,制订并实施有针对性的改进计划来提高员工绩效水平的过程。

在进行绩效反馈过程中,可以直观、清晰地将绩效考核结果及每个被考核对象与绩效标准的差距、与其他成员的绩效差距呈现于雷达图中,便于被考核人清晰认知自己的绩效状况,也有利于发现绩效低下的原因。如被考核者的某项考核指标远远低于其他被考核者的水平,被考核者就应尽快着手提升该方面的业务能力;如果主观考核指标普遍低于标准,销售经理应与被考核者共同探讨其中的原因,考虑对该员工进行培训或加强日常督促,使个人目标与企业目标更加一致,从而提高员工绩效。

6.4　绩效考核常见问题及解决办法

6.4.1　绩效考核常见问题

目前,在绩效管理中存在的问题主要有绩效考核体系、考核指标设置存在的问题或考核执行中对绩效考核的认知出现了偏差,常见问题有以下几个方面。

(1) 绩效考核流于形式,为考核而考核。有些企业绩效考核与考核体系无法和公司经营目标有机结合,致使无法达到绩效考核应有的效果。

(2) 考核标准设计不合理,达不到考核的效果。因考核指标设计不合理或很难进行定量,过于侧重主观考核,造成考核指标设计不合理、不科学,或考核指标设计没有考虑到相关岗位的工作实际,脱离实际工作,致使考核无法客观反映绩效实际。

(3) 人员原因带来的考核偏差。考核者对绩效考核工作的理解出现偏差,容易根据过去的经验和习惯的思维方式对被考核者作出不正确或者偏差的评价,或因首因效应、晕轮效应、趋中效应及评价者个人的过宽或者过严倾向造成影响。

(4) 绩效反馈做得不到位,绩效结果应用浮于形式。部分管理人员忽视、有意忽视绩效,甚至害怕绩效面谈,造成无法就被考核者的绩效达成一致,更别提绩效改进了。

6.4.2　完善绩效管理工作的基础管理

为了解决绩效考核中这些常见的问题,体现绩效考核的公平性,提高员工对自身绩效的认知和对绩效考核的接受程度,企业应花大力气完善绩效管理工作的基础管理。

1. 设置科学合理的绩效考核体系

评价鉴定的范围要和通过工作分析得到的工作要素相联系,评价鉴定的标准要和组织目标相联系。信息的采集应能够提供有关员工实际工作情况、工作效率差异、工作努力,应用能力不同的评价者对同一员工所做的独立的工作评价结果达到大体上相互一致,实用性要求是指评价鉴定系统要容易被管理人员和员工们理解和使用。

2. 慎重选择绩效评价人员

在通常情况下直接管理者是比较理想的绩效评价者。他们熟悉员工工作性质、工作环境和每个人的工作状态,并有更多机会观察员工工作情况;能较好地将员工个人的工作与部门、组织的目标联系起来,将员工的绩效评价与奖惩决定联系起来。

为多视角理解和评价个体的绩效情况,同事评价可以作为绩效评价的因素之一。针对主管以上的销售人员,为全面评价其工作状态与绩效水平,如实际工作情况、信息交流能力、领导风格、计划组织能力等,可以应用下级职员对他们主管人员的考核,以此全面反映个体真实绩效。实际上,近年来360°考核方式不断推广,平级与下对上的考核方式已经为很多企业选择并应用,取得了良好的效果。同时外部人员评价也越来越受到关注,如客户对业务人员业务技能、服务技能、服务态度、服务水平等的评价。

3. 绩效考核制度化和规范化

将过去的"绩效考核年年搞,一年一次完事拉倒"的形式化、过场化的绩效考核"秀"进行制度化改革,将绩效考核纳入工作计划,变年度大考为年度考核与季度考核、月度考核相结合,随时掌握绩效状况,及时发现绩效缺失,进行绩效改进;规范绩效考核工作,进行科学的考核工具选择和合格的考核人员配置,尽量规避考核人员偏见对考评结果的影响。

4. 充分沟通

充分沟通,使管理者、评价者、销售人员对绩效考核有充分的认知,并最终达到员工对自身绩效与企业一致认知,明确自身工作的价值,理性地看待企业绩效制度,最终促进其对自身绩效管理的理性认知。

本章小结

(1) 作为一个销售组织的管理者,必须懂得如何采取有效的方法让员工能够积极地、有创造性地、全心全意地工作。良好的激励能够提高员工工作的积极性和努力程度,考核可以使员工正确认识自己的工作成果,逐步在工作中提高。要做到这一点,管理者就必须了解工作激励的相关理论、方法和技巧。

(2) 在销售人员管理中,工作激励是非常重要的领域。本章就激励的一般原理与方法进行了探讨,研究了对于个性化的销售队伍来说综合激励的必要性;通过多种激励组合推动销售团队形成争创一流的信念以及积极进取、革新创造、建功立业、同舟共济的销售精神。

(3) 销售人员绩效考核是对计划的有效性及执行的质量进行评价,绩效考核的终极目的是保证企业经营目标的实现,推动企业和员工的共同成长,提高组织和员工的绩效能力,并且考核结果可以作为薪酬奖金分配的依据等。企业对销售人员的绩效考核采用定量指标,如销售量、货款回收率、区域市场占有率等指标,结合定性考核标准考核销售人员的主要工作活动。

(4) 用两种尺度来考核销售人员的个人业绩,能够更加全面地反映销售人员的绩效状态。主观考核的常见方法有评分法、图尺度评价法和 BARS 法,对下属销售人员实际绩效加以分析,就可了解每一个销售人员的优缺点,督促销售人员加以改善。以便管理者能及时采取必要的行动,使管理更富有效率,保证企业销售目标顺利完成。

关键概念

激励 绩效考核

思考题

1. 对销售人员的激励应遵循哪些理论?
2. 销售人员激励有哪些组合模式?
3. 销售人员考评有何作用?
4. 销售人员的客观考核有哪些指标?
5. 主观考核怎样进行? 如何避免主观考核中的人为因素?

案例分析

呼叫中心员工激励

曾经看到过这样的一句话形容客服代表的心态:一流的客户服务代表有着我要做的激情,而不是要我做的无奈。而如何使客服代表们永葆这种我要做的激情,这就需要呼叫中心的运营管理不仅仅依赖各种繁杂的规章制度来进行规范,还需要在呼叫中心内部营造一种积极进取的工作氛围,实现对员工的激励。

激励是从员工内在动力出发,使员工在开始工作时就充满热情,发挥潜能。呼叫中心的激励机制可以从话务代表、小组、整个部门三个层面来进行考虑和制定,激励可以是物质的、精神的、即时的、长期的。

业务能手竞赛活动介绍如下。

此项竞赛活动分为四个环节:报名、初赛、决赛、业务培训。呼叫中心的管理者通过初赛、决赛选拔出相关业务或各系列产品的业务能手,并给予一定的物质奖励。被评选的业务能手针对自己所熟练掌握的业务或产品的边缘知识进行深入研究,并对呼叫中心全体员工进行系统的、深层次的业务知识或相关技能的培训,最终在呼叫中心形成员工自主学习的氛围,激发员工的工作积极性,挖掘员工潜力,提高业务水平,提升呼叫中心的客户满意度。

活动细则:

(1) 由呼叫中心的管理团队组成评审团,并结合日常运营的各个环节,设立相关奖项,例如,产品专家、疑难问题处理专家、投诉处理能手等。

(2) 管理团队根据奖项的情况,制定竞赛的日程安排及初步制订后期培训的计划。

(3) 由管理团队进行分工,分管各项业务的业务主管负责考题的制定,并主持相关业务能手的评比环节。

(4) 呼叫中心的员工根据自己所掌握技能的熟练程度,报名参加相应奖项的评比。

(5) 竞赛的形式可以通过口试、笔试、案例分析、实际演练等方式进行。

(6) 竞赛以最终得分最高的候选人为获胜者,并有相应奖品颁发。

(7) 获奖的业务能手制订自学计划,巩固和深入学习相关的业务知识,并制订针对全体员工的业务知识培训计划,以便实施培训。

注意事项:

(1) 挑选出专门的人员负责活动的组织、控制、协调。

(2) 此项活动的重点在于评奖结束后,业务能手为员工进行的业务知识培训。因而要避免发生评选活动后,颁奖结束此项活动也就结束了的情况,员工的激情慢慢消逝,那样将会事倍功半,不能达到活动的最终目的。

(3) 活动过程中,呼叫中心要保持有序的工作秩序,服务客户为主,竞赛活动为辅,避免本末倒置。

(资料来源:易迈网络,http://www.mba163.com.)

思考:该项针对客服代表的激励活动有什么样的激励作用?

实践训练

请选择一家企业进行销售人员考核制度调查,收集相关信息,并在此基础上对企业针对销售人员的考核重点及效果进行分析。

第 7 章

促 销 管 理

【学习目标】

1. 了解促销的内涵及其作用。
2. 了解促销组合的内涵及其基本方式。
3. 掌握影响促销组合决策的因素。
4. 了解促销计划的制订过程。
5. 掌握促销进程管理与控制方法。

7.1 促销的内涵和作用

7.1.1 促销的内涵

1. 促销的概念

4P理论中,产品(product)是创造价值,价格(price)是衡量价值,渠道(place)是交换价值,促销(promotion)是宣传价值。这里的"促销"是广义的概念,组合促销或促销组合是促销广义概念的另一种叫法,是有力的销售工具。促销是指企业将产品或服务的有关信息进行传播,帮助消费者认识商品或服务所能带给购买者的利益,从而达到引起消费者兴趣,激发消费者欲望,促进消费者采取购买行为的一种活动。其促销手段主要由人员推销、营业推广、公共关系和广告等方式构成,所以说促销和营业推广(sale promotion)是两个完全不同的概念。

2. 促销的含义

从市场营销的角度看,促销是企业通过人员和非人员的方式,沟通企业与消费者之间的信息,引发、刺激消费者的消费欲望和兴趣,使其产生购买行为的活动。从这个概念不难看出,促销具有以下几层含义。

(1) 促销工作的核心是沟通信息。企业与消费者之间达成交易的基本条件是信息沟通。若企业没有将自己生产或经营的产品和劳务等有关信息传递给消费者,那么,消费者对此则一无所知,自然谈不上认购。只有将企业提供的产品或劳务等信息传递消费者,才能引起消费者注意,并有可能产生购买欲望。

(2) 促销的目的是引发、刺激消费者产生购买行为。在消费者可支配收入既定的条件下,消费者是否产生购买行为主要取决于消费者的购买欲望,而消费者购买欲望又与外界的刺激、诱导密不可分。促销正是针对这一特点,通过各种传播方式把产品或劳务等有关信息传递给消费者,以激发其购买欲望,使其产生购买行为。

（3）促销的方式有人员促销和非人员促销两类。人员促销，也称直接促销或人员推销，是企业运用推销人员向消费者推销商品或劳务的一种促销活动，它主要适合于消费者数量少、比较集中的情况。非人员促销，又称间接促销或非人员推销，是企业通过一定的媒体传递产品或劳务等有关信息，以促使消费者产生购买欲望、发生购买行为的一系列促销活动，包括广告、公关和营业推广等。它适合于消费者数量多、比较分散的情况。通常，企业在促销活动中将人员促销和非人员促销结合起来运用。

7.1.2　促销的作用

促销的根本目的是将企业的产品及服务的信息传递给消费者及整个渠道成员。为此，企业需要将自己的产品、服务信息进行分类、整理、编辑，通过广告、公共关系、人员推销、营业推广及中间商的帮助，把这些经过加工整理后的信息准确地传递到目标市场的顾客那里，刺激他们的购买欲望，调动他们的购买积极性，从而达到宣传企业及产品、树立企业形象的目的。促销的根本作用在于沟通买卖双方，使得各自的信息得以传递。促销的具体作用如下。

1. 传递商业信息，提升知名度

促销的最基本的作用是向目标顾客传递信息。通过促销宣传，可以使顾客知道企业生产经营什么产品、有什么特点、到什么地方购买、购买的条件是什么等，从而引起顾客注意，激发其购买欲望，为实现销售和扩大销售做好舆论准备。并经由各种不同传递渠道发布信息，提升企业和产品的知名度。

2. 突出产品特点，提高竞争能力

突出产品特点是要强调企业的产品与竞争者产品的差别。在激烈的市场竞争中，企业通过促销活动，宣传本企业产品的独特属性和特点，努力提高产品和企业的知名度，促使顾客加深对本企业产品的了解和喜爱；增强信任感，从而也就提高了企业和产品的竞争力。

3. 提高企业声誉，巩固老顾客，稳定市场地位

由于各种因素影响，企业的销售额可能出现上下波动，这将不利于稳定企业的市场地位。为此企业通过促销活动，可以树立良好的企业形象和商品形象，尤其是通过对名、优、特产品的宣传，促使顾客对企业产品及企业本身产生好感，从而培养和提高"品牌忠诚度"，巩固老顾客，扩大市场占有率。

4. 影响消费，刺激需求，增加销售量

新产品上市后，起初顾客对它的性能、用途、作用和特点并不了解。通过促销沟通，引起顾客兴趣，诱导需求，并创造新的需求，从而为新产品打开市场，建立声誉。为了达到不同的目标，需要有针对性地组合运用各种促销工具进行促销活动，以达到协调的作用和促进销售的效果。

7.2　促销组合的选择

7.2.1　促销组合的内涵及基本方式

1. 促销组合的内涵

企业在市场营销过程中，有计划地将人员推销、广告、业务推广和公共关系等多种促销

手段和因素结合起来,形成整体性的比例—结构—机制,最大限度地发挥整体效果,从而顺利实现促销目标。如前所述,促销的方式有直接促销和间接促销两种,又可分为人员推销、广告、公共关系和营业推广四种促销方式。由于各种促销方式都有其优点和缺点,在促销过程中,企业常常将多种促销方式同时运用。所谓促销组合,就是企业根据产品的特点和营销目标,综合各种影响因素,对各种促销方式进行选择、编配和运用。促销组合是促销策略的前提,在促销组合的基础上,才能制定相应的促销策略。因此,促销策略也称促销组合策略。

2. 促销组合的基本方式

(1) 广告。广告是指由确认主办者支付费用,旨在宣传构想、商品或者服务的在一种确定的广告媒体上刊播广告的大众传播行为。它是一种高度公开的信息传播方式,具有普及性、传播范围广、形式多样、表现力夸张的特点。随着市场化进程,企业作为独立的商品生产者和经营者,科学地运用广告宣传,对传播信息、促进生产、指导消费、扩大销售、加速商品流通和提高经济效益都有十分重要的作用。

当企业需要与公众进行较大范围的信息传递时,如产品、服务、销售政策等信息,为达到及时告知的目的常常选择广告的方式。广告具体媒体的选择依据企业信息传递对象的特性,更关键的是企业的业务目标与预算情况是广告决策的关键因素。

(2) 人员推销。人员推销是一种传统的促销方式,它通过销售人员与顾客直接沟通来达成销售。国内外许多企业在人员推销方面的费用支出远远大于其他促销方式。所谓人员推销,是指企业通过派出销售人员,说服和诱导潜在顾客购买某种产品与服务,从而满足顾客需求并实现企业营销目标的活动过程。人员推销与其他促销方式相比,有着无法比拟的优势,包括以下几点。

① 人员推销针对性强,销售人员带有倾向性地访问顾客,目标明确,无效劳动少。

② 人员推销具有较大的灵活性,反应迅速。销售人员在推销过程中亲自观察顾客对推销陈述的反应,并揣摩其购买心理的变化过程,可以根据顾客情绪及其心理变化及时调整自己的推销策略,以适应顾客的需要,促成交易。

③ 人员推销可以培养感情,建立销售人员与顾客的友谊。销售人员在销售过程中,需确认和满足顾客的需求与利益,在企业与顾客之中寻找共同点。同时,在与顾客交往过程中,以情动之,建立个人情谊。

④ 人员推销直接接触顾客,可以有效收集市场信息,双向沟通。销售人员承担着"信息员"和"顾问"双重角色。在为顾客提供服务和信息的同时,也为企业收集相关信息。

⑤ 人员推销在相信和购买阶段,起着极其重要的作用,实现潜在交换。销售人员在销售技巧和方法上运用得当,见面三分情,如果顾客确实存在对所推销商品的需求,强调顾客的利益点,运用适当技巧,确实能够带来一定的销售业绩。

⑥ 人员推销常用于竞争激烈的情况,企业需要耐心说服、解释、解答疑难问题,根据顾客需要,进行定制式营销,往往取得较好的销售成效。

人员推销可以说是功效最显著的促销方式,但是人员推销在人、财、物、时方面耗费大,覆盖范围有限,因此在选择人员推销的促销方式时要慎重评估其目标与预算资源。

(3) 营业推广。营业推广是指企业运用各种短期诱因,鼓励购买或销售企业产品或服务的促销活动。营业推广这种有效的促销工具可分为三大类:第一类是针对消费者的促销工具,如赠送样品、优惠券、有奖销售、折价券、交易印花、特价包装、竞赛、商品示范等,目的是鼓励消费者大批量购买,吸引更多新顾客和争夺竞争对手的部分市场;第二类是针对中间商的促销工具,如促销津贴、销售竞赛、展销会、批量折扣、销售提成等,目的是鼓励中间商大量进货,并与之建立固定的产销关系;第三类是针对销售人员的促销工具,如红利、竞赛等,目的是鼓励销售人员推销新产品,开拓新市场,发掘潜在顾客。

当企业短期业务目标为快速提升销量、清理库存或吸引消费者对新产品的尝试购买即推出新产品的上市推广活动,采用营业推广是很好的销售推动工具。值得注意的是,营业推广活动会在短期内推动销量,同时打破了价格体系,降低利润率,因此营业推广活动应为短期的促销活动,一般不宜长期使用,长期、频繁使用此促销方式容易产生消费者的促销依赖症。如市场上乳制品由于产品及销售特性影响,较多采用营业推广方式进行促销,频繁的营业推广活动,能够带动短期放量消费,但也形成了部分消费者有"促销"就购买,无促销等一等的消费心理,造成企业"促销"就有销量,不"促销"就没销量,你不"促销",别人"促销"的局面。一旦产品价格体系被打破,就没有挽回的机会,企业为保证利润空间,只好采用不断推出新产品,新产品上市就促销的局面,使产品生命周期被人为地缩短。

(4) 公共关系。公共关系促销是指综合运用企业影响范围内的空间因素和时间因素,向消费者传递理念性和情感性的企业形象与产品信息,从而激发起消费者的需求欲望,使其尽早采取购买行为的促销活动。现代促销活动实际上就是公共关系活动,现代促销活动与公共关系活动已经融为一体,企业公共关系策略在企业促销中占据的地位越来越重要。一方面,企业促销要以公共关系作为前提、基础或桥梁;另一方面,公共关系要利用促销活动作为信息传播渠道。二者有机结合,既能促进产品销售,又能提高企业信誉和形象。当前,在市场经济大潮中,企业如果没有现代的公关意识,没有充分认识到公共关系在企业促销中的重要作用,势必在激烈的市场竞争中败下阵来。因此,要在促销活动中采取行之有效的公关策略。

公共关系是打温情牌的促销方式,比其他促销方式具有较好的建立品牌形象的作用。例如,当你在市场上面对竞争对手已经开启促销大战的情况,如果你是消费品销售商,同一销售终端同类产品销售卖场上,你同类产品 A 开始打折销售,同类产品 B 开始捆绑赠礼,同类产品 C 广告先行配合摸奖活动,此时跟进打折、赠礼、摸奖无疑是"炒冷饭",但不跟进促销会失去销售机会,这时选择公共关系进行温情促销是很好的。

7.2.2 影响促销组合决策的因素

公司销售管理人员永远面临把总的促销预算分摊到广告、人员推销、营业推广和公共关系上的问题。影响促销组合决策的因素主要有以下几种。

1. 促销目标

贯彻促销组合策略的首要任务是明确企业在一定时期内的促销目标,因为促销目标是制定促销预算、选择促销方式及设计促销组合的重要前提。通常,企业的各种促销活动都是围绕促使顾客采取购买行动这一基本目标展开的。但是,顾客采取购买行动,只是顾客整个购买决策过程的最终环节。如果从心理学的角度来分析,潜在消费者只有在经历了知晓、了解、喜欢、偏爱、信任等一系列心理活动过程而积累了较高水平的需求状态之后,才会转而购买某种产品。因此,企业应该制定更有针对性的具体促销目标,否则,就会使促销活动失去针对性。增加利润、提高市场占有率、提高本企业产品的知名度及美誉度、增强品牌的忠诚度、树立良好的企业形象等都可能成为企业的促销目标,它是企业从事促销活动所要达到的目的。促销目标是影响促销组合决策的首要因素,每种促销工具如广告、人员推销、营业推广和公共关系都有各自独有的特性与成本,营销人员必须根据具体的促销目标选择合适的促销工具组合。在企业营销的不同阶段和适应市场营销活动的不断变化,要求有不同的促销目标,无目标的促销活动收不到理想的效果。因此,促销组合和促销策略的制定,要符合企业的促销目标,并根据不同的促销目标,采用不同的促销组合和促销策略。

2. 市场特点

除了考虑促销目标外,市场特点也是影响促销组合决策的重要因素。对于规模小而相对集中的市场,应突出人员推销策略;对处于管制的市场,则应突出营业推广及公共关系的作用,如法律不允许企业做香烟广告宣传,那么企业就可以采取变通的形式进行宣传,赞助体育赛事、支持社会公益事业等都可以。对于范围广而分散的市场,特别是日用消费品,则应更多地采用广告形式进行宣传。市场特点受每一地区的文化、风俗习惯、经济政治环境等的影响,促销工具在不同类型的市场上所起作用是不同的,所以我们应该综合考虑市场和促销工具的特点,选择合适的促销工具,使它们相匹配,以达到最佳促销效果。市场条件不同,促销组合与促销策略也有所不同。从市场地理范围大小看,若促销对象是小规模的本地市场,应以人员推销为主;而对于广泛的全国市场甚至世界市场进行促销,则多采用广告形式。从市场类型看,消费者市场因消费者多而分散,多数靠广告等非人员推销形式;而对用户较少、批量购买、成交额较大的生产者市场,则主要采用人员推销形式。

3. 产品性质

不同性质的产品,购买者和购买目的就不相同,因此,对不同性质的产品必须采用不同的促销组合策略。一般来说,在消费者市场,因市场范围广而更多地采用拉式策略,尤其以广告和营业推广形式促销为多;在生产者市场,因购买者购买批量较大,市场相对集中,则以人员推销为主要形式。例如,产品性质的差异,对促销方式选择和促销组合设计影响巨大。从现代市场营销学发展史看,消费品与产业用品的促销组合是有区别的。广告一直是消费品的主要促销工具,而人员推销则是产业用品的主要促销工具,营业推广在这两类市场上具有同等重要的作用。

4. 产品生命周期

在产品生命周期的不同阶段,促销工作具有不同效益。促销目标在产品生命周期的不同阶段是不同的,这就决定了在产品生命周期各阶段要相应选配不同的促销组合,采用不同的促销策略。以消费品为例,在投入期,促销目标主要是宣传介绍商品,以使顾客了解、认识商品,产生购买欲望。广告起到了向消费者、中间商宣传介绍商品的功效的作用,因此,这一阶段以广告为主要促销形式,以营业推广和人员推销为辅助形式。在成长期,由于产品打开销路,销量上升,同时也出现了竞争者,这时仍需加强广告宣传,但更注重宣传企业产品特色,以增进顾客对本企业产品的购买兴趣,若能辅之以公关手段,会收到相得益彰之佳效。在成熟期,竞争者增多,促销活动以增进购买兴趣与偏爱为目标,广告的作用在于强调本产品与其他同类产品的细微差别,同时配合运用适当的营业推广方式。在衰退期,由于更新换代产品和新发明产品的出现,使原有产品的销量大幅度下降。为减少损失,促销费用不宜过大,促销活动宜针对老顾客,采用提示性广告,并辅之适当的营业推广和公关手段。

5. "推动"策略和"拉引"策略

促销策略从总的指导思想上可分为推式策略和拉式策略两类。推式策略是企业运用人员推销的方式,把产品推向市场,即从生产企业推向中间商,再由中间商推向消费者,故也称人员推销策略。推式策略一般适合于单位价值较高的产品,性能复杂、需要做示范演示的产品,根据用户需求特点设计的产品,流通环节较少、流通渠道较短的产品,市场比较集中的产品等。拉式策略也称非人员推销策略,是指企业运用非人员推销方式把顾客拉过来,使其对本企业的产品产生需求,以扩大销售。对单位价值较低的日常用品,流通环节较多、流通渠道较长的产品,市场范围较广、市场需求较大的产品,常采用拉式策略。

促销组合较大程度上受公司选择"推动"策略或"拉引"策略的影响。"推动"策略要求使用销售队伍和贸易促销,通过销售渠道推出产品。而"拉引"策略则要求在广告和消费者促销方面投入较多,以建立消费者的需求欲望。

6. 促销预算

企业在选择促销组合时,首先要考虑两个主要问题:一是促销预算费用有多少? 二是促销预算费用在众多促销手段中如何分配? 也就是说,综合和分析比较各种促销工具的费用与效益,以尽可能低的促销费用取得尽可能多的促销效益是决定促销费用分配的原则。企业要在销量+价格+利润的综合评价中确定企业的整体促销费用。企业开展促销活动,必然要支付一定的费用。费用是企业经营十分关心的问题,并且企业能够用于促销活动的费用总是有限的。因此,在满足促销目标的前提下,要做到效果好而费用省。企业确定的促销预算额应该是企业有能力负担的,并且是能够适应竞争需要的。

影响促销组合的因素是复杂的,企业还应随着经济前景的变化,及时调整促销组合。另外,本公司的营销风格,销售人员素质,整体发展战略,社会和竞争环境等不同程度地影响着促销组合的最终决策。营销人员应审时度势,全面考虑才能制定出有效的促销组合决策。

7.3　促销计划的制订

7.3.1　促销计划的含义

企业的整体计划确定了企业未来的发展目标以及为实现该目标所采取的方式。销售计划是企业整体计划的重要组成部分,它以取得最大的销售收入为目标,涉及企业销售活动与其他经营活动的协调与沟通,明确企业对每一个销售人员、销售团队、销售工作单位未来期望达到的业绩目标和预期进行的各项活动,以及为实现该目标所需的资源。销售经理要为整个企业、特定的工作单位和销售人员个人制订销售计划。据统计,国内企业的促销活动费用与广告费用之比达到 6:4。正如一份缜密的作战方案在很大程度上决定着战争的胜负一样,一份系统全面的活动方案是促销活动成功的保障。促销活动在新颖创意的同时必须兼顾有效性,应以提高利润为目标。由于促销已经成为企业经营的一项经常性内容,所以,制订科学的促销计划就显得尤为重要。

7.3.2　促销计划的形式

从促销时间的长短来分析,促销计划的形式包括长期性促销计划和短期性随机促销计划两种。长期性促销计划,即选定一个促销主题来制定全年在不同时期的一系列促销活动。如全年节日促销计划,可针对全年法定假日及中西方特有的节日及其消费特点,寻求相应的促销主题,制定促销策略。短期性随机促销计划,如新店开张、周年店庆的促销计划。还有配合社会性、政治性事件发生的促销活动,如庆祝 1997 年 7 月 1 日香港回归而举办的促销活动等。由于随机事件的发生带有偶然性,所以短期性随机促销计划通常是根据往年的经验与教训,对可能发生的事件进行前瞻和预测而制订,力求保证随时可以调用执行。

促销计划涉及的时间可长可短,可能是 1 个月,也可能是 1 年或更长的时间。促销计划可以是一般性的计划,如通过扩大销售来增加企业销售利润;也可以是具体的计划,如采取某种激励措施来实现企业的某个销售目标。无论是哪一种计划,都需要销售经理掌握足够的信息,并对所掌握的信息进行充分的分析和加工,都需要确立明确的计划目标,并对为实现计划目标所需采取的行动进行决策。

7.3.3　促销计划的制订过程

(1)明确促销目的。从前文讲述的促销目的与类型不难看出,适宜的促销目的加上适宜的促销方式是促销成功的两个基础。

(2)分析现况并寻找问题所在。促销策略要注意分析市场竞争环境、消费行为和消费心理的特点、消费趋势的发展及消费形态的演变,寻找影响商业经营的症结所在。

(3)选择促销工具。找准问题的切入点和解决问题的策略与手段,选择促销组合工具。

(4)设定目标。该目标主要是指经营方面的差距以及衡量促销活动在弥补这些差距方面的量化指标,为促销效果的检验做好标准上的准备。

(5)促销计划的总体安排。包括:①界定促销对象;②确定促销主题;③选择具有足够吸引力的促销商品;④规定条件以及具体运作时间;⑤选择适宜的宣传媒体。

(6)确定实施促销计划的人员,编制促销活动预算。

(7)确定日期及进度,保证计划如期实施。

7.3.4　促销计划的撰写

1. 活动目的

对市场现状及活动目的进行阐述。如市场现状如何?开展这次活动的目的是什么?是处理库存,是提升销量,是打击竞争对手,是新品上市?还是提升品牌认知度及美誉度?只有目的明确,才能使活动有的放矢。

2. 活动对象

活动针对的是目标市场的每一个人还是某一特定群体?活动控制在多大范围内?哪些人是促销的主要目标?哪些人是促销的次要目标?这些选择的正确与否会直接影响促销的最终效果吗?

3. 活动主题

在这一部分,主要是解决以下两个问题。

(1)确定活动主题。

(2)包装活动主题。

降价？价格折扣？赠品？抽奖？礼券？服务促销？演示促销？消费信用？还是其他促销工具？选择什么样的促销工具和什么样的促销主题，要考虑到活动的目标、竞争条件和环境及促销的费用预算和分配。

在确定了主题之后，要尽可能艺术化地"扯虎皮做大旗"，淡化促销的商业目的，使活动更接近于消费者，更能打动消费者。几年前爱多 VCD 的"阳光行动"堪称经典，把一个简简单单的降价促销行动包装成维护消费者权益的爱心行动，近年较流行的会员感恩日活动等也是降价促销的"变异"形态。

这一部分是促销活动方案的核心部分，应该力求创新，使活动具有震撼力和排他性。

4. 活动方式

这一部分主要阐述活动开展的具体方式，有以下两个问题要重点考虑。

(1) 确定伙伴。拉上政府做后盾，还是挂上媒体的"羊头"来卖自己的"狗肉"？是厂家单独行动，还是和经销商联手？或是与其他厂家联合促销？与政府或媒体合作，有助于借势和造势；与经销商或其他厂家联合可整合资源，降低费用及风险。

(2) 确定刺激程度。要使促销取得成功，必须使活动具有刺激力，能刺激目标对象参与。刺激程度越高，促进销售的反应越大，但这种刺激也存在边际效应。因此，必须根据促销实践进行分析和总结，并结合客观市场环境确定适当的刺激程度和相应的费用投入。

5. 活动时间和地点

促销活动的时间和地点选择得当会事半功倍，选择不当则会费力不讨好。在时间上尽量让消费者有空闲时间参与，在地点上也要让消费者方便，而且要事前与城管、工商等部门沟通好。不仅发动促销战役的时机和地点很重要，也要深入分析持续多长时间效果会最好。持续时间过短会导致在这一时间内无法实现重复购买，很多应获得的利益不能实现；持续时间过长，又会引起费用过高而且市场形不成热度，并降低产品在顾客心目中的身价。

6. 广告配合方式

一个成功的促销活动，需要全方位的广告配合。选择什么样的广告创意及表现手法？选择什么样的媒介炒作？这些都意味着不同的受众抵达率和费用投入。

7. 前期准备

前期准备分为以下三项。

(1) 人员安排。

(2) 物资准备。

(3) 试验方案。

在人员安排方面，要求"人人有事做，事事有人管"，无空白点，也无交叉点。谁负责与政府、媒体的沟通？谁负责文案写作？谁负责现场管理？谁负责礼品发放？谁负责顾客投诉？各个环节都要考虑清楚，否则就会临阵出麻烦，顾此失彼。

在物资准备方面，要事无巨细，大到车辆，小到螺丝钉，都要罗列出来，然后按单清点，确保万无一失，否则必然导致现场的忙乱。

尤为重要的是，由于活动方案是在经验的基础上确定的，因此要进行必要的试验来判断促销工具的选择是否正确，刺激程度是否合适，现有的途径是否理想。试验方式可以是询问消费者、填调查表或在特定的区域试行方案等。

8. 中期操作

中期操作主要是活动纪律和现场控制。纪律是战斗力的保证，是方案得到完美执行的先决条件，在方案中应对参与活动人员各方面纪律作出细致的规定。

现场控制主要是把各个环节安排清楚，要做到忙而不乱，有条有理。同时，在实施方案过程中，应及时对促销范围、强度、额度和重点进行调整，保持对促销方案的控制。

9. 后期延续

后期延续主要是媒体宣传的问题，对这次活动将采取何种方式在哪些媒体进行后续宣传要安排好。如脑白金在这方面是高手，任何一次促销活动都会在媒体上炒得盛况空前。

10. 费用预算

没有利益就没有存在的意义，对促销活动的费用投入和产出应作出预算。当年爱多VCD的"阳光行动B计划"以失败告终的原因就在于没有在费用方面进行预算，直到活动开展后，才发现这个计划公司根本没有财力支撑。一个好的促销活动，仅靠一个好的点子是不够的。

11. 意外防范

每次活动都有可能出现一些意外。比如，政府部门的干预、消费者的投诉，甚至天气突变导致户外的促销活动无法继续进行等。必须对各个可能出现的意外事件做必要的人力、物力、财力方面的准备。

12. 效果预估

预测这次活动会达到什么样的效果，以利于活动结束后与实际情况进行比较，从刺激程度、促销时机、促销媒介等各方面总结成功点和失败点。

以上12个部分是促销活动方案的一个框架，在实际操作中，应大胆想象，小心求证，进行分析比较和优化组合，以实现最佳效益。

具有一份有说服力和操作性强的活动方案，才能让公司支持你的方案，也才能确保方案得到完美的执行，使促销活动起到四两拨千斤的效果。

7.4　促销活动的执行与控制

面对市场激烈的竞争形势，形形色色的促销活动硝烟弥漫，充斥着经济生活各个角落，促销已成为众多企业争抢客源的重要市场营销手段之一。然而促销活动是一把双刃剑，有的促销活动能使厂家销量急剧上升，品牌一鸣惊人，家喻户晓，成为行业的佼佼者，如康师傅冰红茶开展的"再来一罐"活动，使其成为行业的第一品牌；有的企业开展的促销活动效果却不尽如人意，与企业原先的期望南辕北辙，不仅浪费了促销资源，还损害了企业的品牌，甚至丢失了客户。促销方案和执行力好比是灵魂与肉体的关系，失去肉体（或者肉体残缺），灵魂将无法言语、无法行动、无法表现其存在的意义。因此，企业在制订促销方案时，务必强化促销的执行力，采取有效的措施，整合促销资源，促进促销活动的有效实施。影响促销活动效果的因素很多，其中活动的执行力是最关键的。假如一个促销方案缺乏执行力，犹如纸上谈兵，将会损兵折将，甚至全军覆没。

促销执行是促销目标与促销计划的落实与实现过程。良好的促销执行能够达成短期内促进放大销量、快速获取利润回报、打击竞争对手，针对市场建立长期市场口碑，形成良好企业及品牌形象的目标；而失败的促销执行不仅无法实现促销目标，还将为企业带来市场、品牌等多方面的利益损害。在实施促销计划阶段，首先要使整个企业了解促销的基本内容，特别是促销所涉及的有关部门要清楚自己的责任与具体工作。

1. 深入沟通、统一思想保障促销的实施执行

许多企业在开展促销活动时，往往由于各方执行人员没有充分了解促销方案，草率行事，致使活动效果大打折扣。因此活动开展之前，应召集相关人员就活动方案深入沟通探讨，领会活动方案的精髓，充分了解活动的方式、时间、促销产品、人员分工、目标群体、费用、区域等实施细则，保证促销方案能够充分得到贯彻执行。

企业促销活动是一项基础营销工作，程序烦琐、环节众多，需要大量的人力、物力和财力，容易招致市场一线执行人员反感、逃避或敷衍了事。因此在活动实施时，促销活动负责人应当与执行人员充分沟通，简述促销活动的重要性，统一执行人员的思想、认识和方向，促使市场一线积极主动执行总公司的促销方案，保证促销活动有效地实施。

2. 明晰职责，落实促销活动具体细节

促销活动重在执行，每个环节都要有具体措施、具体安排、具体人负责。"除非我能使这个计划真正转变为现实，否则我现在所做的根本没有任何实际意义。"

(1) 准备工作。针对促销活动必须做到要求明确，启动宣传，促销工具准备齐全。

(2) 促销人员培训与管理。为了能够组建一支有效的促销队伍，我们从促销人员的选择到他们的培训入手，使一线人员充分了解企业、产品知识，掌握促销政策和促销技巧，建立促销人员行为规范要求和考核标准。

3. 加强过程监督，保证计划落实

很多产品促销都是因为工作烦琐、执行不力而效果甚微。监督管理是保障促销有效执行的重要措施。俗话说，"没有规矩不成方圆"。市场促销点多面广，市场一线执行人员远离总部，假如缺乏有效的促销监督约束措施，部分执行人员可能会出现执行偏差，致使活动出现执行不到位、促销费用严重浪费等问题。因此，企业应制定完善的促销管理措施，成立促销检查小组，跟踪监控到位，奖勤罚懒，在活动进程中同步监督检查。

4. 明晰促销费用管理制度，落实促销预算管理职责

进行有效的促销计划与预算控制，明晰职责，落实管理制度规范，细分促销活动的各种开支、落实预算。由于促销活动的动态管理特性，突破计划和预算的情况时有发生，为此建立应急滚动计划及申报制度，一方面保证市场的实时动态管理，随时了解现场意见，并做好应付突发事件的预算；另一方面要保证预算的有效监控。

5. 绩效考核是实现促销执行力的有效机制

绩效考核是促销执行目标的具体要求，是促销执行奖罚的准绳。绩效标准的制定要体现科学性、可行性，定性、定量考核相结合，具体考核内容涵盖以下几个方面。

(1) 促销现场表现。包括促销网点的铺盖率、售点促销氛围营造，如生动化宣传、促销产品陈列表现等。

（2）促销效果考核。包括对产品销量的贡献率、对品牌的有效提升程度、竞争对手的反应程度等的考核。

（3）促销费用管理。包括促销预算执行、单位促销成本、不同促销科目费用结构比例等。

（4）促销物料管理。包括促销物料收发管理流程、制度，促销物料对活动效果的贡献比例，促销费用使用情况等。

（5）促销客户管理。包括促销售点客情关系，争取客户对促销活动的支持力度，防止客户随意截流促销资源能力等。

（6）促销人员管理。包括明确促销人员岗位职责、业务考核标准制定、业务跟踪与监督等。

促销绩效考核要定期实行效果评估，不断地总结各促销档期的成就与不足，并根据市场的变化进行相应的调整。

6. 促销信息管理与交流，促销总结与反馈

拟定促销报表以及信息反馈流程，通过通信、网络等技术构建顺畅的促销信息交流平台，保持与市场一线的交流，保证促销政令的畅通。总部成立促销信息分析小组收集、汇总分析促销信息，全面迅速了解市场一线各时期市场反应情况、费用使用情况、促销物料投入、竞争对手市场反应等实效信息，及时对市场促销进行监控，促进活动顺利进行。促销评价，既包括对业绩的评估，如是否达到促销目标，也包括促销期间经营资料的收集与分析，如消费者的购买动机、消费特点等。这些数据资料可以通过商品销售分析系统或顾客分析系统，在第一时间得到快速响应。促销活动效果的评估是个非常重要的阶段，它不是在促销活动结束后才有，而是贯穿于促销的整个过程。

促销后的评估、总结活动包括：活动所设定目标的达成情况；促销活动对销售的影响；促销活动的利润评估；对品牌价值的影响；促销结果分析、诊断等。

7.5　促销活动中的危机处理

危机公关和危机事件的应对已成为企业管理者不可回避的挑战，危机管理也成为继市场营销、战略规划、人力资源等传统课题之后又一企业管理热点。没有经历过危机考验的企业不算是真正成功的企业，没有危机意识的人更不可能成为优秀管理者。在企业的促销管理过程中，对于危机管理的关注和实践也应引起重视。

7.5.1　常见的促销危机

促销活动中的危机来自两个方面：内部危机和外部危机。

1. 内部危机

促销活动中的内部危机多来源于促销计划制订中可行性、预见性研究方面出现问题，造成促销活动进程中的危机情况。如某电器生产企业 A，计划就某传统节日开展大力度促销活动，销售政策很有吸引力，想借此清理库存、宣传品牌，为下一步推出新产品进行市场预热。计划促销活动为期一周，为此提前一周进行了促销信息的发布，通过报纸广告、社区张贴宣传海报等方式进行前期预热。促销活动如期进行,市场反应强烈、消费者接受度很高,看到良好的市场反响销售经理非常高兴。但是,第二天下午就出现了销售现场无货可卖的情境,销售经理紧急调货应对现场热销情况。第三天上午,预存商品很快销售一空,多个销售点出现无货可卖的情况,消费者还在不断聚集,销售经理紧急联系周边区域调货,周边区域也同时出现类似情况,总部有部分库存,但调货最快需要近2天时间才能够抵达,快断货情况大面积蔓延,并出现部分销售点与消费者发生冲突情形。很快有各种不利的传言开始传播,如该企业故意惜售,"忽悠"消费者为他们赚取人气等,没办法销售经理只好下令高挂"免战牌",宣布提前结束促销活动。两天后货品送达,但是公共假期结束,并且消费者对该产品已经失去信任。

内部危机多由于促销计划的周密性、可行性问题带来的危机,由于准备不充分、考虑不周全等原因影响促销目标及经营目标的实现,更严重者,如上述案例,不仅影响短期清理库存活动,同时对品牌的影响及新产品的推出影响深远。

2. 外部危机

促销活动中的外部危机来源于对环境的预测偏差造成的问题。如B企业是消费品生产销售企业,计划用为期一个月的时间进行短期折价销售来开辟新市场,并为此项活动进行了大量的前期投入,包括从广告配合、人员招聘与培训到卖场准备等全过程,活动开始市民反应强烈。但很快,当地主打品牌产品奋起反抗,发起"十年真情,回馈老客户"活动,双方展开激烈的市场拉锯战。一个月后,当地主打品牌凭借天时、地利、人和的地主优势,不退反进,B企业退出该区域市场,宣告此次市场开拓活动失败。B企业本次促销活动由于对对手估计不足,不但未达成目标,而且损失惨重,大伤元气。此外,市场上也出现由于商家搞促销,造成踩踏事件、哄抢事件等,使一项商业活动转化成公共危机事件。

7.5.2　促销危机的处理

为应对商业促销活动出现危机情况,管理者应该树立未雨绸缪的意识,及早发现危机的端倪,防患于未然。在危机应对中通过科学分析作出事前预测和判断,从而将可能存在的问题控制在酝酿、萌芽状态,在不被人察觉中将危机化解。

1. 针对促销目标和计划的各细节做好事先预测与分析,进行危机防范工作

预测可能发生的危机情况,制订全面、可行的危机预案和计划,将危机消灭在产生前。

2. 面对危机状态,迅速反应,控制事态发展

从危机事件本身特点来看,危机事件爆发的突发性和极强的扩散性决定了危机应对必须迅速、果断。危机的发展具有周期性,包括酝酿期、爆发期、扩散期和消退期。与之相对应,危机的破坏性往往随着时间的推移而呈非线性爆炸式增长。因此,越早发现危机并迅速反应控制事态,越有利于危机的妥善解决和降低各方的利益损失。

3. 组织内部针对危机事件建立应急机制

必须保持高度警觉,早发现、早通报,便于高层尽快掌握、了解真相、作出决策。避免出现推诿扯皮现象,贻误战机。在对外沟通方面,及早向外界发布信息、快速反应,平息因信息不透明而产生的虚假谣言,赢得公众信任。如前面案例中A企业,如果销售经理第二天能够针对销售情况作出正确判断,及时调整销售策略,或第三天现场及时与消费者进行沟通、说明情况,取得消费者的谅解,或采取措施采用预销售、延迟提货的方法,都能够缓解或消除危机的影响,降低损失。

4. 尊重事实,及时处理,降低损失

任何组织在处理危机过程中,都必须坚持实事求是的原则,这是妥善解决危机的最根本原则。从危机公关的角度来说,只有坚持实事求是、不回避问题,勇于承担责任,向公众表现出充分的坦诚,才能获得公众的同情、理解、信任和支持。对销售企业来说,最大的致命伤便是失信于民,失信于消费者,一旦媒体和公众得知企业在撒谎,新的危机又会马上产生。

5. 勇于承担责任,树立和不断提升组织与品牌形象

促销活动中的危机,不论是外部原因引发的还是内部原因引发的,一旦发生后,公众关注的焦点往往集中在两个方面:一方面是利益的问题;另一方面则是感情问题。无疑,利益是公众关注的首要方面。危机事件往往会造成组织利益和公众利益的冲突激化,从危机管理的角度来看,无论谁是谁非,组织应该主动承担责任。具有强烈责任感的企业,往往宁愿牺牲自身短暂利益换来良好的社会声誉,树立和不断提升组织与品牌形象,从而实现企业发展的基业长青。

6. 坦诚沟通,为妥善处理危机创造良好的氛围和环境

针对促销中的危机对组织内外部进行积极、坦诚、有效的公关沟通,充分体现出组织在危机应对中的责任感,从而为妥善处理危机创造良好的氛围和环境,达到维护和重树形象的目标。

7. 灵活变通,化危机于无形

危机管理,既是一门科学,又是一门艺术。销售经理每天要面对公众进行销售活动,遇到危机是在所难免的,因此要求销售人员,尤其是销售经理人员要具备危机意识,掌握危机管理和危机公关的技巧,具备灵活应变的能力。危机管理高手们往往能结合事态形势的变化,组织自身优弱势、内外部资源条件等进行灵活应对和处理,不仅力挽狂澜,成功跨越危机,甚至还将危机事件转变成提升企业形象的契机。

促销是销售工作中离不开的一项工具,是销售经理促进销售目标实现的"利器",但其中也是危机四伏,如何灵活地应用促销这一有力工具,有效控制促销危机是销售人员职业修炼的主题之一。

本章小结

促销是指企业向消费者或用户传递产品或服务信息的一系列宣传、说服活动。促销的实质是厂商以非降价方式向顾客传递信息、激发购买欲望、促成购买行为的经营策略。企业在市场营销过程中,有计划地将广告、人员推销、营业推广和公共关系等多种促销手段和因素结合起来,形成整体性的比例—结构—机制,最大限度地发挥整体效果,从而顺利实现促销目标。由于各种促销方式都有其优点和缺点,在促销过程中,企业常常将多种促销方式同时并用,公司面临着把总的促销预算分摊到广告、人员推销、营业推广和公共关系上的问题。影响促销组合决策的因素主要有促销目标、市场特点、产品性质、产品生命周期、"推动"策略和"拉引"策略、促销预算等。营销人员应审时度势,全面考虑才能制定出有效的促销组合决

策。销售计划是企业整体计划的重要组成部分,它以取得最大的销售收入为目标,涉及企业销售活动与其他经营活动的协调与沟通,明确企业对每一个销售人员、销售团队、销售工作单位未来期望达到的业绩目标和预期进行的各项活动,以及为实现该目标所需的资源。企业在制订促销方案时,务必强化促销的执行力,采取有效的措施,整合促销资源,促进促销活动的有效实施。在企业的促销管理过程中,对危机管理的关注和实践也应引起重视。

关键概念

　　促销　促销组合　促销计划

思考题

　　1. 促销应遵循的原则是什么?
　　2. 常见的促销工具有哪些?
　　3. 促销预算包括哪些内容?

实践训练

促销方案设计

　　训练目标:熟悉促销进程安排常用方法,掌握基本促销工具应用。
　　角色:你为某区域某品牌产品销售团队,负责某节日终端促销活动设计与执行。
　　训练任务:
　　1. 进行节日促销活动设计,并形成促销方案。
　　2. 选取两个小组进行促销方案汇报分享,其他小组就方案可行性、经济价值、市场反应、执行细节安排等方面进行提问与评价。
　　执行要求:小组任务,共同完成任务。

阅读材料

　　扫二维码阅读"超市的促销组织及活动执行要点"。

超市的促销组织及
活动执行要点

第 8 章

销售渠道管理

【学习目标】

1. 了解销售渠道的概念、类型、重要性与基本流程。
2. 熟悉销售渠道的选择与作用。
3. 熟悉销售渠道教育和考核的基本内容。
4. 掌握销售渠道资源管理的方法。
5. 熟练掌握解决销售渠道中存在的常见问题的方法。

8.1 销售渠道与渠道资源

8.1.1 认识销售渠道

美国市场营销学权威菲利普·科特勒认为："销售渠道是指某种货物或劳务从生产者向消费者移动时，取得这种货物或劳务所有权或帮助转移其所有权的所有企业或个人。"简单地说，销售渠道就是商品和服务从生产者向消费者转移过程的具体通道或路径。

销售渠道通过中间商和辅助机构来完成产品的分类、运输、储存、拆分、品种汇总、销售和服务等一系列的工作，可以有效解决生产商与消费者之间的矛盾，使销售过程更为顺畅。销售渠道在营销过程中可创造以下三种效用。

(1) 时间效用。即销售渠道能够解决商品产需在时间上不一致的矛盾，保证了消费者的需求。

(2) 地点效用。即销售渠道能够解决商品产需在空间上不一致的矛盾。

(3) 所有权效用。即销售渠道能够实现商品所有权的转移。

8.1.2 销售渠道结构

销售渠道结构可以分为长度结构（层级结构）、宽度结构和广度结构三种类型。三种渠道结构构成了渠道设计的三大要素（或称为渠道变量）。进一步说，销售渠道结构中的长度变量、宽度变量及广度变量完整地描述了一个三维立体的销售渠道系统。

1. 长度结构（层级结构）

销售渠道的长度结构又称为层级结构，是指按照其包含的渠道中间商（购销环节），即渠道层级数量的多少来定义的一种渠道结构。通常情况下，根据包含渠道层级的多少，可以将一条销售渠道分为零级渠道、一级渠道、二级渠道和三级渠道等，如图 8-1 所示。

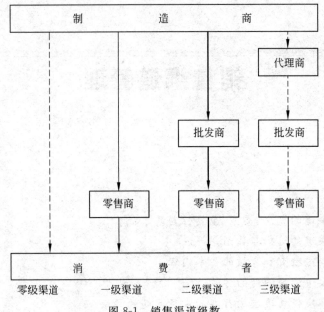

图 8-1　销售渠道级数

（1）零级渠道又称为直接渠道（direct channel），是指没有渠道中间商参与的一种渠道结构。零级渠道，也可以理解为是一种分销渠道结构的特殊情况。在零级渠道中，产品或服务直接由生产者销售给消费者。零级渠道是大型或贵重产品以及技术复杂、需要提供专门服务的产品销售采取的主要渠道。在 IT 产业链中，一些国内外知名 IT 企业，如联想、IBM、HP 等公司设立的大客户部或行业客户部等就属于零级渠道。另外，DELL 的直销模式，更是一种典型的零级渠道。

（2）一级渠道包括一个渠道中间商。在工业品市场上，这个渠道中间商通常是一个代理商、佣金商或经销商；而在消费品市场上，这个渠道中间商则通常是零售商。

（3）二级渠道包括两个渠道中间商。在工业品市场上，这两个渠道中间商通常是代理商及批发商；而在消费品市场上，这两个渠道中间商通常是批发商和零售商。

（4）三级渠道包括三个渠道中间商。这类渠道主要出现在消费面较宽的日用品中。在 IT 产业链中，一些小型的零售商通常不是大型代理商的服务对象，因此，在大型代理商和小型零售商之间衍生出一级专业性经销商，从而出现了三级渠道结构。

2. 宽度结构

销售渠道的宽度结构是根据每一层级渠道中间商的数量多少来定义的一种渠道结构。销售渠道的宽度结构受产品的性质、市场特征、用户分布以及企业分销战略等因素的影响。销售渠道的宽度结构分成以下三种类型。

（1）密集型分销渠道（intensive distribution channel）也称为广泛型分销渠道，是指制造商在同一渠道层级上选用尽可能多的渠道中间商来经销自己产品的一种渠道类型。密集型分销渠道，多见于消费品领域中的便利品，如牙膏、牙刷、饮料等。

（2）选择型分销渠道（selective distribution channel）是指在某一渠道层级上选择少量的渠道中间商来进行商品分销的一种渠道类型。在 IT 产业链中，许多产品都采用选择型分销渠道。

（3）独家分销渠道（exclusive distribution channel）是指在某一渠道层级上选用唯一的一家渠道中间商的一种渠道类型。在 IT 产业链中，这种销售渠道结构多出现在总代理或总分销一级。同时，许多新品的推出也多选择独家分销渠道模式，当市场广泛接受该产品之后，许多公司就从独家分销渠道模式向选择型分销渠道模式转移。如东芝的笔记本产品渠道、三星的笔记本产品渠道等就是如此。

3. 广度结构

销售渠道的广度结构，实际上是渠道的一种多元化选择。也就是说，许多公司实际上使用了多种渠道的组合，即采用混合渠道模式进行销售。例如，针对大的行业客户，有些公司内部成立大客户部直接销售；针对数量众多的中小企业用户，采用广泛的分销渠道；针对一些偏远地区的消费者，则可能采用邮购等方式来覆盖。

概括地说，渠道结构可以笼统地分为直销和分销两个大类。其中，直销又可以细分为几种，如制造商直接设立的大客户部、行业客户部或制造商直接成立的销售公司及其分支机构等。此外，还包括直接邮购、电话销售、公司网上销售等。分销则可以进一步细分为代理和经销两类。代理和经销均可能选择密集型、选择型和独家等方式。

8.1.3 销售渠道资源

销售渠道资源是指渠道价值链上（包括生产商）各渠道成员所拥有的、可以服务于营销的有效资源，其中，包括渠道成员的资金资源、商誉资源、渠道网络资源、人脉资源、技术资源等。

1. 资金资源

毫无疑问，资金是渠道成员的一大法宝。在很多时候，很多制造商的现金流都不太理想，而渠道成员拥有大量的现金流，更有大量的现金可以用作直接采购。因为渠道拥有资金，所以渠道在客户谈判中能占据有利"地形"。

2. 商誉资源

商誉好，是渠道成员一直追逐的重要经营目标。因为他们知道，自己能够成为制造商眼中的宠儿，是因为消费者信赖他们。商誉越好、人气越足，渠道成员的话语权越大。于是你能看到在新开业大卖场海报里，就有真正的超低价，如"一毛钱一斤的鸡蛋"等。有人气，才能使渠道成员的资金流连绵不断；有商誉，才能使渠道成员拥有远超同行的稀缺价值。

3. 渠道网络资源

自从经济学家布赖恩·阿瑟将网络效应称为信息时代市场竞争的关键因素之后，各公司纷纷利用这个制胜法宝，建立起一定规模客户群体和供应商网络的公司数不胜数。可以说，网络是渠道成员影响生产商的重要资源之一。无论是终端商，还是经销商/代理商，拥有一个能够覆盖区域的网络，是他们经营的主要资产。因此，渠道在与生产商谈判中，才有了更多更复杂的筹码。例如，终端商的"区域全店买赠"可以用于完成生产商启动消费、冲量等多种销售目标，因此终端商就能名正言顺地收取促销费、管理费等；经销商的"全方位铺市"可以用于生产商进入市场的手段，也可以作为打击对手的渠道进攻手段，因此经销商就能要求生产商提供铺市支持与退换货支持等。

4. 人脉资源

人脉是看不见的,但人脉在市场上的作用不可轻视。渠道成员与制造商相比,最大的优势在于本地优势。而本地优势中最大的一条就是本地人脉。无论是遇到突发状况,还是与本地相关部门的合作与谈判,本地渠道都有十分便利的人脉优势。这是制造商很难拥有的优势,因为制造商不是"生于此长于此",不会本地方言,自然没有或缺少本地人脉资源,尤其是在中国这样一个看重"人情世故"的国家里。

5. 技术资源

技术也是看不见的,但它是影响渠道发展的重要原因。在很多制造商与家乐福的谈判中,制造商始终无法在谈判中占据有利地位,一个很重要的原因是家乐福拥有"技术",如谈判技术、品类管理技术、陈列技术、物流响应技术等。每一种都能为产品的销量提供巨大的支持或促进,所以家乐福就拥有了更多谈判的筹码。

8.2 销售渠道管理的内容及方法

销售渠道管理是指制造商为实现公司分销的目标而对现有渠道进行管理,以确保渠道成员间、公司和渠道成员间相互协调与合作的一切活动。

8.2.1 销售渠道管理的内容

(1) 对经销商进行供货管理,保证供货及时,在此基础上帮助经销商建立并理顺销售子网,分散销售及库存压力,加快商品的流通速度。

(2) 加强对经销商广告、促销的支持,减少商品流通阻力;提高商品的销售力,促进销售;提高资金利用率,使之成为经销商的重要利润来源。

(3) 对经销商负责,在保证供应的基础上,对经销商提供产品服务支持。妥善处理销售过程中出现的产品损坏变质、顾客投诉、顾客退货等问题,切实保障经销商的利益不受无谓的损害。

(4) 加强对经销商的订货处理管理,减少因订货处理环节中出现的失误而引起发货不畅。

(5) 加强对经销商订货的结算管理,规避结算风险,保障制造商的利益。同时避免经销商利用结算便利制造市场混乱。

(6) 其他管理工作,包括对经销商进行培训,增强经销商对公司理念、价值观的认同以及对产品知识的认识。还要负责协调制造商与经销商之间、经销商与经销商之间的关系,尤其对于一些突发事件,如价格涨落、产品竞争、产品滞销以及周边市场冲击或低价倾销等扰乱市场的问题,要以协作、协商的方式为主,以理服人,及时帮助经销商消除顾虑,平衡心态,引导和支持经销商向有利于产品营销的方向转变。

8.2.2 销售渠道管理的方法

生产厂家可以对其分销渠道实行两种不同程度的控制,即高度控制和低度控制。

1．高度控制

生产企业能够选择负责其产品销售的营销中介类型、数目和地理分布,并且能够支配这些营销中介的销售政策和价格政策,这样的控制称为高度控制。根据生产企业的实力和产品性质,绝对控制在某些情况下是可以实现的。一些生产特种产品的大型生产企业,往往能够做到对营销网络的绝对控制。日本丰田汽车公司专门把东京市场划分为若干区域,每一销售区域都有一名业务经理专门负责,业务经理对于本区域内的分销商非常熟悉,对每一中间商的资料都详细掌握。通过与中间商的紧密联系关注市场变化,及时反馈用户意见,保证中间商不断努力。绝对控制对某些类型的生产企业有着很大的益处,对特种商品来说,利用绝对控制维持高价格可以维护产品的优良品质形象,因为如果产品价格过低,会使消费者怀疑产品品质低劣或即将淘汰。另外,即使对一般产品,绝对控制也可以防止价格竞争,保证良好的经济效益。

商务通可以说是近年在中国市场通路大获全胜的奇迹。自从1999年入市以来,采用小区独家代理制,终端市场区域密耕细作,严格控制销售区域和终端价格,对促销员进行严格的培训和管理,不断淘汰不合格的代理商,只用半年时间,在全国县级市场铺开,销售点达到3 000多个。

2．低度控制

如果生产企业无力或不需要对整个渠道进行绝对控制,企业往往可以通过对中间商提供具体支持协助来影响营销中介,这种控制的程度是较低的,大多数企业的控制属于这种方式。

低度控制又可称为影响控制,其主要包括以下内容。

(1)向中间商派驻代表。大型企业一般都派驻代表到经营其产品的营销中介中去亲自监督商品销售。生产企业人员也会给渠道成员提供一些具体帮助,如帮助中间商训练销售人员,组织销售活动和设计广告等,通过这些活动来掌握他们的销售动态。生产企业也可以直接派人支援中间商,比如,目前流行的厂家专柜销售、店中店等形式,多数是由企业派人开设的。

(2)与中间商多方式合作。企业可以利用多种方法激励营销中介商宣传商品,如与中介商联合进行广告宣传,并由生产企业负担部分费用;支持中介商开展营业推广、公关活动;对业绩突出的中介商给予价格、交易条件上的优惠,向中间商传授推销、存货销售管理知识,提高其经营水平。通过这些办法,调动营销中介商推销产品的积极性,达到控制网络的目的。

首先,制造商必须在整个市场上塑造自己产品的形象,提高品牌的知名度,也就是必须对分销商提供强大的服务、广告支持。另外,分销商在自己区域内执行制造商的服务、广告策略时,制造商还应给予支持。其次,为分销商提供各种补贴措施,如焦点广告补贴、存货补贴,以换取他们的支持与合作,达成利益的统一体。这一点很重要,制造商必须制定详细的措施,因地制宜地实施各种策略,争取分销商的广泛参与、积极协作。这既提高了自身品牌的知名度,又帮助了分销商赚取利润,激发他们的热情,引导他们正当竞争,从而减少各种冲突,实现制造商与分销商的双赢。

8.2.3　销售渠道管理人员

销售渠道是企业最重要的资产之一,同时也是变数最大的资产。它是企业把产品向消费者转移的过程中所经过的路径。这个路径包括企业自己设立的销售机构、代理商、经销商、零售店等。对产品来说,它不对产品本身进行增值,而是通过服务,增加产品的附加价值;对企业来说,销售渠道起到物流、资金流、信息流、商流的作用,完成厂家很难完成的任务。不同的行业、不同的产品、企业不同的规模和发展阶段,销售渠道的形态都不相同,绝大多数销售渠道都要经过由经销商到零售店这两个环节。为了满足零售店的需求,也为了自己的利润最大化,很少有经销商只代理一家的产品,而是有自己的产品组合。所以说,销售渠道专员是比其他销售人员更专业、更专一的销售人员。销售渠道管理岗位由销售渠道管理专员、销售渠道经理构成,对销售总监负责。团队负责寻找代理商,帮助代理商推自己的产品,管理代理商的业务情况。

1. 销售渠道专员岗位主要职责、任职要求、工作关系

(1) 销售渠道专员岗位主要职责

职责 1:参与制订渠道开发、选择、管理总体方案,并在批准后实施。

职责 2:新渠道开发。

职责 3:行业推广渠道发展趋势分析。

职责 4:审查渠道合作者的资格。

职责 5:渠道合作者的联络、考评、筛选、淘汰和更新工作。

职责 6:负责对渠道合作者提供持续支持。

职责 7:执行渠道合作者的培训、售前协助、售后客户服务和技术支持等。

职责 8:配合执行渠道开发成本分析和控制方案。

职责 9:渠道管理策略持续改进。

职责 10:完成领导临时交办的其他任务。

职责 11:寻找并管理渠道合作者。

(2) 销售渠道专员岗位任职资格要求(以某公司招聘要求为例)

① 教育背景。大专以上学历,市场营销专业或本科以上学历更佳。

② 经验。有市场管理工作 2 年以上经验,具有渠道拓展、渠道网络管理、渠道经销商培训等方面的经验。如无相关经验但具有潜力的优秀人才也可考虑培养。

③ 技能与素质。要求具有一定的协调能力、人际交往能力和沟通技巧;能够收集渠道发展信息,分析渠道网络,善于归纳总结;对本行业的销售渠道、区域特点有一定的理解;能够有效协助上级制订渠道发展计划,协助实施;英语听、写、说能力较强,熟悉计算机操作。

④ 个性特征。具备一定的规划能力和分析能力,具有良好的团队合作精神与敬业精神。

(3) 销售渠道专员岗位工作关系

① 汇报工作,如渠道管理经理。

② 合作者,如本部门员工。

③ 外部关系,如与经销商、零售商、代理商的公共关系。

2. 销售渠道经理岗位主要职责、任职要求、权力范围、工作关系

（1）销售渠道经理岗位主要职责

职责 1：根据企业营销战略，制定渠道发展策略。

职责 2：渠道网络的拓展与管理。

职责 3：对新渠道中的重点客户进行开拓，制订合作方案。

职责 4：培训渠道经销商，帮助经销商快速发展。

职责 5：管理渠道管理部预算及相关人力计划。

职责 6：协助销售总监制订各项渠道发展计划。

职责 7：撰写渠道分析报告，并向管理层提供建议。

职责 8：渠道管理部工作任务的布置、监督与管理。

职责 9：对下属进行指导培训，提高从业人员素质。

职责 10：其他相关工作。

（2）销售渠道经理岗位任职资格要求

① 教育背景。本科以上学历，市场营销专业或硕士以上学历更佳。

② 经验。销售管理工作 5 年以上经验，有 2 年以上渠道拓展、渠道网络管理、渠道经销商培训等方面的经验。出任同等级别职务至少 1 年。

③ 技能与素质。要求具有较强的组织、计划、协调、人际交往能力和沟通技巧；善于制定渠道策略，拓展渠道网络，有能力带领团队进行高效工作；对本行业的销售渠道、区域特点有深刻的理解；能够独立制订渠道发展计划，进行有效实施，并对相关人员进行培训和督导；英语听、写、说能力强，并熟悉计算机操作。

④ 个性特征。具有较强的规划能力和分析能力，具有良好的团队建设能力与敬业精神。

（3）销售渠道经理岗位权力范围

具体包括：①有对渠道管理费用的支出进行控制的权力；②有对渠道发展计划进行制订及修改的权力；③有根据渠道发展分析结果，对产品与服务的销售渠道及销售指标管理建议的权力；④有按照制度奖惩内部员工的权力；⑤有按计划审批渠道管理工作中所需资金，并对超出计划资金提出方案，向销售总监报批的权力；⑥有对下属人员的考核权力。

（4）销售渠道经理岗位工作关系

具体包括：①汇报工作，如销售总监；②监督，如渠道管理部下属员工；③合作者，如各部门经理；④外部关系，如与经销商、零售商、代理商的公共关系。

8.3　销售渠道管理的常见问题及解决路径

现实中，在销售渠道中存在着诸多令生产商头痛的问题，但是由于行业的差别、企业的差别、产品的差别、市场的差别，这些问题没有固定模式，而这些问题最终都指向渠道冲突。因此，对渠道冲突解决的成效直接关系着销售渠道管理能否实现企业最大化效益的目标，同时也是生产商和分销商之间角力胜出的重要砝码。

8.3.1　销售渠道选择

生产企业在选择销售渠道之前，首先应确定产品的销售是准备采取直接销售方式还是间接销售方式。在决定采取间接销售方式后,再由企业决定所用销售渠道的长短、宽窄以及是否使用多重渠道,这些均要受到一系列主客观因素的制约。从销售渠道选择的角度来说,生产企业要考虑以下问题:销售的是何种产品,面对的是何种市场,顾客购买有何特点,以及企业的资源、战略,中间商的状况。

1. 目标市场

目标市场的状况如何,是影响企业营销渠道选择的重要因素,是企业营销渠道决策的主要依据之一。市场因素主要包括:目标市场范围的大小及潜在需求量,市场的集中与分散程度,顾客的购买特点,市场竞争状况等。

一般而言,市场区域的范围方面,市场区域宽广,宜用较宽、较长渠道;地理范围较小的市场,可用较短、较窄的渠道。顾客的集中程度方面,顾客较为集中,可用较短、较窄渠道;顾客分散,多用较宽渠道与之适应。竞争状况方面,企业使用与竞争者品牌相同或类似的渠道,竞争特别激烈时,则应寻求有独到之处的销售渠道。例如,竞争者普遍使用较短、较窄渠道分销产品时,企业一反常规,使用较长、较宽渠道。

2. 商品因素

由于各种商品的自然属性、用途等不同,其采用的营销渠道也不相同。主要包括商品的性质,商品的时尚性,商品的标准化程度和服务,商品价值大小,商品市场寿命周期等。

一般而言,产品的重量、体积方面,较轻、较小的产品,可用较长、较宽渠道;笨重及大件的产品,多用较短渠道。产品的物理、化学性质方面,易损易腐产品,应尽量避免多转手、反复搬运,故多用较短渠道。产品的单价高低方面,一般而言,价格昂贵的产品,多用较短、较窄的渠道分销;较便宜的一些产品,销售渠道则较长、较宽。产品的标准化程度方面,标准化程度高、通用性强的产品,渠道可长、可宽;非标准化的专用性产品,渠道较短、较窄。产品技术的复杂程度方面,产品技术越复杂,对有关销售服务尤其是售后服务的要求则越高,一般多用较短渠道;属于时尚产品、新产品上市情况,多用较短渠道,以减少中间层次或环节。款式不易变化的产品,可用较长渠道。如果为耐用品,多用较短渠道;而非耐用品多用较长渠道。

3. 生产企业本身的条件

生产企业本身的条件主要包括企业的生产、经营规模,企业的声誉和形象,企业经营能力和管理经验,企业控制渠道的程度等。

一般而言,财力方面,财力薄弱的企业,多用较长渠道;财力雄厚的企业,可以根据需要使用较短渠道。销售渠道的管理能力方面,管理能力较低的企业,多用较长渠道;有能力控制销售渠道的企业,可选择较短渠道。分销及市场经验方面,初入市场的企业,缺乏分销经验,多用较长渠道。

4. 渠道成员方面因素

渠道成员方面因素主要包括合作的可能性、成本、服务等。

一般而言,合作的可能性方面,中间商普遍愿意合作,企业可利用的中间商较多,渠道可长可短,可宽可窄,否则,只能使用较短、较窄渠道。费用方面,利用中间商分销,要支付一定的费用。若费用较高,企业只能选择较短、较窄的渠道。服务方面,中间商能提供较多的高质量服务,企业可选择较长、较宽的渠道。倘若中间商无法提供所需的服务,企业只有使用较短、较窄的渠道。

企业寻找分销商、采取什么样的战略,是一个综合平衡企业资源、企业经营目标、渠道资源、竞争状况及经济利益的决策过程。但不管怎么样选择,在对销售渠道进行选择时利益最大化是生产商决策的基点,要根据企业的实际情况,建立符合自身条件的销售渠道。

8.3.2 销售渠道激励

市场上经常会看到一种销售渠道的怪现象,如只要代理商、中间商喜欢你的产品,你的产品就会在短时间内铺得到处皆是,而如果中间商、代理商不再喜欢你的产品,你的产品就会从市场上消失。在中国市场上,一些产品上个年度销售还十分火爆,下个年度就可能突然在市场上找不到了。原因可能并不是产品不好,市场不需要,消费者不欢迎,而是厂家没跟中间商、代理商搞好关系。当然也有一种相反的现象,就是一些实力企业,财大气粗,手里握着若干的畅销品牌,这时候他们就会反过来压榨中间商,搞得中间商好难受,有被利用帮助企业开拓市场后就被"一脚踢开"的感觉。

销售渠道激励是对整个渠道系统进行的综合调控措施,是实现销售渠道有效控制,保障销售渠道目标实现的重要任务。企业建立起渠道系统,仅仅是完成了实现分销目标的第一步,而要确保公司分销目标的顺利完成,渠道系统与企业的协同一致、企业销售策略的有效落实离不开渠道成员的投入与态度,离不开企业对销售渠道成员的有效激励。

1. 销售渠道激励基本原则

(1) 具体问题具体分析的原则。因时因地因企业而异,企业的激励政策应避免僵化。

(2) 物质激励与精神激励相结合的原则。两手抓两手都要硬,综合协调企业资源提升渠道客情和绩效,保障销售目标。

(3) 成员愿望与渠道目标相一致的原则。保障渠道成员利益不被忽视,保障目标一致性和利益契合性,实现共赢。

(4) 激励的重点性与全面性相结合的原则。兼顾企业短期利益与长期目标契合。

(5) 激励的及时性与长期性相结合的原则。即及时激励,保障激励有效性是建立长期战略合作伙伴关系的基础。

(6) 激励的投入与产出相匹配的原则。保障渠道合作经济效益性目标实现。

2. 销售渠道激励要点

(1) 奖励的费用因时因地因企业而异。由于产品的利润不同、行业的竞争激烈程度也不同,因此,没有什么统一的规划,需要分析竞争者的情况,结合自身营销策略而制定。值得注意的是,一般对经销商的奖项设置最好不用现金或直接使用本产品,以免造成价格混乱,影响中间商的积极性,并使销售受到影响;而对于零售超市的奖励,现金是最具吸引力的。当然,厂家的奖项设计如能为其商店进一步带来营业额,自然是更受欢迎了。

(2) 促销的评估兼顾目标与公平。由于厂家投资于中间商的促销费用呈日益上升之势,常常占据相当大的比重,因此对中间商促销的评估工作越发重要。包括:对中间商促销活动的设计能力;销售员执行、监控及协助促销的能力;中间商促销的投资回报率;促销活动对产品在渠道市场上的控制力等。

但是,由于对中间商促销的管理难度相对较大,要做到正确的效果评估,还需一套完善的系统支持,另外,该系统还应具备相应的制约性,以避免经销商与公司内部人员联合,钻促销设计的漏洞。对中间商的促销必须作为厂家整体营销计划的一部分,保障企业综合目标的实现。

3. 销售渠道激励工具

(1) 目标激励。这是一种最基本的激励方式。厂家每年都会给分销渠道成员协商制定一个年度目标,包括销量目标、费用目标、市场占有目标等,完成目标的分销商将会获得相应的利益、地位以及渠道权力。所以,目标对于分销商来说,既是一种巨大的挑战,也是一种内在动力。在目标的制定方面,企业往往存在"失当"的问题,大多表现为目标过高的倾向,而过高或过低的渠道目标都不能达到有效激励的效果,过低了轻而易举,过高了遥不可及。因此,要制定科学合理的渠道目标,必须考虑目标的明确性、可衡量性、挑战性、激励性以及可实现性。

(2) 渠道奖励。这是制造商对分销商最为直接的激励方式。渠道奖励包括物质奖励和精神激励两方面。其中,物质奖励主要体现为价格优惠、渠道费用支持、年终返利、渠道促销等,这是渠道奖励的基础手段和根本内容。渠道奖励包括评优评奖、培训、旅游、助销、决策参与等,重在满足分销商成长的需要和精神的需求。

(3) 工作设计。这是比较高级的激励模式,是指厂家合理划分渠道成员的经营区域(或渠道领域),授予独家或特约经营权,合理分配经营产品的品类,恰当树立和定位各渠道成员的角色与地位,互相尊重,平等互利,建立合作伙伴关系,实现共进双赢。

(4) 为销售渠道成员提供管理支持。现代企业将销售渠道成员视为企业"外围组织",为销售渠道成员提供管理支持可以从多方面入手,如帮助销售渠道成员建立科学管理制度、提供员工培训、建立企业文化等。

4. 销售渠道激励具体内容

【例 8-1】

某企业销售渠道激励制度

(1) 对总代理、总经销进行促销激励

① 年销售目标奖励。厂家事先设定一个销售目标,如果客户在规定的时间内达到了这个目标,则按事先的约定给予奖励。为兼顾不同客户的经销能力,可分设不同等级的销售目标,其奖励额度也逐渐递增,使中间商向更高销售目标冲刺。比如,啤酒批发商全年销售达到 10 万箱,在年底结算货款的基础上,厂家给予实际销量的 3‰作为奖励;达到 15 万箱并全部结清货款,则给予 4‰的奖励;不足 10 万箱者不给予奖励。

除了这种扣率形式的奖励外,现在各厂家还提供丰富多彩的其他奖励品种。仍以啤酒客户为例,某年底,"嘉士伯"啤酒允许在 6~9 月的 4 个月内,向完成规定销量者提供 2 个新马泰旅游名额;"贝克"啤酒则提供赴德国考察的机会;"百威"啤酒的奖励为赴美国旅游考察……这些出国考察既对国营经销商的经营管理人员具有吸引力,又使私营经销商老板得到开拓视野的学习机会,在某一时期内,比纯金钱利益的奖励更受中间商的欢迎。

此外,为批发商提供实用工具的奖励,如货车、电脑、管理软件、人员培训等,则是一个帮助其提高竞争力的更具价值的支持。

② 阶段性促销奖励。为了提高某一段时间内的销量或特定目标,厂家也会开展阶段性的促销奖励。如在销售淡季为刺激批发商进货,给予一定的优惠奖励;或在销售旺季来临之前采取这种促销,以得到最大的市场份额。

（2）对二级批发商进行促销激励

有实力的厂家除了对一级批发商设计促销奖励外，还对二级批发商进行短期的阶段性促销，以加速产品的流通和分销能力。

如"百威"啤酒公司在上海市场曾对其二级批发商签订奖励合约，凡在规定时间内达到销量目标并拥有50家固定的零售客户，即可获得相应价值的奖品，这一策略使其产品得以较快的速度铺到了终端售点。当然，这样做也将渠道的竞争力度抬高了。

为避免阶段性促销可能带来的混乱，应尽量将奖励考核依据立足于"实际销货量"，在活动开始前对各批发商的库存量进行盘点，再加上活动期间的进货量，最终减去活动结束时留存的库存量，以此计算出该客户活动期间的实际销量。如某一啤酒批发商活动前盘点存货为100箱，活动期间进货300箱，活动结束后盘点留存50箱，则他在活动期间实际销售了350箱。但有时该法并不能解决客户"转移"商品的行为，他们可能会以低价将产品抛售到未开展促销的市场上——窜货，这将直接导致价格混乱，厂家必须重视这个日趋严重的问题。

（3）对终端售点进行促销激励

除了要鼓励批发商的经销积极性外，还应该激励零售商，增加他们进货、销货的积极性。如提供一定数额的产品进场费、货架费、堆箱陈列费、POP张贴费、人员促销费、店庆赞助费、年终返利、商店DM的赞助费等。

为了吸引消费者的注意，还应借助于售点服务人员、营业员的主动推荐和推销，以达成并扩大消费者的购买数量。如"虎"牌啤酒于某年10月16日～12月31日开展了针对酒店服务人员的促销奖励活动，只要服务人员向消费者推荐售卖了"虎"牌啤酒后，可凭收集的瓶盖向虎牌公司兑换奖品。如12个瓶盖可换价值5元的超市购物券一张，"瓶盖越多，收获越丰富"。用啤酒瓶盖换礼品的方法并非"虎"牌啤酒的首创，只不过，"虎"牌啤酒提供的礼品是变相等于现金的购物券，这倒是颇受酒店服务人员欢迎。而且，本例中的兑换率并不低，一个瓶盖相当于0.42元的价值（当时，竞争品牌多为0.25～0.30元/个瓶盖）。对酒店服务人员进行兑换瓶盖的奖励活动举行之后，众多厂家竞相效仿。目前，"瓶盖换物"已成为各啤酒厂家常年的销售补贴项目。但是，类似的奖励活动，其最大的弊端：促销一停，销售即降。另外，有计划地把促销产品直接分配到各个零售店，一方面可将货源直接落实到终端售点；另一方面可以认为造成有限数量的促销气氛，也不失为一个策略性的措施。如"荷兰乳牛"曾经推出超值礼品装产品，不但价格优惠，而且内含礼品，并且声明数量有限、按配额供应。如A级店，可进货8箱；B级店，可进货4箱；C级店，可进货2箱；D级店，可进货1箱。"荷兰乳牛"人为地制造了促销装产品供货比较紧张的气氛，奇货可居的心理将驱使零售商重视厂家举行的推广活动。而且，通过销售人员将促销、铺货数量直接落实到各零售店，不仅使厂家促销运作直接得以贯彻，还能有效地掌控促销投入和产出的效果，这将比通过批发商推广更为有利。

（4）激励渠道成员配合开展对消费者的促销活动

如果不做针对消费者的促销，厂家在渠道投入力度再大恐怕也难有成效，渠道成员会要求厂家多做广告，甚至以广告的投放量作为标准来衡量是否经销你的产品。这实际上给新品牌的市场导入带来了很大的困难。不少大型零售商场对缺乏知名度的品牌并不欢迎，即使肯付进场费也未必同意进货。工商之间交易谈判耗时冗长，甚至会打乱厂家原定的上市计划，使其处于极为被动的局面。

事实上,除非厂家的竞争对手不是很强大,而且自己有足够的营销费用能摆脱中间商开展直销,否则厂家针对消费者的促销活动仍需要得到渠道成员的配合。

(资料来源:360 百科,http://baike.so.com,略有改动.)

【例 8-2】

中国移动对销售渠道激励制度

中国移动在销售渠道激励方面有以下三种选择。

(1) 以"低广告费、高代理费"方式来激励渠道,进而诱导消费者。

(2) 以"高广告费、低代理费"拉动消费者和渠道经销商。

(3) 通过各地区分公司对所辖范围的社会代理商提供多方面的销售支持。

移动公司对渠道成员的激励措施如下。

(1) 积极激励。提高渠道成员的满意度和忠诚度,激发其工作积极性。积极激励以激发渠道的积极性为目的,希望通过激励能更有效地维护渠道关系,提高市场份额。

(2) 消极激励。降低或消除渠道成员的不满意度,避免出现渠道危机。消极激励适用于渠道出现动荡等负面问题时,为消除动荡,维持渠道的稳定,运营商可为渠道提供一系列的支持和优惠措施,以安抚渠道,稳定局面。

(资料来源:智库百科,http://wiki.mbalib.com.)

【例 8-3】

湖南联通对销售渠道激励制度

湖南联通可以从统一渠道激励模式、建立渠道积分管理制度和推行渠道星级评定计划三个方面入手,强化对社会渠道精细化管理。

(1) 统一渠道激励模式

一方面根据不同渠道类型的渠道管理模式,设计不同的激励模式,做到不同类型渠道间激励政策相互区隔,在正面激励渠道的同时,降低渠道冲突;另一方面是根据用户 ARPU 值不同,从渠道发展客户对公司的贡献值角度设计不同的渠道激励政策,提供佣金支付有效性。变革后的湖南联通渠道激励模式,必须强化内部考核,强制执行统一的渠道激励模式。

(2) 建立渠道积分管理制度

渠道积分管理制度从营销渠道的发展业务量、收入量、现金流、店面形象、经营时长五个方面同时反映营销渠道长期、近期的经营情况,以此来作为评估社会渠道对公司贡献价值的依据。根据社会渠道对公司的贡献价值来判断公司对该渠道的成本投入效益分析。

(3) 推行渠道星级评定计划

渠道星级评定计划是精细化考核渠道,奖优罚劣实现优胜劣汰,提升社会渠道质量的重要管理措施。可以从渠道业务发展能力、终端销售能力、店面标准、硬件配置、客户服务能力等方面综合考核渠道。通过分析渠道考核结果,将渠道划分为若干星级,针对不同的星级给予不同的渠道佣金、积分、培训、固定资产投入等方面的扶持,以此提升营销渠道业务发展和客户服务积极性。

(资料来源:智库百科,http://wiki.mbalib.com.)

8.3.3 其他问题及解决路径

企业与企业销售渠道是信息共享、风险共同承担、共同获取利益的合作关系。在合作中难免存在利益不均衡和冲突,常见问题及解决路径有来自企业渠道建设方面问题、渠道管理方面问题、渠道利益冲突方面问题等。

1. 渠道不统一引发厂商之间的矛盾

企业应该解决由于市场狭小造成的企业和中间商之间所发生的冲突,统一企业的渠道政策,使服务标准规范,如有些厂家为了迅速打开市场,在产品开拓初期就选择两家或两家以上总代理,由于两家总代理之间常会进行恶性的价格竞争,因此往往会出现品牌知名度虽然很高,但市场拓展状况却非常不理想的局面。当然,厂商关系需要管理,如防止窜货应该加强巡查,防止倒货应该加强培训,建立奖惩措施,通过人性化管理和制度化管理的有效结合,培育最适合企业发展的厂商关系。

2. 渠道冗长造成管理难度加大

应该缩短货物到达消费者的时间,减少环节降低产品的损耗,厂家有效掌握终端市场供求关系,减少企业利润被分流的可能性。在这方面海尔的海外营销渠道可供借鉴:海尔直接利用国外经销商现有的销售和服务网络,缩短了渠道链条,减少了渠道环节,极大地降低了渠道建设成本。现在海尔在几十个国家建立了庞大的经销网络,拥有近万个营销点,海尔的各种产品可以随时在任何国家畅通地流动。

3. 企业对中间商的选择缺乏标准

在选择中间商的时候,不能过分强调经销商的实力,而忽视了很多容易发生的问题。如实力较强的经销商也会经营竞争品牌,并以此作为讨价还价的筹码;实力较强的经销商不会花很大精力去销售一个小品牌,厂家可能会失去对产品销售的控制权等。厂商关系应该与企业发展战略匹配,不同的厂家应该对应不同的经销商。对于知名度不高且实力不强的公司,应该在市场开拓初期进行经销商选择和培育,既建立利益关联,又有情感关联和文化认同;对于拥有知名品牌的大企业,有一整套帮助经销商提高的做法,使经销商可以在市场竞争中脱颖而出,可令经销商产生忠诚。另外,其产品经营的低风险性以及较高的利润,都促使二者形成合作伙伴关系。

选择渠道成员应该有一定的标准,如经营规模、管理水平、经营理念、对新生事物的接受程度、合作精神、对顾客的服务水平、其下游客户的数量以及发展潜力等。

4. 企业不能很好地掌控并管理终端

有些企业自己经营了一部分终端市场,抢了二级批发商和经销商的生意,使其销量减少,逐渐对本企业的产品失去经营信心,同时他们会加大对竞争品的经销量,造成传统渠道堵塞。如果市场操作不当,整个渠道会因为动力不足而瘫痪。在"渠道为王"的今天,企业越来越感受到渠道里的压力,如何利用渠道里的资源优势,如何管理经销商,就成了决胜终端的"尚方宝剑"了。

5. 忽略渠道的后续管理

很多企业误认为渠道建成后可以一劳永逸,不注意与渠道成员的感情沟通与交流,从而出现了很多问题。因为从整体情况而言,影响渠道发展的因素众多,如产品、竞争结构、行业发展、经销商能力、消费者行为等,渠道建成后,仍要根据市场的发展状况不断加以调整,否则就会出现大问题。

6. 盲目自建网络

很多企业特别是一些中小企业不顾实际情况,一定要自建销售网络,但是由于专业化程度不高,致使渠道效率低下;由于网络太大反应缓慢;管理成本较高;人员开支、行政费用、广告费用、推广费用、仓储配送费用巨大,给企业造成了很大的经济损失。特别是在一级城市,厂家自建渠道更要慎重考虑。

厂家自建渠道必须具备一定的条件:高度的品牌号召力、影响力和相当的企业实力;稳定的消费群体、市场销量和企业利润,像格力已经成为行业领导品牌,具有了相当的品牌认可度和稳定的消费群体;企业经过了相当的前期市场积累已经具备了相对成熟的管理模式等。另外,自建渠道的关键必须讲究规模经济,必须达到一定的规模,厂家才能实现整个配送和营运的成本最低化。

7. 新产品上市的渠道选择混乱

任何一个新产品的成功入市,都必须最大限度地发挥渠道的力量,特别是与经销商的紧密合作。如何选择一家理想的经销商呢?笔者认为经销商应该与厂家有相同的经营目标和营销理念,从实力上讲经销商要有较强的配送能力,良好的信誉,有较强的服务意识、终端管理能力;特别是在同一个经营类别当中,经销商要经销独家品牌,没有与之产品及价位相冲突的同类品牌;同时经销商要有较强的资金实力,固定的分销网络等。总之,在现代营销环境下,经销商经过多年的市场历练,已经开始转型了、成熟了,对渠道的话语权意识也逐步地得以加强。

企业在推广新品上市的过程中,应该重新评价和选择经销商:一是对现有的经销商,大力强化网络拓展能力和市场操作能力,新产品交其代理后,厂家对其全力扶持并培训;二是对没有改造价值的经销商,坚决予以更换;三是对于实力较强的二级分销商,则可委托其代理新产品。

8. 窜货的问题

窜货的分类:窜货从性质上可分为恶性窜货、自然性窜货和良性窜货。恶性窜货:经销商为牟取非正常利润,蓄意向非辖区倾销货物。自然性窜货:一般发生在辖区临界处或物流过程中,非经销商恶意所为。良性窜货:所选择的经销商流通性很强,货物经常流向非目标市场。

窜货的危害:窜货影响渠道控制力和企业形象;影响销售业绩;损害品牌形象,使先期投入无法得到合理回报;影响决策分析。如发往甲地的货物被悄悄销往乙地,其"业绩"体现在了甲地,在公司未确定窜货时,总部会得到这样的虚假数据,因而造成公司决策分析的失误。

窜货的表现分析:常表现为中间商之间的窜货;经销商与办事处直销工程客户之间窜货;更为恶劣的窜货现象是经销商将假冒伪劣产品与正品混同销售,掠夺合法产品的市场份额,或者直接以低于市场价的价格进行倾销,获取非正常的利润,打击了其他经销商对品牌的信心。

解决窜货问题从三点入手:首先,选择好经销商,在制定、调整和执行招商策略时,企业要合理制定并详细考察经销商的资信和职业操守,除了从经销的规模、销售体系、发展历史考察外,还要考察经销商的品德和财务状况,防止有窜货记录的经销商混入销售渠道;其次,创造良好的销售环境,制订科学的销售计划、合理划分销售区域,保持经销区域布局合理,避免经销区域重合,保持经销区域均衡;制定完善的销售政策,包括完善的价格政策,不仅要考虑出厂价,而且要考虑一批出手价、二批出手价、终端出手价。企业要建立完善的价格政策体系,避免引发渠道价格竞争;最后,完善促销政策,要考虑合理的促销目标、适度的奖励措施、严格的兑奖措施和市场监控;完善专营权政策,从根本上杜绝窜货现象。

本章小结

本章主要从三个方面介绍了如何对销售渠道进行管理与控制。第一,销售渠道的选择及其作用。首先,介绍了对销售渠道的认识;其次,介绍了如何选择销售渠道;最后,介绍了销售渠道的作用。第二,介绍了如何整合销售渠道资源。首先,介绍了什么是销售渠道资源;其次,介绍了销售渠道资源管理的方法;最后,介绍了如何进行销售渠道教育。第三,介绍了销售渠道的控制。包括销售渠道考核,销售渠道常见问题解决,销售渠道的改进等。本章的内容对如何选择销售渠道,如何管理销售渠道资源及针对销售渠道中存在的问题提出解决方法有一定借鉴意义。

关键概念

销售渠道 销售渠道资源 销售渠道激励 销售渠道冲突

思考题

1. 销售渠道的主要功能是什么?
2. 谈谈你对销售渠道的作用和重要性的认识。
3. 针对不同类型的渠道冲突,谈谈你对解决对策的建议。
4. 举例分析渠道积极性对策和消极性对策的应用条件与效果。
5. 销售渠道的改进有哪些趋势?

实践训练

请你选择一家企业进行销售渠道现状调查,收集相关信息,并在此基础上为该企业进行销售渠道冲突分析,并尝试为其提供解决对策。

阅读材料

扫二维码阅读"《中华人民共和国直销法》(节选)"。

《中华人民共和国
直销法》(节选)

第 9 章

销售资金管理

【学习目标】

1. 了解销售成本分析的意义。
2. 了解成本分析的方法。
3. 掌握应收账款的处理方法。
4. 掌握销售活动中资金管理与控制的主要工具。

9.1 销售成本分析

9.1.1 销售成本分析的意义

销售成本是指已销售产品的生产成本或已提供劳务的劳务成本以及其他销售费用。成本分析是按照一定的原则,采用一定的方法,利用成本计划、成本核算和其他有关资料,控制实际成本的支出,揭示成本计划完成情况,查明成本升降的原因,寻求降低成本的途径和方法,以达到用最少的消耗取得最大的经济效益的目的。通过成本分析使销售管理者了解钱花到了哪里,掌握每分钱花出去的效用,以此为依据检讨销售活动、销售策略的有效性。

成本分析是根据成本资料对成本指标所进行的分析。其包括成本的事前、事中和事后三个方面。成本的事前分析是指在成本未形成之前所进行的成本预测与销售预算的编制;成本的事中分析是指对正在执行销售活动成本支出情况所进行的分析,便于进行成本控制;成本的事后分析是对成本实际执行的结果所做的分析与评价,发现销售活动中存在的问题及原因,总结成本降低的经验,以利于下一期的成本控制活动的开展。

进行销售成本分析不仅仅是财务人员的工作,更是销售经理的职责所在。企业的销售收入减去销售成本和销售税金,即为销售利润。销售收入是销售企业唯一的获利来源,销售成本每一分都是对利润的侵蚀。分析销售成本的发生与作用是全体销售人员要关注的大事。在进行销售成本分析与控制工作中要坚持:全面分析与重点分析相结合,重点监控的原则;全员参与,集思广益,专业分析与群众分析相结合的原则;纵向分析与横向分析相结合,消除环境因素影响,关注关键问题的原则;事后分析与事前分析、事中分析相结合,将每一分钱都用在销售活动的刀刃上,让每一分钱都发挥应有的作用。

9.1.2 销售成本分析的方法

销售成本包括主营业务成本和销售费用两部分。其中,主营业务成本是企业销售商品产品、半成品以及提供工业性劳务等业务所形成的成本;销售费用是企业销售材料、出租包装物、出租固定资产等业务所形成的成本。

1. 商品成本分析法

商品销售成本是指已销商品的进价成本,即购进价格。由于批发商品的进货渠道、进货批量、进货时间和付款条件的不同,同种规格的商品,前后进货的单价也可能不同。除了能分清批次的商品可以按原进价直接确定商品销售成本外,一般情况下,出售的商品都要采用一定的方法来确定一个适当的进货单价,以计算商品销售成本和确定库存价值,据以核算商品销售损益,反映经营成果。

商品销售成本的计算程序有顺算法和倒算法两种方法。顺算法先计算商品销售成本,再据以计算期末结存金额;倒算法先计算期末结存金额,再据以计算商品销售成本。

顺算法的计算公式:

$$本期商品销售成本 = 本期商品销售数量 \times 进货单价$$

$$期末结存商品金额 = 期末结存数量 \times 进货单价$$

倒算法的计算公式:

$$期末结存金额 = 期末结存数量 \times 进货单价$$

$$本期商品销售成本 = 期初结存金额本期增加金额 - 本期非销售减少金额$$
$$- 期末结存金额$$

按照以上计算方法和商品的不同特点,商品销售成本的计算方法有以下几种。

(1)先进先出法。先进先出法是假定最早购入的商品应该最先被售出。因此,每次发出的商品都假定是库存最久的存货,期末库存则是最近购入的商品。这种方法一般适用于先入库必须先发出的商品,如易变质的鲜活商品。

【例 9-1】 假设库存为零,1 日购入 A 产品 100 个,单价 2 元;3 日购入 A 产品 50 个,单价 3 元。5 日销售发出 A 产品 50 个,则发出单价为 2 元,成本为 100 元。

先进先出法假设先入库的材料先耗用,期末库存材料就是入库的材料,因此发出材料按先入库的材料的单位成本计算。

对销售而言,先获得的存货先销售出去,使留下存货的日期越来越近,存货价值越接近重置价值。在物价上涨时,此法会导致较低的销货成本,较多的盈余。

【例 9-2】 存货情形如下:

① 1 月 1 日进货 10 个,每个 5 元,小计 50 元。

② 4 月 1 日进货 10 个,每个 6 元,小计 60 元。

③ 8 月 1 日进货 10 个,每个 7 元,小计 70 元。

④ 12 月 1 日进货 10 个,每个 8 元,小计 80 元。

假设在 12 月 31 日存货数量为 15 个,则期末存货价值为 12 月 1 日 10 个,每个 8 元,小计 80 元;8 月 1 日 5 个,每个 7 元,小计 35 元。总计存货价值为 115 元。

采用先进先出法计算商品销售成本,可以逐笔结转,不需要计算商品单价,但工作量较大,如购进批次多,而单价又各异,则计算工作较为复杂,一般适用于经营品种简单的企业。

(2)加权平均法。加权平均法是以每种商品库存数量和金额计算出加权平均单价,再以平均单价乘以销售数量和期末库存金额的一种方法。其计算公式如下:

加权平均单价 ＝ 期初库存金额本期购入金额 ÷ 期初库存数量本期购入数量

本期商品销售成本 ＝ 本期销售数量×加权平均单价

期末库存金额 ＝ 期末库存数量×加权平均单价

【例 9-3】 某企业采用月末一次加权平均法计算发出甲材料的成本,2 月 1 日,结存甲材料 200 千克,每千克实际成本为 100 元;2 月 10 日购入甲材料 300 千克,每千克实际成本为 110 元;2 月 15 日发出甲材料 400 千克。2 月末库存甲材料的实际成本为多少?

月末材料的加权平均成本＝(200×100＋300×110)÷(200＋300)＝106(元/千克)

发出材料成本＝400×106＝42 400(元)

2 月末库存材料实际成本＝(200＋300－400)×106＝10 600(元)

采用加权平均法计算的商品销售成本比较均衡,计算结果也较准确,但工作量较大,一般适用于经营品种较少,前后进价相差幅度较大的商品。

(3) 个别计价法。个别计价法是以每一批商品的实际进价作为计算销售成本的一种方法。其计算公式如下:

每批商品销售成本＝每批商品销售数量×该批商品实际进货单价

采用个别计价法,会计部门应按进货批次设置商品明细账,业务部门应在发货单上注明进货批次,仓库部门应按进货批次分别堆放商品。

这种方法便于逐笔结转商品销售成本,计算比较正确,但工作量较大,适用于直运商品和进货批次少、销售能分清进货批次的商品。

(4) 后进先出法。后进先出法是按照每一种库存商品的最后购进的商品进价成本作为计算商品销售成本的一种方法。计算商品销售成本时,先按最后一次购进的进货单价计算,最后一次购进的商品销售完毕以后,再依次向上一次推进计算。

【例 9-4】 接例 9-3,企业采用后进先出法计算商品销售成本时,

入库商品成本＝300×110＋200×100＝53 000(元)

商品销售成本＝300×110＋100×100＝43 000(元)

2 月末库存材料实际成本＝53 000－43 000＝10 000(元)

从例 9-4 结果看,采用后进先出法,在购进单价持续上升的情况下,计算出来的商品销售成本为最高成本,而期末库存金额却是最低成本,毛利亦为最少。在购进单价连续下降的情况下,计算出来的商品销售成本为最低成本,而期末库存金额却是最高成本,毛利亦为最多。

(5) 毛利率法。毛利率法是一种对商品销售成本估算的方法。即用估计的毛利率(按上季实际毛利率或本季计划毛利率)计算商品销售成本。其计算公式如下:

商品销售成本＝本月商品销售额×[1－上季实际(或本季计划)毛利率]

采用毛利率法,计算手续简便,但计算的商品销售成本不够准确,因为这种方法是按照企业全部商品或大类商品计算的。通常只有在季度的第一、第二两个月采用,季末应选用其他成本计算方法中的一种进行调整。一般适宜于经营品种较多,月度计算商品销售成本有困难的企业。

以上五种计算商品销售成本的方法各有特点,企业应结合业务情况选择采用。但一经选定,在一个年度内不能随意更换,以保持年度商品销售成本计算口径一致。

2. 销售费用

销售费用是企业在销售产品、自制半成品和工业性劳务等过程中发生的各项费用,包括

由企业负担的包装费、运输费、装卸费、展览费、广告费、经营租赁费(不包括融资租赁费),以及为销售本企业产品而专设的销售机构的费用,包括职工工资、福利费、差旅费、办公费、折旧费、修理费、物料消耗和其他经费。销售费用属于期间费用,在发生的当期就计入当期的损益。一般包括以下五个方面的内容。

(1) 产品自销费用。包括应由本企业负担的包装费、运输费、装卸费、保险费。

(2) 产品促销费用。指为了扩大本企业商品的销售而发生的促销费用,如展览费、广告费、经营租赁费(为扩大销售而租用的柜台、设备等的费用,不包括融资租赁费)、销售服务费用(提供售后服务等的费用)。

(3) 销售部门的费用。一般指为销售本企业商品而专设的销售机构(含销售网点、售后服务网点等)的职工工资及福利费、类似工资性质的费用、业务费等经营费用。但企业内部销售部门属于行政管理部门,所发生的经费开支,不包括在营业费用中,而是列入管理费用中。

(4) 委托代销费用。主要指企业委托其他单位代销按代销合同规定支付的委托代销手续费。

(5) 商品流通企业的进货费用。指商品流通企业在进货过程中发生的运输费、装卸费、包装费、保险费、运输途中的合理损耗和入库前的挑选整理费等。

【小资料 9-1】

销售升上去成本降下来

如今,越来越多的企业对快配感兴趣,但部分企业仍然担心,如果采用快配,销售额可能增加,但同时物流成本也会增加,将给企业带来致命的伤害。

物流成本分析:快配模式和中国医药行业的特点,决定了医药快配企业的物流成本主要分为人工成本和运输成本两大部分。通过对成熟的快配企业的物流成本分析,可以看出降低物流成本的关键是对人工成本、运输成本进行整体规划和控制。

1. 人工成本

由于快配企业的客户大多是小客户,每次订货量不多,货值较低,因此,销售达到一定规模的快配企业,仓库人员每天的主要工作就是负责散件药品的出库。以江苏某医药物流中心为例,该企业日销售额平均在 160 万元左右,其中,散件药品的出库量占每日药品总出库量的 73%,500 元以下的小额出库单比例高达 43%。在这样的医药物流中心,药品的拣选出库、复核、拼箱、装车等工作,均需付出大量的人力资源。

随着企业销售规模的扩大,人员数量还会不断增长,员工的工资性费用(指发给职工的工资、奖金、各种补贴等带有工资性质的费用)是企业物流成本的主要组成部分。根据地区差异,如果快配企业物流管理水平较高,物流员工(验收、库房、运输配送)的人工成本控制在含税销售额的 0.3%～0.45% 是比较理想的,如果超过这一比例,则需进行物流"诊断"。

2. 运输成本

在江苏这样医药市场比较发达的省份,医药快配企业在配送半径 200 千米之内实现含税快配销售额达到 4 亿～6 亿元是比较理想的(物流成本在 300 万～480 万元),如果要在其他省份实现同等规模的销售,则需投入更多的物流资源。对医药快配企业而言,要想持续抢占终端市场,就要拥有既能保证配送时效,又能保证覆盖较远距离的配送网络。对运输能力的倚重,决定了运输成本是快配企业物流成本的又一大组成部分。这里需要注意的是,随着市场竞争的加剧,二级配送网点对快配销售而言越来越重要。

流程优化控制人工成本

如果医药快配企业的仓库是平面单层库房(面积不低于 6 000 平方米),月含税销售额在 5 000 万～6 500 万元,则仓库作业人员总数(保管员、发货员、复核员等)不超过 140 人,这对物流成本的控制是比较理想的。

具体而言,如果是一家成熟的医药快配企业,库房是单层大库,则仓库管理宜采用"整零分开"的管理策略,整散件库区可按照剂型将其分成不同的小区,实行"定人定柜台"发货。对出库流程的设计,可考虑采取在集中打单、分库区的同时拣选出库、复核员移动复核收货并行的模式。

对于快配销售仅占总销售极小比例、日散件药品出库量在十几万元规模的企业,笔者个人认为仓库不适宜"整零分开",整散件药品合并存储更有利于降低人工成本。

外包模式降低运输成本

控制运输成本,最好的方法是将车辆和运营费用包给驾驶员个人,根据驾驶员的工作量(配送件数、药品件数、配送里程)进行费用结算,企业与驾驶员以契约的形式合作。

如果运营成效显著,企业可以结合仓库作业流程,将复核员、送货员的使用与费用都包给驾驶员(分线路),同时为作业过程中的货损、货少等差错、事故制定出较为清晰的责任划分准则,这样一来,企业总的物流成本还会进一步降低。但必须注意的是,要适当做好对其的监督,保证企业的声誉。

总的来说,医药快配企业的物流成本控制在含税销售额的 1.2% 以内是较为理想的状态。

(资料来源:百拇医药网,http://www.100md.com.)

9.2　应收账款管理

应收账款是指企业因赊销产品或劳务而形成的应收款项,是企业流动资产的一个重要项目。随着市场经济的发展,商业信用的推行,企业应收账款数额普遍明显增多,应收账款的管理已经成为企业经营活动中日益重要的问题。

应收账款的功能就是它在生产经营过程中的作用,主要体现在以下两方面。

(1) 扩大销售,增加企业的竞争力。在市场竞争比较激烈的情况下,赊销是促进销售的一种重要方式。企业赊销实际上是向顾客提供了两项交易:向顾客销售产品以及在一个有限的时期内向顾客提供资金。在银根紧缩、市场疲软、资金匮乏的情况下,赊销具有比较明显的促销作用,对企业销售新产品、开拓新市场具有更重要的意义。

(2) 减少库存,降低存货风险和管理开支。企业持有产成品存货,要追加管理费、仓储费和保险费等支出;相反,企业持有应收账款,则无须上述支出。因此,当企业产成品存货较多时,一般都可采用较为优惠的信用条件进行赊销,把存货转化为应收账款,减少产成品存货,节约相关的开支。

9.2.1　应收账款的及时处理

应收账款是企业拥有的,经过一定期间才能兑现的债权。应收账款管理不善会存在以下弊端。

1. 降低企业的资金使用效率,使企业效益下降

由于企业的物流与资金流不一致,发出商品,开出销售发票,货款却不能同步回收,而销售已告成立,这种没有货款回笼的入账销售收入,势必会产生没有现金流入的销售业务损益、销售税金上缴及年内所得税预缴,如果涉及跨年度销售收入导致的应收账款,则可产生企业流动资产垫付股东年度分红。企业因上述追求表面效益而产生的垫缴税款及垫付股东分红,占用了大量的流动资金,久而久之必将影响企业资金的周转,进而导致企业经营实际状况被掩盖,影响企业生产计划、销售计划等,无法实现既定的效益目标。

2. 夸大企业经营成果

由于我国企业实行的记账基础是权责发生制(应收应付制),发生的当期赊销全部记入当期收入。因此,企业的账上利润的增加并不表示能如期实现现金流入。会计制度要求企业按照应收账款余额的百分比来提取坏账准备,坏账准备率一般为 3‰～5‰(特殊企业除外)。如果实际发生的坏账损失超过提取的坏账准备,会给企业带来很大的损失。因此,企业应收款的大量存在,虚增了账面上的销售收入,在一定程度上夸大了企业经营成果,增加了企业的风险成本。

3. 加速企业的现金流出

赊销虽然能使企业产生较多的利润,但是并未真正使企业现金流入增加,反而使企业不得不运用有限的流动资金来垫付各种税金和费用,加速了企业的现金流出。主要表现在:①企业流转税的支出。应收账款带来销售收入,并未实际收到现金,流转税是以销售为计算依据的,企业必须按时以现金缴纳。企业缴纳的流转税如增值税、营业税、消费税、资源税以及城市建设税等,必然会随着销售收入的增加而增加。②所得税的支出。应收账款产生了利润,但并未以现金实现,而缴纳所得税必须按时以现金支付。

现金利润的分配,也同样存在这样的问题,另外,应收账款的管理成本、应收账款的回收成本都会加速企业现金流出。

4. 对企业营业周期有影响

营业周期是指从取得存货到销售存货,并收回现金为止的这段时间,营业周期的长短取决于存货周转天数和应收账款周转天数,营业周期为两者之和。由此看出,不合理的应收账款的存在,使营业周期延长,影响了企业资金循环,使大量的流动资金沉淀在非生产环节上,致使企业现金短缺,影响工资的发放和原材料的购买,严重影响了企业正常的生产经营。

5. 增加应收账款管理过程中的出错概率,给企业带来额外损失

企业面对庞杂的应收款账户,核算差错难以及时发现,不能及时了解应收款动态情况以及应收款对方企业详情,造成责任不明确,应收账款的合同、合约、承诺、审批手续等资料的散落、遗失有可能使企业已发生的应收账款该按时收回的不能按时收回,该全部收回的只有部分收回,能通过法律手段收回的,却由于资料不全而不能收回,直至最终形成企业单位资产损失。

9.2.2　应收账款的处理方法

加强应收账款的管理,避免或减少损失的发生,保证企业经营活动的正常进行,提高企业的经济利益,是十分必需和重要的。应收账款的处理方法如下。

1. 加强应收账款的日常管理

(1) 设置应收账款明细分类账。企业为加强对应收账款的管理,在总分类账的基础上,按信用客户的名称设置明细分类账,详细地、序时地记载与各信用客户的往来情况。

对于应收账款明细分类账的设置与登记通常应注意以下几点。

① 全部赊销业务都应正确、及时、详细登入有关客户的明细分类账,随时反映每个客户的赊欠情况,根据需要还可设置销货特种日记账以反映赊销情况。

② 赊销业务的全过程应分工执掌,如登记明细账、填制赊欠客户的赊欠账单、向赊欠客户交送或邮寄账单、处理客户收入的现金等,都应分派专人负责。

③ 明细账应定期同总账核对。

(2) 设置专门的赊销和征信部门。应收账款收回数额的多寡及时间的长短取决于客户的信用。坏账将造成损失,收账期过长将削弱应收账款的流动性。所以,企业应设置赊销和征信部门,专门对客户的信用进行调查,并向对企业进行信用评级的征信机构取得信息,以便确定要求赊购客户的信用状况及付款能力。

(3) 实行严格的坏账核销制度。应收账款因赊销而存在,所以,应收账款从产生的那一天起就冒着可能收不回来的风险,即发生坏账的风险,可以说坏账是赊销的必然结果。主要包括以下三个方面的内容。

① 准确地判断是否为坏账,坏账的核销至少应经两人之手。准确地判断坏账及其多寡并不是一件容易的事情,而两人以上的经手为防止舞弊提供可能。如某位销售人员对已收回的应收账款装入自己的口袋而向上级申报为坏账。

② 在应收账款明细账中应清晰地记载坏账的核销,对已核销的坏账仍要进行专门的管理,只要债务人不是死亡或破产,只要还有一线希望,我们都不能放弃。同时还为以后的核对及审查留下信息。

③ 对已核销的坏账又重新收回要进行严格的会计处理,先做重现应收账款的会计分录,后做收款的会计处理。这样做有利于管理人员掌握信息,重塑客户良好形象。

2. 实行严格的内审和内部控制制度

应收账款收回数额及期限是否如实关系到企业流动资金的状况、企业生产的决策、信用客户的形象和内部控制对贪污及挪用企业款项的抵制等。

3. 合理地使用销售折扣

销售折扣会减少应收账款的风险,但是,在使用中我们还应注意使用的对象(客户)、使用的方式和提供折扣的范围,否则,销售折扣就不能靠近我们所希望的结果。比如,现金折扣一般不用于普通客户,而商业折扣尽量少用于赊销方式。

4. 充分利用应收账款进行融资

应收账款的持有一般不会增值,若考虑货币的时间价值,它的持有将会造成损失。因此,如能充分利用应收账款,使其增值,为企业带来效益,将是一件很有意义的事情。

应收账款可以通过抵借或让售获得资金,用于生产的再循环。

5. 准确地使用法律武器

企业的经济活动受法律的约束,同时,法律也会保护企业合法的经济活动,所以,维护应收账款的完整,我们不能离开法律这一有效的武器。

企业应收账款的管理包括:建立应收账款核算办法,确定最佳应收账款的机会成本,制定科学合理的信用政策,严格赊销手续管理,采取灵活营销策略和收账政策,加强应收账款的日常管理等几方面内容。

（1）应收账款的跟踪评价。应收账款一旦形成，企业就必须考虑如何按时足额收回欠款而不是消极地等待对方付款，应该经常对所持有的应收账款进行动态跟踪分析。加强日常监督和管理，要及时了解赊销者的经营情况、偿付能力，以及客户的现金持有量与调剂程度能否满足兑现的需要，必要时企业可要求客户提供担保。

（2）加强销售人员的回款管理。销售人员应具有以下习惯：货款回收期限前一周，电话通知或拜访客户，预知其结款日期；回收期限前三天与客户确定结款日期；结款日当天一定按时通知或前往拜访。企业在制定营销政策时，应将应收账款的管理纳入对销售人员考核的项目之中，即个人利益不仅要和销售挂钩，也要和应收账款的管理联系在一起。

（3）定期对账，加强应收账款的催收力度。要形成定期的对账制度，每隔三个月或半年就必须同客户核对一次账目，并对因产品品种、回款期限、退换货等原因导致单据、金额等方面出现的误差进行核实。对过期的应收账款，应按其拖欠的账龄及金额进行排队分析，确定优先收账的对象。同时应分清债务人拖延还款是否属故意拖欠，对故意拖欠的应考虑通过法律途径加以追讨。

（4）控制应收账款发生，降低企业资金风险。在购销活动中，要尽可能地减少赊销业务。一般宁可采取降价销售，也不要选择大额的赊销，企业可选择购货方承兑汇票支付方案、货款回收担保方案及应收账款风险比较选择方案。总之，要尽量压缩应收账款发生的频率与额度，降低企业资金风险。一般情况下应要求客户还清前欠款项后，才允许有新的赊欠，如果发现欠款过期未还或欠款额度加大，企业应果断采取措施，通知有关部门停止供货。

（5）计提减值准备，控制企业风险成本。按照现行会计准则和会计制度的规定，企业根据谨慎性原则的要求，应当在期末或年终对应收账款和存货进行检查，合理地预计可能发生的损失，对可能发生的各项资产损失计提减值准备，以减少企业风险成本。

（6）建立健全公司机构内部监控制度。完善的内部监控制度是控制坏账的基本前提，其内容应包括：建立销售合同责任制，即对每项销售都应签订销售合同，并在合同中对有关付款条件作明确的说明；设立赊销审批职能权限，企业内部规定业务员、业务主管可批准的赊销额度，限额以上须经领导人审批；建立货款和货款回笼责任制，可采取谁销售谁负责收款，并据以考核其工作绩效。总之，企业应针对应收账款在赊销业务中的每一个环节，健全应收账款的内部监控制度，努力形成一整套规范化的应收账款的事前、事中、事后控制程序。

（7）重视信用调查。对客户的信用调查是应收账款日常管理的重要内容。企业可以通过查阅客户的财务报表，或根据银行提供的客户的信用资料了解客户改造偿债义务的信誉、偿债能力、资本保障程度、是否有充足的抵押品或担保以及生产经营等方面的情况，进而确定客户的信用等级，作为决定是否向客户提供信用的依据。

（8）制定合理的收款策略。应收账款的收账策略是确保应收账款返回的有效措施，当客户违反信用时，企业就应采取有力措施催收账款，如这些措施都无效，则可诉诸法院，通过法律途径来解决，但是，轻易不要采用法律手段，否则将失去该客户。

除了以上几个方面的管理以外，对于已经发生的应收账款，还有一些措施，如应收账款追踪分析、应收账款账龄分析、应收账款收现率分析和建立应收账款坏账准备制度，也属企业应收账款管理的重要环节。

9.3 销售费用控制

随着企业的竞争加剧和快速发展,企业中存在的销售组织和销售费用不合理的现象日趋严重。没有良好的销售组织,使得销售费用大大提高,增加了销售成本,使企业受到了不必要的损失。

9.3.1 销售费用控制原则

销售费用控制是企业销售管理中的重要问题,为了控制好费用,企业往往将销售人员的报酬与销售费用挂钩,因此,应将两者联系起来进行管理。费用控制应遵循以下原则。

(1) 公平原则。费用管理应遵循公平原则。费用是销售人员因推广业务之需所发生的开支,而不是销售人员薪酬的一部分。因此,一方面不能使销售人员从费用的报支中,获取个人利益;但是另一方面也不能让销售人员因为公务而自掏腰包。费用的审核必须公平合理,不能有所偏颇,也不能随心所欲地变成销售主管的施舍。

(2) 拓展业务原则。费用支出的目的是为了业务的拓展、产品的销售,因此审核费用的人不要将费用视为是一种浪费,更不要因节省开支而限制了销售人员的活动,致使其工作效率降低。投入一定的费用来开拓市场,其回报往往是很可观的。

(3) 简单易行原则。费用控制的办法必须简单易行,不要制定太复杂的管理办法,否则会导致不必要的误会或误解。费用的报销和支出应该有一定的流程和固定的系统,这一套流程和系统应越简明越好,所流经的部门也应尽量简化,同时应避免因费用的报支而和企业管理单位、稽核单位或出纳单位发生纷争。

9.3.2 销售费用控制方法

1. 费用由销售人员自行负担

这种方法适合于佣金制的销售人员。销售部门在制定佣金比率时就把销售费用的支出考虑在内,一并归到佣金比率下,发给销售人员,销售人员必须在此佣金下开支其销售费用,不得再向企业申请。这种方法的好处如下。

(1) 处理简单,操作方便,会计人员及出纳人员的工作负荷较轻。

(2) 公平一致,不会产生宽严不一、审核不公等情形。

(3) 有业务才会有费用的支出,对公司的利润较能保障,不致发生费用超支的情形。

(4) 如果销售部门对于所属销售人员的监督有困难,常采取这种方法。

但这种方法也有其缺点。

(1) 销售主管对其所属销售人员因无法控制费用,对其行动也相对较难控制。

(2) 有些业务的发生是在业务获得之前,但是销售人员的费用补贴却必须等到业务获得之后,因此销售人员往往需要自掏腰包,先垫费用。万一费用支出后业务又无法获得,则这些支出就要"血本无归",这对销售人员而言,比较不公平。

2. 无限制报销法

无限制报销法又分为两种,即逐项列举报销法和荣誉制报销法。

逐项列举报销法是允许销售人员就其所支出的业务费用逐项列举,不限额度地予以报销。通常都是由销售人员定期(每周或每10天)填写支出报告。将所开销的费用逐项填写,并附必要单据,呈报主管审核,然后到出纳单位领取该项费用。

这种费用管制法对于销售人员的支用额度没有限制,因此销售人员可以斟酌其业务需要做到灵活、最有效的运用;相对地,销售主管也可以对销售人员进行行动管理。但是这种方法也有缺点:①实施这种方法后,销售人员很难精确地预测其直接推销费用,因为每一位销售人员会花多少钱谁也难以预测。②这种方法很容易让销售人员变得过分"慷慨",甚至使得某些信用较差的销售人员把"私账"拿来"公报"。③这种方法只能鼓励销售人员浪费,而不能敦促他们节省,因此这种方法现在较少采用。

荣誉制报销法和逐项列举报销法很相似,唯一不同的地方是荣誉制报销法不必逐项列举。销售人员只要定期在报告上注明费用支出总额,公司即照数给付。这种方法是建立在对员工的高度信任之上,在这种情况下,销售主管与部属之间的摩擦会减到最小,而员工的士气可以得到提升。其优点与前述逐项列举报销法相似。但是这种方法对企业而言,所负担的风险很大,稍有不慎,就可能造成较大的浪费,因此目前使用不多,仅限于高级主管或能力、信用度比较高的销售人员。

3. 限额报销法

限额报销法就是将销售人员可能开支的费用规定一个最高限额给予报销的方法。

这种方法最大的优点:让业务主管能够精确地预测其直接推销费用,而且也可以防止销售人员过度浪费。限额报销法又可分为两种,即逐项限制法和总额限制法。

逐项限制法是将销售人员所能开支的费用逐项规定一个最高限额,例如,规定销售人员出差时住宿费每宿不能超过 60 元,餐费早餐不得超过 5 元,午餐及晚餐不得超过 25 元等。

总额限制法似乎规定在一定期间内,如每日、每周或每月销售人员报支的费用总额不得超过某一限额,至于各项费用的额度则不予以硬性规定,以使销售人员有适当的自主权。例如,规定销售人员每周的费用不得超过 100 元等。

限额报销法最大的问题是限额的制定问题。限额定得太低,销售人员捉襟见肘,"又叫马儿跑,又不让马儿吃草",效率自然低下。但是限额如果定得太高,则容易导致浪费,增加销售成本。一般而言,信用度较高的销售人员大都难以忍受这种限额报销制。因为把这种制度加诸他们身上,等于是宣布公司对他们不信任。然而,即使限额报销制有这么多缺点,目前却是企业使用最广泛的一种管制法。

4. 组合计划

组合计划就是将无限制报销法和限额报销法两种控制方法相结合。

对高级主管及能力、信用度都较高的销售人员采用无限制报销法进行费用控制,面对其他销售人员则采用限额报销法。这样,集合了无限制报销法和限额报销法各自的优点,取其长舍其短。有效地对销售人员费用进行控制,更为企业所接受。

缺点是其他销售人员将会对此意见较大,感觉不公平,自然士气下降,对销售不利。

【小资料 9-2】

如何协调销售费用与销售增长

在销售管理中,如果要获得良好效益,就必须对人员和费用加以控制,使其与销售状况相互协调。但在实际经营过程中,应该注意以下几个方面。

1. 人均销售收入

人均销售收入既可以是销售人员的人均销售收入,也可以是整个公司的人均销售收入。

这一数字的绝对值往往因行业差异而意义不大,但相对数(如与上年相比和与对手相比)则反映公司销售效率的高低。销售效率高的公司总是在市场变化时处于相对有利的位置。

2. 产品毛利率

产品毛利率反映的是公司在某一产品或服务上增加的价值(added value),它是产品毛利(出厂价减出厂成本)与产品出厂成本之比。产品毛利率无论是绝对数还是相对数,都非常重要。因为它反映了公司的价值所在。绝对数越高,反映公司能够为顾客创造较高的附加价值,或者由于行业进入障碍高,公司获得了超额利润。正常情况下,一个产业的产品毛利率会由高变低,最后达到一个相对稳定的水平。

3. 费用结构

一个企业主要有四项费用:科研开发费用、财务费用、一般管理费用和营销费用。这些费用与企业的组织结构、战略导向等有密切关系。有一段时间,许多企业都提倡以哑铃型结构代替橄榄型结构,现在许多科技公司如华为和中兴通讯都已实现这样的结构。但这样的结构有时也会带来巨大的问题,那就是科研开发费用和营销费用居高不下,有时会吞噬企业的所有毛利。就科研开发费用而言,许多企业将其列为投资,因此不会在当期收益中反映出来,也很少将它与企业的当期业绩联系起来。但实际上,许多开发费用最终却转变为当期费用,有时甚至成为所谓的"开发黑洞"的一部分。科研开发尽管可以为未来储备技术和产品,但从管理角度来看,绝不能将科研开发神圣化或理想化,这项费用必须与当期的销售和利润结合起来考虑。因为科研开发本身也有自我膨胀的天然冲动,如果管理不当,科研开发费用可能最终成为企业沉重的包袱。科龙在鼎盛时期曾到日本开研究所,投资巨大,但至今我们看不到任何回报。相反,格兰仕发展的就是橄榄型结构,却取得了连续十年的高速且健康的成长。

4. 费用效率

费用效率是产品毛利率和产品平均费用之比。它反映的是企业将其所创造价值转化为现实利润的效率,实际上反映的是综合管理效率。一个企业如果产品毛利率高,一般来说产品平均费用也较高,如果其产品毛利率高,产品平均费用又很低,则说明该企业有较高的为顾客创造价值的效率(垄断行业除外)。有时尽管一个企业的产品毛利率很低,但由于其产品平均费用更低,仍然可以获得很高的管理效率。沃尔玛和格兰仕就是如此。

如果一个企业的费用效率显著下降,这个企业的管理层就要仔细反思:一是反思费用的增长是否为顾客创造了价值。例如,广告费是否增加了顾客的价值就需要企业仔细去评价。摩托罗拉在中国市场上的广告投入巨大,但一直没有一个统一的鲜明主题,致使其早期建立的优势品牌地位逐步被诺基亚赶超;而诺基亚几乎只有一个主题:科技以人为本,反而创造了辉煌。单从广告效率来看,诺基亚要优于摩托罗拉。二是反思费用结构是否合理。如某项费用比例是否过高。三是反思这一变化是内部因素引起的还是外部因素引起的。如果是内部因素引起的,就要调整结构,改善管理,提高效率;如果是外部因素引起的,就必须调整方向,改变战略。

(资料来源:慧聪网,http://www.hc360.com.)

本章小结

(1)商品销售成本的计算方法:①先进先出法;②加权平均法;③个别计价法;④后进先出法;⑤毛利率法。

（2）应收账款的功能：①扩大销售；②减少库存。

（3）应收账款的及时处理：①降低了企业的资金使用效率，使企业效益下降；②夸大了企业经营成果；③加速了企业的现金流出。

（4）应收账款的处理方法：①加强应收账款的日常管理；②实行严格的内审和内部控制制度；③合理地使用销售折扣；④充分利用应收账款进行融资；⑤准确地使用法律武器。

（5）销售费用控制原则：①公平原则；②拓展业务原则；③简单易行原则。

（6）一般费用控制的办法：①费用由销售人员自行负担；②无限制报销法；③限额报销法；④组合计划。

关键概念

先进先出法 后进先出法 销售成本

思考题

1. 计算销售成本的先进先出法是什么？
2. 应收账款的作用是什么？
3. 如何控制销售费用？

案例分析

A 公司的应收账款管理案例

适度的应收账款，是企业适应市场竞争、扩大销售、节约存货资金占用和降低存货成本的需要。但过高比例的应收账款，导致销售收入的增长只能给企业带来账面利润，不能带来维持经营、扩大生产规模所必需的现金流入，使企业的营运能力和偿债能力下降。如何管理控制好应收账款，使企业尽量减少营运资金在应收账款上的呆滞和占用，从而提高企业的资金利用效率，减少企业经营风险，是企业财务管理的重要方面。

A 公司是我国一家大型的电力设备制造企业的全资子公司，拥有职工近千人。公司输变电产品的产销量、净利润、人均利润率、人均劳动生产率等指标均居全国同行业前列，公司每年以 50% 以上的发展速度递增，在实践中逐渐摸索出了一套适应本企业的应收账款管理办法与制度。A 公司所生产的产品规格大，价值高，大部分产品都是订产的，这种"以订定产"的方式决定了公司在应收账款管理上将建立健全体现公司特性的制度体系。A 公司的应收账款控制由事前、事中和事后三部分组成。

1. 事前控制。主要从以下三个步骤来达到控制的目标：首先，要对客户进行信用风险评估，这是最关键的一步。企业信用管理部门派出销售人员去对客户的情况进行调查，销售人员根据收集到的客户的资产、隶属关系、市场地位等进行打分，然后反馈到信用部门，之后信用管理部门经理根据销售人员反馈的信息，参考社会上信用评审机构给出的信息对客户进行信用评级。然后根据客户的级别对客户的付款方式进行分类，共分为优、良、中、差四个类别,不同的类别对应着不同的信用条件,如第二个类别"良"为"3∶3∶3∶1",即一共分四次付款,投产前、完工后、投运 n 天后、质保期满后各付 30%、30%、30%、10%,一般主打客户的分类级别较高。其次,信用评估后满足条件,则履行"投标—中标—签合同—法律处出具意见"的程序。其中,签合同时一定要注意明确付款方式、商务条款(如违约条款、诉讼条款)、技术服务等,签订后,A 公司便开始维护应收账款预警台账。最后,则看客户是否根据合同约定的预付款要求,如根据合同要求签合同后 10 天内,按期预付总货款的 30%,若如期付款,A 公司则履行合同要求开始投产。

2. 事中控制。产品投产并完工后,客户便应该按照合同来履行付款义务,即支付发货款。假设合同规定的是 3∶3∶3∶1 的付款方式,此时客户应支付 30% 的货款。若支付未到 30% 则不允许发货,这是一条 A 公司在应收账款管理上刚性的规定,确保了 A 公司的应收账款回收率一直保持在很高的水平。约定的货款到账后,财务部门签发提货单,由仓库进行发货评审,销售人员提交申请,领取出门证后方可发货,客户接到产品后,销售人员出具发票,至此应收账款正式形成。

3. 事后控制。相对于其他两步,A 公司在事后控制上做得更为细致和系统,主要包括四个相互联系的管理措施:①应收账款的确认。产品投运后,A 公司销售人员要经常向客户了解运行情况,正常运行合同规定的天数后,客户就要支付另外 30% 的货款。质保期满后,客户便应将剩余的 10% 质保金支付。在这期间销售人员与客户双方要进行应收账款的确认,一般是半年一次,采用应收账款确认函的方式,销售人员在应收账款确认中兼有提醒、催收的职责。②预警台账的管理。预警台账的建立与维护是 A 公司应收账款管理中的一大特色,这主要由 A 公司销售公司财务部门操作执行。销售公司的财务部门由销售会计主管和销售前台共 5 名财务人员组成。销售前台 4 名财务人员分别负责项目管理、业务款项汇总、预警台账管理和费用汇总,主管会计负责编制凭证报表等工作。每月编制清收计划提交销售公司,销售公司将对该项目的销售人员下达催收任务,之后根据完成情况进行考核。一般每月召开一次清收会议,会上由销售主管、财务主管、销售人员等对难以收回的欠款作分析,分出良性欠性和恶性欠款,针对不同的欠款采取专人催收,甚至起诉的方式来解决。通过维护预警台账,销售部门可以很方便地查询到应收账款的情况,可以及时地提醒销售人员,起到了很好的预警作用,也是企业搞好内控的一个重要工具。③发票回执。发票回执单由销售人员在给客户开具发票时交回对方,由客户办理签收后交回销售公司,公司建立发票回执签收本及时汇总。该措施控制了销售人员利用发票徇私舞弊的行为,也从另一方面保证了应收账款的准确回收。④收货回执。回执单一般由财务处开具,需要客户确认后签章。一般司机是经办人,财务处收到回执单后才给司机报销运费。通过这一操作对司机的工作起到了控制作用,保证了运输的质量。另外,值得一提的是,在 A 公司内部还存在一个与应收账款管理密切相关的销售管理平台系统,它的出现大大方便了企业销售各部门的交流,提升了应收账款的信息化管理水平。

思考:企业可以从哪些方面入手建立与完善内部应收账款管理控制制度?

本案例分析及参考启示,可扫二维码学习。

案例分析参考及启示

第 10 章

销售区域日常管理

【学习目标】

1. 了解销售人员日常行为规范。
2. 了解销售人员业务目标要求。
3. 掌握销售人员技能要求。
4. 掌握销售人员压力管理方法。
5. 掌握销售活动管理主要报表。
6. 掌握销售产品陈列和生动化管理工具。

　　企业销售工作日常管理以销售岗位职责及岗位目标为核心,经销售人员日常行为管理、销售人员业务目标管理、销售人员技能管理、销售人员压力管理为核心;辅助销售会议和销售管理系统保障销售目标实现。日常销售活动管理,如销售人员客户拜访、产品陈列及生动化管理是强化销售管理标准化的重要一环。

　　销售区域是指"顾客群",销售区域也称区域市场或销售辖区,它是指在一段给定时间内,分配给一个销售人员、销售部门、经销商、分销商的一组现有的和潜在的顾客群。销售区域是企业的销售市场,是销售人员完成销售任务的"战场",是企业销售管理的基本单位,也是我们销售管理定义角色即销售区域经理的主要职责和管辖范围。既是销售区域经理的职业舞台,也是销售管理的基本单元,还是企业获取销售利润的田地,销售日常工作正是实现目标的过程管理。

10.1　销售人员日常管理

　　销售经理通过对销售人员日常行为的管理来监控销售队伍工作方向、控制销售计划进程、控制销售工作质量,保障目标实现。

10.1.1　销售人员日常行为规范

1. 销售人员日常行为要求

　　礼仪是人类社会活动的行为规范,是人们在社交活动中应该遵守的行为准则。礼仪能帮助每个人约束自我,尊重他人,创造良好的人际关系环境。礼仪可以说是一个人的内在修养和素养的外在表现,销售人员的礼仪直接反映企业、品牌的形象,良好礼仪能够充分体现对他人的关心、重视、尊敬、平等和真诚。销售人员日常礼仪要求从仪容、着装、与客户接触的礼仪入手。

（1）销售人员日常工作形象

销售人员日常工作中要求仪容端庄、仪表得体、仪态大方，以专业、规范、标准的仪容仪表给顾客留下一个良好的印象，因为销售人员的形象代表公司形象。

① 仪容。主要包括发型、面部、颈部、手部和脚部。

发型：无论男女要求头发洁净、整齐，无头皮屑；要求做到不染特异发色，不做奇异的发型。头发的处理要遵循：前发不附额、侧发不掩耳、后发不及领。

面部：不论是男性还是女性销售人员均要求脸面必须洁净，进行基础护理，无明显面部缺陷。为了表示对顾客的尊重，女性销售人员还须适度描画淡妆，但施粉要适度。

颈部：不论是男性还是女性销售人员均要求颈部干净、挺拔，不佩戴夸张的饰品或其他饰物。

手部：随时保持手的洁净，指甲应经常修理保持整齐，不应留长指甲。不应涂非护理指甲油，不戴除结婚戒指以外的其他戒指。

脚部：不论是男性还是女性销售人员，着不露脚趾、脚跟皮鞋，要求四季不赤脚穿鞋。

② 着装。销售人员着装应与所销售的产品和所处的销售氛围相适应，着装应保持整洁、利落，尤其领口与袖口洁净无污渍，如果公司配备统一工装，要求工作时间着配发工装；如果为自主个性着装，应符合基本商务礼仪要求。

③ 身形与姿势。主要包括基本站姿、基本坐姿、行走和手势。

基本站姿：要求是"头正、肩平、身直"，而从侧面看则要求"含颌、挺胸、收腹、直腿"。

基本坐姿：一般从椅子的左侧入座，要求上身挺直端正，落座稳定，双手轻放于膝盖上，嘴微闭，面带微笑，两眼凝视说话对象。

行走：抬头挺胸、身形挺拔，步履稳健、坚定自信，步履轻柔自然，避免做作。

手势：基本手势为五指并拢，放松，控制力度，忌用手指指点，避免过度夸张手势、大幅度运动。

④ 表情。丰富生动的表情才让人觉得新鲜而富有变化、有生气。真诚就是要让对方感觉到你的表情是发自内心的，是诚心诚意的。

笑容：发自内心的微笑能让顾客感到舒心、放心，表达真诚、化解不满。

视线：平和、镇定、关注，表示对顾客的尊重和重视，切忌斜视、目光游移。

⑤ 态度。销售人员应具有积极的人生态度，积极、真诚、坦然、成熟、自信。

服从领导，严于职守，正直、诚实、勤勉、负责。工作认真负责，友善迎客，与同事和睦相处；任何时刻注重自己的形象，使用礼貌用语，工作积极、主动、认真、耐心，为客人着想，具备服务精神。

（2）销售人员日常工作行为

① 遵守时间管理制度。按时上下班，不得迟到、早退或旷工，工作时间内应坚守岗位。

② 服从工作安排和调配，按时完成任务。

③ 不得玩忽职守，违反劳动规则纪律，影响公司的正常工作秩序。

④ 遵守公司制度。

⑤ 员工不得兼职。

⑥ 保守公司机密。

2. 销售人员日常行为考核

日常行为考核以客观考核与主观考核相结合,客观考核主要考核指标型工作项目,主观考核主要关注被考核对象工作内容完成情况、工作态度等非指标描述型考核项目。

3. 考核方法

(1) 员工考核时间。实施月度考核。

(2) 员工考核挂钩收入的额度。员工月工资中与员工考核挂钩部分占比 $E\%$,由业绩考核和行为考核共同构成,其中,业绩考核占比 $F\%$,行为考核占比 $B\%$。

(3) 员工日常行为考核挂钩部分收入的计算公式如下:

$$Z = ABY$$

式中,A 为不同部门的业绩考核额度;B 为行为考核额度;Y 为当月员工行为考核的分数;Z 为当月员工日常行为考核挂钩收入的实际所得。

(4) 员工考核挂钩收入的浮动限度。当月工资的 $80\% \sim 140\%$。

(5) 员工挂钩收入的发放。每月员工考核挂钩收入的额度随薪酬发放实际所得。

4. 考核程序

(1) 业绩考核。按考核标准由财务部根据当月公司营业收入情况统一执行。

(2) 行为考核。由销售区域经理负责,指定人员执行考核过程。

5. 考核结果

(1) 业绩考核结果每月公布一次,部门行为考核结果(部门平均分)每月公布一次。

(2) 员工行为考核结果每月通知到被考核员工个人。

(3) 每月考核结果除了与员工当月收入挂钩以外,其综合结果也是公司决定员工调整工资级别、职位升迁和人事调动的重要依据。

(4) 如对当月考核结果有异议,请在考核结果公布之日起一周内向本部门经理或行政人事部提出。

10.1.2　销售人员业务目标管理

1. 销售人员业务目标要求

第一项:销售业绩达成。包括目标销量、销售额度、利润额度、销售比率指标、市场占有率。

第二项:货款回收。包括回收比率、回收效率。

第三项:费用控制。包括费用额度、使用效率、销售成本控制。

第四项:活动效果。包括目标指标达成、活动计划执行、过程控制。

第五项:客户建设指标。包括客情建设、客户开发、客户维护、销售网络发展。

第六项:服务目标。包括服务内容、范围、水平、客户满意度。

第七项:信息管理。

2. 销售人员业务目标计划管理

(1) 计划范围和内容

销售人员的业务目标计划主要分为:①年度销售计划;②年度市场发展计划;③客户

拜访计划；④市场推广协调计划；⑤市场信息收集计划等。

以上计划应包括目标的具体分解、达成标准、责任人、时间安排、资源分配等内容，具体详细要求见企业相关管理制度。

（2）计划分解

首先，营销主管帮助销售人员将业务年度计划分解成季度计划、月份计划，明确各分支计划的任务、内容、目标、执行控制、效果评估等事项。

其次，销售人员对分支计划进一步确认，把计划按重要程度分出级别、按时间顺序排出顺序、按人员配置排列等。

最后，将各分支计划进一步分解为工作任务，更便于实际操作，工作任务包括的主要内容如下。

① 任务描述。包括任务目的、任务目标、任务内容、实施起止日期。

② 资源配置描述。包括人员、费用、设备等细节。

③ 实施过程描述（人、财、物配置，过程控制，目标要求）。

④ 考核指标。

⑤ 监督考核（检查内容、标准、检查时间、检查人、考核人等）。

⑥ 改进建议。

（3）计划执行

计划执行要按阶段、按具体的工作任务、具体的工作事项来执行，即按分支计划的工作任务书的要求来执行。

（4）计划执行效果考核

在对计划执行效果进行考核时，任务过程考核主要针对分支计划工作任务书的要求进行考核；计划阶段性考核是按分支计划来考核；年度考核是按年度计划考核指标来评估。

3. 销售人员业务工作日志管理

（1）工作日志内容。销售人员依据工作计划执行销售工作，并将每日工作内容和第二天工作计划记录于工作日志中。

（2）工作日志记录要求。要求销售人员每日工作结束前完成工作日志的填写，作为每日工作回顾、总结，并规划下一步安排。

（3）工作日志的监管。工作日志由业务人员保管，并定期上交，统一保管，作为主管人员检查工作进程的基础资料。部分企业采取每日上交，统一管理的方式。

（4）工作日志的考核。考核人员定期，如每周、每月或抽查工作日志的填写情况，核对工作计划的落实情况，核对日志内容的真实性、正确性，评价日志质量。

（5）工作日志信息呈报。审核人员，包括考核人、主管、经理，针对日志出现异常信息及时反馈、及时处理。

【小资料 10-1】

某公司工作日志制度范例

1. 工作日志内容

用来记录销售人员一天工作情况的表格，内容包括接待来电、来访记录、客户追踪记录、客户信息反馈、销售人员在工作中遇到的问题及销售经理的批复。

2. 工作日志应用

(1) 衡量销售人员工作态度及工作效率的依据之一。

(2) 帮助主管找出销售人员业绩不佳的原因。

(3) 在发现与其他销售人员撞单时,销售经理可以根据工作日志判别客户的归属。

3. 要求

(1) 销售人员在每天工作结束前做好工作日志。

(2) 工作日报表于每日下午5点之前交部门业务秘书。

4. 考核

未交或迟交工作日报表的销售人员第一次罚款10元,第二次罚款20元,依此类推。

10.1.3　销售人员技能管理

销售业绩要想比别人做得好,就要在技能上能够超越对方。俗话说,思路决定出路,技能决定格局。

1. 销售人员技能要求

(1) 沟通技能。销售中的沟通可以让销售人员更多、更好地了解客户,取得企业、同事、客户对我们更大的支持,顺利地完成销售目的。

(2) 销售写作技能。销售工作离不开销售总结、计划书、申请书、和约、报告、报表。销售文案是重要的销售信息传递、沟通、定义工具,是日常销售工作的重要组成部分。

(3) 销售谈判技能。销售谈判是指销售人员为了销售产品与采购方所进行的磋商,其过程是寻求认同、利益平衡、最终达成销售目标的过程。

(4) 产品介绍与展示技能。产品介绍是指对客户进行关于产品功能、规格、产品的款式颜色等所有产品详细的信息告知过程。产品展示是在展厅或展位中直观地把产品摆在客户面前进行详细告知与演示过程。

2. 销售人员技能提升

(1) 沟通技能提升。沟通技能在销售人员招聘录用过程中已足够重视,因此销售人员一般都具备一定的沟通技能。沟通技能的提升主要通过不断的训练和实践过程来完成。销售团队沟通技能的整体提升主要采用情境模拟、演练活动来进行。

(2) 销售写作技能训练。销售经理常常面对销售人员愿意以电话、面谈方式汇报、沟通,一写书面报告时就打退堂鼓的情况,或者报告写了,但报告层次不清,意图不明确,针对企业内部经常应用到的文体组织编写应用文案模板,如促销申请、销售工作总结、销售计划书模板、格式化合同、标准化表格设计和范例的提供,帮助销售人员快速掌握基本销售文案的写作技能,并加以训练。

(3) 销售谈判技能提升。情境模拟下的对抗训练、观摩、典型案例分析等是基本谈判技能训练常用的方法。对典型谈判流程进行细化分解,就可能出现的问题逐一细化分解,提出可能面临的典型问题,逐一剖析,提供典型性解决方案,并加以情境下的针对性训练。

(4) 产品介绍与展示技能训练。提供标准化产品介绍话术和产品展示标准化方案供销售人员训练、演练和实际应用,不断地重复,实行情境模拟训练,可以快速提升产品介绍与展示基本技能。

10.1.4 销售人员压力管理

销售工作的特点决定了销售人员时刻面对各种压力,即所谓"压力下的销售工作"。正确面对压力,形成适当的压力,进行有效的压力管理,有利于销售队伍的人员管理与绩效实现。

1. 正确面对压力

(1) 优秀的销售人员能够将压力为我所用,而不是用来妨碍自己。

(2) 压力太少,会使人感到无聊、懒散、不满、消沉。

(3) 压力太大,可能导致负荷过重。

(4) 压力正好合适,最适当的压力是积极的。

2. 自我解压

(1) 自我肯定,相信你自己以及你在各种情况下战胜压力的能力。

(2) 一想到压力,就要积极的认识到这种压力对自己是有利的。

(3) 学会放松,深呼吸并放松你的肌肉,回想以前你战胜压力的各种出色表现。

(4) 养成微笑的习惯。

(5) 设想成功,积极的设想会使你坚信在真实世界中,你也会使它变成现实。

(6) 自我解压,早日认识到自己不可能成为"常胜将军",市场上没有"常胜将军"。

3. 自我激励

(1) 我是独一无二的。信心对于销售人员来说举足轻重。

(2) 坚持不懈,直到成功。恒心,包括忍耐、一贯和决心,无论成功与失败,都是我重新学习的机会。

(3) 我要用全身心的爱迎接每一天;只有拥有爱心的人,才能在推销中急顾客所急,想顾客所想。

(4) 今天的事不能推到明天。明日复明日,明日何其多。

(5) 确立新的目标。目标就是你未来的现实,没有目标比坏的目标更坏。

4. 压力管理

压力管理可以从个人压力管理与团队压力管理同时入手,了解压力来源,确定压力指数,保持适当压力作为激励的手段,对于有害压力及时释放、有效"排毒"。

(1) 保持一种积极的态度

① 每天起床,要暗示自己,一定要快乐度过每一天。

② 言行举止像你希望成为的人,多与达观、开朗、成熟的人来往。

③ 凡事不要斤斤计较,放弃鸡毛蒜皮的小事。

④ 寻找新观念,所谓的没办法,是用旧的方法没办法,用新的方法一定有办法,相信办法总比困难多。

⑤ 永远不要认为某事是不可能的。

⑥ 心存感激,学会微笑,学会赞美。

⑦ 欣然接受别人诚心的批评。

(2) 建立目标

① 增加个人财富的计划,通过个人努力获取奖金或加薪机会。

② 购置高级消费品的计划,如住房、高档电器等。

③ 旅游计划,达成目标后,一个人或和全家去旅游。

④ 升级的计划,通过工作业绩的提高,获取晋级的机会。

⑤ 工作成绩上的竞争,努力工作,获取领导和同事的好评。

⑥ 刷新工作记录的计划,不满足于过去所创的纪录,再创更新的纪录。

（3）形成一些习惯

① 保持积极的态度。积极的态度有助于你大胆开拓和寻求好运。

② 创造积极的自我形象。对自己充满坚定的自信,并对自己的行动承担责任。

③ 与他人有效的沟通。成功者是优秀的沟通者,他们能倾听他人的想法并善于理解他人。

④ 坚持不断地学习。你需要不断的扩展自己的知识领域,你可以阅读,与他人互助学习,善于向他人学习或提升学历等。

⑤ 自爱、爱团队、爱家庭。

⑥ 确立目标。目标激励我们去取得成功。你必须制定以结果为导向的目标,如我本周拜访 60 家客户,开发 2 家新客户,完成本周的销售任务。

⑦ 适当的休息。如阅读感兴趣的书籍;听音乐;观看落日;散步;看电影电视;写私人信件;洗热水澡;沉思等。

⑧ 憧憬未来。如职业发展、家庭生活等。

⑨ 明确自己的价值观。

⑩ 保持身心健康。有良好的饮食习惯,经常锻炼身体,穿着整洁,精神焕发。

（4）改善组织的工作环境和条件

给员工提供一个赏心悦目的工作空间,良好的工具、设备,以此减轻或消除工作条件恶劣给员工带来的压力。

（5）开展团队文化活动,进行集体解压

通过文化建设与文化活动,体现企业对员工成长与健康的真正关心,使员工感受到关怀与尊重,集体解压。

10.2　销售会议管理

销售会议是销售业务人员的会议,是销售管理的重要手段。每个销售公司（部门）都有自己的会议制度,销售会议已成为每一位销售人员职业生涯中必不可少的组成部分,由此可见销售会议无疑是做好销售工作的基础工作之一。

10.2.1　销售会议的目的和方法

开会是一种正式沟通的渠道,销售经理通过会议解决问题,安排工作,制订计划和决策,是推动企业销售目标最终达成的重要手段。

1. 销售会议的目的

通常大多数的销售会议的目的可以归结为以下几种。

（1）处理信息。如听取报告,发布指令,宣布或解释业务程序上的变化及命令等。

（2）解决问题。如应付突发事件,公关危机,竞争对手市场异动,提出建议,进行讨论,并作出最终决定等。

(3) 作出决定或贯彻决定。需要立即讨论或涉及非典型的业务问题,涉及反复出现的业务问题,要求组织最高层进行讨论或业务授权等。

(4) 激发创意。需要讨论创新的想法,需要迅速产生新思路等。

通过销售会议,销售经理可以将企业有关销售政策和指标传达给销售团队成员,使与会者了解销售工作共同目标,自己销售岗位工作与他人的关系,并明确自己的业务目标;有效的销售会议往往具有辅导作用,销售会议也是一些涉及销售技巧、产品知识以及新技术等方面的训练课程常常采用的方式。同时销售经理可以及时地获得各种市场信息反馈,使销售队伍迅速掌握销售环境的变化,促进销售业绩的增长,使他们更迅速地实现工作目标。

2. 销售会议的方法

常用的销售会议方法很多,比较典型的方式有集训效果良好的角色扮演法;寻求创意与创新智慧的头脑风暴法;进行问题诊断与寻求解决方案的专家咨询会议;研讨会等。

(1) 角色扮演法。角色扮演是一种情境模拟活动。角色扮演法是根据受训人员担任的职务,如业务员、渠道管理员、客户等角色,编制一套与该职务实际相似的情境,在模拟的、逼真的工作环境中,要求受训者处理可能出现的各种问题,对实际销售过程中的各种做法及处理客户问题的技巧进行演练。要求其扮演指定角色,并对行为表现进行评定和指引,以此来帮助其发展和提高销售技能。角色扮演法具有测评和培训两大功能。角色扮演法具有测评的功能,帮助发现问题,培训业务技巧,提高销售技能。

(2) 头脑风暴法。头脑风暴法是指由会议主持人或召集者就某一主题,邀请一些相关人员参加,以团队为基础,通过集体讨论问题的方式激发人的参与欲望,在一定氛围内引导人人争先恐后竞相发言,不断地开动思维机器,激发个人的新点子、新观念、新想法,力求有独到见解、新奇观念,从而达到集思广益的一种方法。这种方法被许多企业广泛使用。

头脑风暴会议在非常融洽和轻松的气氛下进行,所有与会人员都是平等的,每个人可以自由地发表自己的意见和见解,不必经过深思熟虑,不受任何框框限制,只要一有想法就立刻说明,以此激发其他人的联想或延伸,以激发思维。

① 头脑风暴会议的召开应实现明确会议主题、目标和制约因素。如对新产品上市方案的咨询,在技术上要考虑产品的包装、运输问题,渠道关系、竞争对手销售活动等制约条件;在经济上要考虑销售费用的影响;在可能面对的问题上要考虑客户的反映和接受程度等。通过综合评估各种方案的可行性,选出最佳操作方案。

② 现场鼓励参与,欢迎各抒己见,追求数量,坚持不予评判的原则。创造一种自由的气氛,认真对待任何一种设想,现场对各种意见、方案不做评判,诸如"这根本行不通""你这想法太陈旧了",把评判工作放到后续阶段。不可中断或阻挠他人发言,也不可垄断发言,尽力鼓励发言。

③ 目标集中,追求设想数量。提出的意见越多,产生好意见的可能性越大。

④ 控制与会者人数,以 10~15 人为宜。他们应来自各个不同的部门,每个参与者在会议上都有表述看法或意见的机会。

⑤ 为保证会议质量和效果,时间不宜过长,一般以不超过两个小时为原则。一次讨论达不到目的,可以多次进行。

⑥ 预先准备的力量。为了获得更好的效果,会议主题可以提前通知与会人员,让他们分头各自做好准备,参会人员的会议准备主张独立思考,以免干扰别人思维。

⑦ 专人记录。设记录员 1~2 人,要求认真将与会者每一设想不论好坏都完整地记录下来,待会议结束后,再由另批人员成立评估委员会。

⑧ 设主持人一名,主持人只主持会议,对设想不作评论。主持人应懂得各种创造思维和技法,掌握现场使场面轻松活跃而又不失头脑风暴的规则。

(3) 专家咨询会议。专家咨询会议与头脑风暴法的区别:一是体内;二是体外。前者是邀请专家对某一问题进行论证咨询,后者自己在头脑中对某一问题进行发散思维,进行多角度多方位的思考,最终求解的方法。会议是挑选行业专家或公司内部资深销售人员组成委员会,会议现场与会人员围绕设定主题提问,由专家委员会现场进行讨论和解答。

(4) 研讨会。研讨会由于是针对行业领域或独特的主题,通常专业性较强,因此研讨会通常由行业或专业人士参加,针对面较窄的会议形式。销售活动中的研讨会多为便于公平交流的小规模研讨会,通常为几十人的小型圆桌式会议。销售研讨会是企业内部以解决内部的问题、商讨某项业务议题为目的,由公司或销售部门主管安排的会议。

销售研讨会多于会前确定会议研讨主题和会议议程,并发出正式会务通知告知与会人员,参加者都要提前准备会议资料和发言,对多项议题的研讨会可以安排分小组进行分会场主题研讨,就小组会议结果进行总结汇报,会议严格按照预定会议进程进行。在研讨会结束后,会议组织者归纳会议重点,并形成会议纲要。

10.2.2 常见销售会议形式

一般来讲,依据形式的不同会议可以分为正式会议与非正式会议。按照一定程序、规则,有计划、依法召集、召开的会议为正式会议;与正式会议相对,为偶然进行或按照通常的方式(如口头方式)召集的,为提供一些机会简单的解决问题而召集的会议是非正式会议。

1. 正式会议

按照会议范围不同可以划分为企业内部销售会议和企业外部销售会议。

(1) 企业内部销售会议。按照一定程序、规则,有计划、依法召集、召开的会议为内部正式会议,常见的销售部门内部日常例会,如业务晨会、周例会、业务培训会等。另一种内部销售会议为跨部门的日常业务协调会,如周、月度总经理办公会议,即常说的碰头会。部门内与跨部门的销售会议,开完会后,能定出一定的行动步骤,也就是说要"会而有议,议而有决"。作为正式的内部销售会议,还包括会而不议的专项业务会议,如业务表彰会、传达会、新产品上市铺货动员会、业务竞赛动员会、业务经验交流报告会、内部新产品介绍和见面会、技能竞赛或业务培训会等。

(2) 企业外部销售会议。通常外部销售会议有涵盖销售渠道成员参加的渠道沟通、表彰、招商、培训、以新产品面市或新销售政策发布等为主题的销售会议;以及面对公众与客户进行的新产品上市、退市新闻发布会、产品展销会、商务谈判会等。

2. 非正式会议

依据销售时间管理理论,销售人员的有效销售时间投入与销售绩效成正比,因此为获得更高的业绩回报,销售部门和销售人员更倾向于把珍贵的时间资源投入市场上。在此认知前提下召开临时性非正式会议,通常是当团队成员发现业务进展中存在问题,为解决业务上遇到的问题而发起的。

　　为解决问题而召集的非正式会议,常为了解决某一个或某一些问题而召开,问题的解决需要全体与会人员的共同努力和集思广益。对于该种会议应目标清楚,会议安排紧凑,并紧紧围绕会议目的开会;会后能定出一定的行动步骤,并落实各项职能的配合。

　　通常为解决问题而发起的非正式会议为以下情况进行召集。

　　(1) 信息的误解读。需要解释、评论信息,消除误解,达成共识。如果所宣布的信息只需一本公文簿传阅即可,就不需要开会。

　　(2) 计划外市场异动情况的发生。需要研判信息,进行应对措施的选择。进行信息分析、研讨计划改进并形成新的滚动计划。会议组织者还可通过销售会议在销售人员当中进行任务分派,明确各自所承担的责任与目标,并对任务的执行进行指导。

　　(3) 内部人员、部门间业务动作失调。需要协调关系,寻求支持。通过销售会议协调关系,既有部门内的协调,也有部门之间的协调、协商性会议。因此,与会人员除了销售人员外,还可以包括其他部门的有关人员。

10.2.3　日常销售会议

　　有效地组织销售例会,是一个销售经理必须会做的一门"功课",同时,也是销售经理作为一个管理者、领导者必须掌握的"基本功"。有效的销售会议不仅会让营销团队富有效率、充满激情,也便于营销部门制定的方针政策更迅速、更及时地准确传达。作为一个销售经理,要参加和组织多种日常销售会议。

1. 本部门销售例会

　　会议周期:每天晨会、每周例会、每月总结会。不同的营销团队会有不同的会议周期。

　　会议范围:范围限定为本部门,部门经理或主管召集会议,本部门人员参加会议,由部门负责人或部门负责人指定人员主持会议;上级部门可以不定期派观察员参与会议,但观察员一般不参与会议进程,有时邀请上级领导列席。

　　会议的目的:会议的内容多是总结上一阶段本部门的工作,并围绕整个公司的规划与总体计划对下一阶段的工作进行安排;是让人提出问题、分析问题、解决问题的过程;会议重点在于沟通,也是拉近距离,消除团队成员之间的误会,激励团队成员士气的过程。

　　会议特点如下。

　　(1) 制度性。确定的会议计划安排,到达计划期限即举行会议,会议时间、地点、进程安排、参加人员及主要议题已经形成制度化。

　　(2) 目的性。即销售例会的召开,要有清晰的目的性。晨会作为鼓舞士气,落实当日任务,特殊情况处理,如有漏岗人员,对应业务派员临时处理等事项安排;周例会及月例会主要了解、汇聚市场信息、数据,让团队成员了解绩效进程,沟通市场状况,解决日常工作中遇到的问题和其他需沟通、协调事项。

　　(3) 价值性。销售例会提供销售人员与上级及上级管理部门的最新信息交流。提供机会加强和每一位销售人员的内在联系,讨论他的工作可能与出现的问题。认识总体经营及其现状,并使每位销售人员洞悉其他部门的工作进展,了解自身工作价值。同时是很好的交流经验,提升业务人员业务水平的过程。

2. 总经理办公会(碰头会)

　　会议周期:每半月一次或每月一次,月末举行。不同的营销团队会有不同的会议周期。

会议范围：范围限定为公司范围内；总经理负责召集会议，公司总经理、副总经理或其他高级管理人员、与议题有关的部门经理或分公司经理参加会议，总经理或总经理指定人员主持会议。

会议的目的：研究和落实已确定经营计划活动，决定和处理经营活动中所遇到的一切问题。碰头会是让人提出问题、分析问题并解决问题，必要时进行业务计划调整的会议。会议具有制度性、决策性强的会议特点，并具有计划调整等决策权限。

3. 业务培训会

会议周期：定期或不定期举行。不同的营销团队会有不同的会议周期。如某企业业务培训会安排为销售淡季每周一次，销售旺季一月一次。

会议范围：范围限定为当期培训会议计划划定范围人员参加，计划指定人员召集会议，指定范围人员参加会议，指定人员主持会议。

会议的目的：针对销售工作中的问题进行行为改进型训练；针对新销售工具的使用、新产品、新策略实施进行信息传递型培训、企业文化、团队建设会等。会议目标明确、参会人员指向性强。

4. 新产品介绍展示会

新产品介绍展示会分内部新产品介绍展示会和外部新产品介绍展示会两个范围。

会议周期：新产品上市期。

会议范围：对内部范围限定为企业内部与新品上市相关的所有人员。公司新产品开发部门和销售部门高层共同召集会议，并有本部门人员参加会议，由产品经理或指定人员主持会议。针对外部新产品介绍展示会由公司委托销售部门召集，将参与新产品销售的渠道成员，如经销商、代理商、直营店等派代表参加会议。

会议的目的：向专业群体，如企业销售人员或渠道销售人员介绍和推广某一新产品。包括新产品特点、使用说明、销售和服务要求及公司销售政策等。

会议特点：会议聚焦新产品这一主题，会议进程相对灵活，以便达成目标，即与会人员真正掌握有关新产品信息为会议结会信号。

10.2.4　销售会议的组织与筹备

开会要花费宝贵的时间和金钱，因此只有在必要时才召开会议，并确保会议简短而富有建设性已经成为大家的共识。

1. 销售会议的筹备

会议的筹备工作做得是否充分，直接关系到会议的成功与否。会议筹备流程如图10-1所示。

（1）明确会议的目的，确定会议的主题。对于销售例会，一般情况下由企业会议管理制度明确规定会议目的、范围、时间安排及参加人员等事项，相关人员严格执行制度即可。会议主题要精确、简明、有号召力，易于理解和记忆，以便与会者能够积极做好准备工作、有效地投入会议；并保证会议主题应贯穿整个会议始终，会议的所有活动都应围绕主题来进行。

（2）确定会议的规模。为实现高绩效会议目标，应有效控制会议范围，一般性日常销售会议较理想的与会人数是5～20人，以提高沟通效率，保证会议目标的达成。

（3）确定会议的时间和地点。日常性销售会议通常在办公地召开，但与工作现场分开，

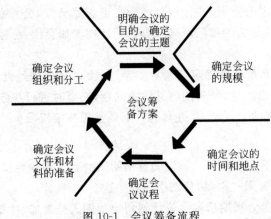

图 10-1　会议筹备流程

避免电话、来访等事项的干扰；特别重要的会议或为时较长的会议，则应选择远离与会者办公室的地点或机构外的会场召开。机构外专业化的会务服务机构对于预算许可的会议能够提供便利、专业、优质会务服务工作。

（4）确定会议议程。会议议程可以让与会者一目了然地明白会议目的以及具体的会议内容、时间等细节安排，会议议程应于会前通告参会人员，据此做好相关的会前准备。

（5）确定会议文件和材料的准备。包括大会的主报告、大会发言单位的材料、会议日程表、参加会议人员名单、住宿安排、主席台座次、分组名单、讨论题目和分组讨论地点、作息时间表、会议的参阅文件和相关资料。

（6）确定会议组织和分工。会议组织和分工包括文件起草和准备、会务组织、会场布置、会议接待、生活服务（含娱乐活动安排）、安全保卫、交通疏导、医疗救护等。如果为较大型的会议，一般公司会安排专门的会议管理部门负责会议；日常性的小型销售会议由销售部门自己组织安排。

2. 参加销售会议

所有与会者都有义务保障会议预定目标达成的责任。为保证会议富有成效，应以积极的心态参加会议，做好充分的会议准备工作。

（1）认真阅读会议议程，进行透彻的会议背景调查和信息准备，查阅过去相关会议资料。

（2）穿着整洁得体、态度端正，能够为你获得更多尊重和信任，更有利于获得认同感。

（3）积极投入会议进程，认真倾听，积极分享。

（4）预热提案。如果你要在会议中提出自己的提案，并希望会议通过提案，尽可能会前与你的上级（不管是否到会）进行沟通，寻求其对你提案的支持，至少愿意考虑它，有利于提案的讨论和顺利过关。

（5）做好会议备忘录，便于后续讨论和应用。

3. 主持销售会议

销售会议的主持人应注重对会议目标的推进，并肩负起几项重要责任。

（1）营造会议的气氛，促进发言。会议主持人应认真地肩负起最大的责任，他应能很好地掌控到全局。

（2）推进会议目标。尤其是分配销售任务会议，应鼓励大家自动"认领"工作，掌握成功的机会,保证会议的成果,引导会议的良性进展,跟进会议的决定。

(3)控制会议时间,推动会议的进程。作为会议的主持人就是会议的主导者,进程尽量不要拖延,要有效地控制会议的时间,保证正常的议程,成功完成各项事务。

(4)会议总结。为会议作总结,应尊重事实,根据不同的会议种类,有所侧重,有所区别。会后就会议决议内容形式一个文件或会议纪要,落实主要决议,贯彻执行会议决议。

4. 会议记录工作

会议记录是会议程序的一个重要组成部分,是使会议真实情况得以记载下来的手段之一,是会议信息传递的一个媒介。会议记录工作的好坏,在很大程度上影响着其他各项工作的顺利进行。销售会议大都涉及市场信息、销售政策及工作安排等重要事项,因此销售会议应指定专人负责会议记录工作,并规范保管。会议记录基本要求如下。

(1)完整、真实、准确是基本要求。准确写明会议全称,开会时间、地点,性质;会议记录员记录必须认真贯彻真实、准确的要求进行记录,不能任意增删或改变。

(2)详尽周全。重要的会议或出席对象来自不同单位,应设置签名簿,请出席者签署姓名、单位、职务等。

(3)条理分明、眉目清楚、逻辑性强、段落分明、清楚易懂,且要归档备查。

销售会议是销售管理的重要工具,它就在销售人员身边,看似平常,其中充满玄机与技巧,良好掌握销售会议技巧,让销售管理变得更简单、绩效达成更顺利。

10.3 销售管理报表管理

10.3.1 区域销售经理(区域配送中心)销售管理报表

(1)分公司月销量统计表。

(2)分公司经理路线检查表。

(3)促销活动申请表。

(4)竞争品牌促销政策一览表。

(5)分公司周(月)报表。

(6)竞争品牌价格一览表。

10.3.2 区域主管(中间商)销售管理报表

(1)区域月份销量进度表。

(2)主管路线检查表。

(3)促销活动申请表。

(4)区域周汇总表。

(5)区域配送中心管理日报表。

10.3.3 业务代表(销售终端)销售管理报表

(1)终端客户资料卡。

(2)业务代表走访终端客户清单。

（3）业务代表走访线路图。

（4）业务代表区域客户走访日报表（A）。

（5）业务代表区域客户走访日报表（B）。

（6）业务代表促销申请表。

（7）业务代表周走访汇总表。

注：各项报表范例表格见附录1销售区域日常管理报表。

10.4　销售岗位工作管理

销售岗位工作由于各行业、企业、市场特性不同，工作内容定义不同。现以消费品行业为例，说明销售点岗位管理基本内容提供参考。

10.4.1　销售代表的工作职责、工作内容及工作流程

1．工作职责

（1）基本职责

对销售市场负有直接管理责任；通过对片区线路的拜访开发，按预定制方式操作，不断提高本区域市场的销售潜力和市场占有率。

（2）具体职责

① 销售的职责，具体如下。

- 每天按路线进行拜访，对各渠道进行开发、订货、管理好客户卡等资料。
- 确保公司销售货款及时回笼，管理好有关销售、结算票据。
- 按时参加公司各项销售会议及培训活动。

② 市场管理的职责，具体如下。

- 管理市场价格秩序，监控产品流向。
- 做好产品的铺市活动，保证产品的覆盖率。
- 做好本区域的产品生动化工作，维护好生动化设备。
- 确保促销政策落实到位，对促销执行情况进行监控。

③ 客户服务的职责，具体如下。

- 与客户保持良好的客情关系，对产品质量监控，处理有关客户投诉。
- 进行市场调查，对市场状况进行总结和报告。

（3）权限要点

① 有权代表公司管理本区域客户并进行谈判。

② 有权对本区域内生动化设备和用品进行管理。

③ 行使公司所赋予的其他销售权利。

（4）工作标准

确保销售计划的完成，按公司对销售人员工作要求操作。

（5）考核

本岗位由业务主管或主任考核，考核办法按公司规定执行。

2．工作内容

（1）准确掌握区域内的自然情况，按要求制定路线拜访手册并动态修订。

（2）严格按照拟定的拜访路线进行拜访。

（3）开发并维护终端客户，提高区域内产品覆盖率、占有率，监控终端进价及售价。

（4）检查终端库存，督促终端补货，保证公司产品在店内不断货。

（5）及时、认真地搞好终端促销活动，严格按照公司规定对目标店进行促销，不允许擅自更改促销政策和兑奖规则。

（6）做好终端生动化工作。随时督促服务员保持公司产品的外观清洁，并尽可能使公司产品陈列在最显眼位置，商标面向消费者。

（7）协助服务员循环置换公司产品，确保先进先出的原则。

（8）在目标店最合理的地方，张贴广告和布置挂旗等宣传品，并保持整洁。

（9）协调处理客户投诉，与客户建立良好的客情关系。

（10）认真填写终端客户清单、资料卡及日拜访记录表，如有变更应及时修改。

（11）随时掌握竞争对手情况，及时、准确的反馈市场信息。

3．工作流程

（1）拜访前

① 按要求定期到指定地点参加公司或区域例会。

② 准备路线拜访手册、日报表、订货单、POP等走访工具。

③ 按路线拜访手册拜访客户，如有变更，应及时报予上级。

（2）拜访中

① 调整情绪，面带微笑同客户交谈，宣传本公司产品、销售政策、促销政策、服务等。

② 了解销售情况，解决客户存在问题。

③ 清洁产品、检查库存、督促客户及时补货。

④ 检查POP、海报、挂旗等广告宣传品摆设在醒目位置及补充。

⑤ 填写日报表。

⑥ 准确掌握市场信息并及时反馈。

⑦ 控制市场价格及物流方向。

⑧ 安排送货及其他承诺适宜，确认下一次的访问，并向客户致谢。

（3）拜访结束

① 回顾走访内容。

② 修订变更的客户资料。

③ 完成规定的行政工作。

10.4.2　分销商销售代表的工作职责、工作内容及工作流程

1．工作职责

（1）基本职责

按照公司现有的各项销售奖励/处罚政策，对现有的分销商进行监控，达到稳定销量、稳定市场价格的销售目标。

（2）具体职责

① 对现有的分销商具体的日常管理工作。

② 具体掌握控制分销商每日进/出/库存量，对分销商货物流向进行监控。

③ 对"跨区"销售进行有效管理。

④ 了解公司产品和市场价格信息，严格执行公司价格政策。

⑤ 协调一、二级分销商和终端之间的关系，完成总体销售目标。

⑥ 积极协助终端的铺货工作，达成公司市场覆盖率指标。

⑦ 按时参加公司各项销售会议和培训活动。

⑧ 维护公司声誉，严守公司商业操守规程。

⑨ 积极处理顾客投诉。

（3）完成工作标准

① 确保销售任务的完成，严格执行公司的各项销售政策。

② 按公司要求落实分销商奖励/促销政策。

③ 完善现有渠道管理，维护市场占有率和价格体系。

（4）权限要点

对分销商有奖罚建议权/执行权。

（5）考核

由区域主管直接考核，标准按公司有关规定执行。

2. 工作内容

（1）通过拜访增进客情关系，了解市场情况，积极完成公司下达的销售任务。

（2）掌握经销商的产品流向，控制跨区销售。

（3）执行市场指导价格，防止客户杀价。

（4）检查经销商的库存，督促经销商及时进货。

（5）对客户投诉及疑难问题及时反馈、解决。

（6）收集并整理市场有效信息。

（7）对直销业务代表的业务工作经销商与其下属网络的供货服务关系予以协助。

（8）指导并协助经销商准确执行公司的各项销售及促销政策。

（9）将发现的问题和建议汇报给上级。

3. 工作流程

（1）拜访前

① 按要求定期到指定地点参加公司或区域例会。

② 准备日报表、POP等走访工具。

③ 检查周工作计划，如有变更，应及时报予上级。

（2）拜访中

① 调整情绪，面带微笑同客户交谈。

② 了解销售情况、客户存在问题，记录未解决事宜并确定解决日期。

③ 填写日报表。

④ 督促进货，对同意进货的客户及时联系货源。

⑤ 准确掌握市场信息并及时反馈。

⑥ 控制市场价格及物流方向。

（3）拜访结束

① 回顾走访内容。

② 修订变更的客户资料。

③ 完成规定的行政工作。

10.4.3　直销主管的工作职责、工作内容

1. 工作职责

（1）基本职责

对直销各项工作负有直接管理的责任。

（2）具体职责

① 对直销业务代表的工作进行抽查。

② 主持直销会议和培训活动。

③ 对业务代表的工作进行检查并考核。

④ 对促销活动进行抽查。

⑤ 负责终端销售合同管理。

⑥ 制订并执行销售计划，组织市场调查，对销售工作进行总结。

⑦ 同重点客户保持良好关系并负责与其谈判。

⑧ 协调与批发商、零售终端、销售队伍、促销队伍四者之间的关系。

⑨ 组织处理客户投诉、产品质量、售后服务等方面工作。

（3）权限要点

对直销业务代表、促销业务代表有直接考核和人员调配的权利。

（4）工作标准

① 确保销售任务/销售目标的完成。

② 确保销售信息的及时反馈。

③ 确保公司货款回收（扎啤直销）。

（5）考核

由市内直销经理直接考核，考核标准按公司要求执行。

2. 工作内容

（1）划分好销售区域，使每个直销业务代表区域内的客户数目合理。

（2）准确掌握区域内的自然状况及市场情况。

（3）每月初给直销业务代表制订出本月的销量计划和渠道开发目标并督促实施。

（4）抽查直销业务代表的日常工作并记录。

（5）检查促销的执行情况。

（6）如有需要协助直销业务代表对重点终端直接开发。

（7）监控区域内的产品流向，控制跨区销售，维护价格秩序。

10.4.4　区域主管的工作职责、工作内容

1. 工作职责

（1）基本职责

对公司现有的销售渠道有效的组织领导，协调经销商与公司之间的关系，完成公司下达

的销售计划。

(2) 具体职责

对公司现有的经销商进行日常管理工作,对经销商货物进/出/库存量及货物流向进行监控,控制跨区或低价销售现象的发生。

① 了解公司产品和竞争品牌的市场价格动向,分析和研究价格政策,配合促销/奖励手段,调节市场需求和控制价格水平。

② 收集公司所要求的各项销售报表并分析,上报有关部门。

③ 经销商之间的协调管理和维持良好的客情关系。

④ 管理本部门的批发业务代表,完成公司下达的销售任务,并随时检查工作。

⑤ 积极处理客户投诉。

⑥ 维护公司声誉,严守公司商业操守规程。

(3) 完成工作标准

① 确保销售计划的完成。

② 按公司要求落实经销商各项奖励/促销政策。

③ 完善现有渠道管理。

(4) 权限要点

① 对一、二级批发业务代表有直接考核权。

② 对合同经销商奖励/处罚的权力。

(5) 考核

由销售部经理直接考核,标准按公司规定执行。

2. 工作内容

(1) 制定目标

① 为区域内业务人员制定并下达清晰的业务目标。

② 在例会上通报市场动态及下期工作重点。

③ 管理区域内价格秩序,控制跨区或低价销售行为。

④ 遵守公司价格政策和促销政策并保证落实到位。

(2) 业绩评估

① 每周的业绩反馈给予评价。

② 找出影响业务发展的关键点,群策群力。

(3) 客户服务

① 汇总客户对公司管理及产品方面的建议。

② 解决客户在经营中存在的力所能及的问题。

③ 发现并扶持区域内有潜力的分销商,为其制定发展规划和行动方向。

(4) 信息反馈及客户档案的整理更新

① 提交市场异常信息。

② 整理更新客户档案。

(5) 提交市场操作建议

① 根据市场变化向公司提交可行性市场操作建议。

② 在保证公司利益的前提下,使合作伙伴盈利,为双方长期合作打基础。

10.4.5　销售人员客户拜访流程

销售人员客户拜访流程如图 10-2 所示。

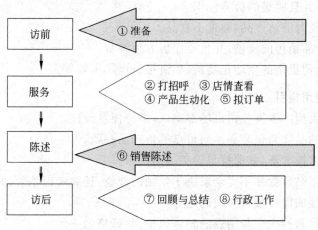

图 10-2　销售人员客户拜访流程

10.4.6　产品陈列及生动化管理

1. 产品陈列与生动化概述

产品陈列与生动化是通过最佳陈列地点及一切可以利用的广告陈列品来提醒消费者关注品牌和产品，然后影响他们购买产品。目的就是传达品牌信息并让消费者购买，让消费者易看、易选、易拿；因为 70％以上的消费者是到了零售店内才作出购买决定的，有效的陈列可以影响顾客的决定，并刺激冲动性消费，是销售人员提高销量的最好工具之一。

生动化工作（如美观的广告品）对零售店可以产生装饰的效果；可以刺激消费者感官，促进购买行为，增加零售店的利润和收入；助销品会帮助零售点节约成本，可以对终端销售活动起到良好推动作用。

2. 产品陈列与生动化工作内容

（1）确定销售渠道的类型，再选择布置适当的广告品。

（2）消费者容易看到的，便于拿到的，吸取其注意力的位置是最好的选择。例如：

① 卖场正对门、正门可看出、视线平齐处。

② 人流方向之前、人流必经之地，如出口、入口、收银台等。

③ 方便客户自己拿取的地方、收银台附近。

④ 商场端架、吧台、货架上目视水平处。

⑤ 从窗口或店外就可以看到的位置。

（3）保持产品及广告品的清洁，及时更新。

3. 卖场产品陈列

（1）产品陈列的种类。包括货物陈列、落地堆箱陈列，如岛形陈列、梯形陈列。

（2）产品陈列标准。

① 保证产品和同类产品放在一起，公司产品陈列区内不允许出现其他竞争品牌和杂物。

② 集中摆放,产品排面一定要大于竞品的排面,优先陈列销量最好或正欲推广的产品。

③ 统一的包装陈列顺序。包括包装水平,品牌垂直,上轻下重,前小后大。

④ 中文商标面向正前方。

⑤ 必须有统一并且明显的价格标识。

⑥ 先进先出,及时清洁产品,移走不良品。

⑦ 作出已有产品销售的痕迹,并且要让店方易补货。

⑧ 充分利用公司提供的生动化物料,如海报、价签、吊牌等。

4. 广告品的使用指引

(1) 广告牌等大型广告需公司市场部确认,不得任意设计。

(2) 广告品上的品牌与包装必须与售点所售产品一致。

(3) 广告品须常换常新,并保持与促销活动一致。

(4) 广告品的张贴质量并不完全取决于张贴的数量,还要考虑位置、时间等因素。

(5) 寻求最可能的保留较长时间的地方。

(6) 广告品的质量档次应与网点的整体风格、装修格调一致。

5. 生动化工作标准

(1) 确保各品种均有充足的库存。

(2) 为公司产品、展柜、广告品等争取最佳的位置。

(3) 公司产品包装箱放在最上面。

(4) 使公司产品享有公平合理的、最大化的陈列空间。

(5) 包装陈列顺序。遵循"同一包装水平陈列,同一品牌垂直陈列,上轻下重陈列,前小后大陈列,品牌按一定顺序摆放"等基本原则。

(6) 商标面向消费者陈列。

(7) 具有统一、明显的价格标识。

(8) 移走公司产品陈列架上竞争对手的产品。

(9) 将广告品放在醒目和客流量高的区域。

(10) 执行货品先进先出,轮换货架和冰柜、展示柜内的产品。

(11) 清洁货架、产品和售点广告。

本章小结

企业销售工作日常管理以销售岗位职责及岗位目标为核心,经销售人员日常行为管理、销售人员业务目标管理、销售人员技能管理、销售人员压力管理为核心,辅助销售会议和销售管理系统保障销售目标实现。日常销售活动管理,如销售人员客户拜访、产品陈列及生动化管理是强化销售管理标准化的重要一环。

关键概念

销售流程　规范化　产品生动化

销售区域日常管理报表

范例表 1：分公司月销量统计表

年　　月　　日

配送中心名称	品牌	包装	计划销量/箱	实际完成销量/箱	完成比率	备注
合计						

填表人：　　　　　　　　　　　　　　　　　　审核人：

范例表 2：分公司经理路线检查表

分公司经理： 被检查人姓名： 销售区域： 路线： 走访日期： 走访客户数：

检 查 项 目	评　价	存 在 问 题
日报表、手册填写内容齐全	是　否	
日报表、手册填写内容与事实相符	是　否	
工作纪律执行	良好　一般　差	
客户开发与维护情况	强　可　弱	
销售执行情况	良好　一般　差	
重点客户控制能力	强　可　弱	
价格控制能力	强　可　弱	
促销执行情况	良好　一般　差	
生动化执行情况	良好　一般　差	
物流方向掌握情况	良好　一般　差	
信息反馈及时、准确	是　否	
客情关系	良好　一般　差	
业务状况综合评价		
改善措施		

范例表 3：促销活动申请表

促销编号：

促销活动名称与目的（促销举办原因）			
促销对象（经销商/零售商/消费者）			
促销产品	品牌	规格	促销时间
			开始 结束
促销方式（详细说明促销活动举办的方式） a. b.			

促销时间表

准备项目	准备内容		结束

促销成本

准备项目	数量	单价	总成本
总计			

预估促销量与每箱成本

目前销售　箱数/月	计划促销　箱数/月	总促销成本	单箱促销成本	
提案人	地区经理/主任	销售总经理	财务总监	总经理

范例表4：竞争品牌促销政策一览表

填表人：　　　　　　　　　　　　　　　　　　　　年　　月　　日

品牌包装 渠道环节		公司产品		竞争产品		备注
		产品1	产品2	品牌1	品牌2	
消费者 促销	方式1					
	方式2					
	发生3					
终端促销	方式1					
	方式2					
	发生3					
渠道促销	方式1					
	方式2					
	发生3					

范例表5：竞争品牌价格一览表

填表人：　　　　　　　　　　　　　　　　　　　　年　　月　　日

品牌包装 渠道环节		公司产品		竞争产品		备注
		产品1	产品2	品牌1	品牌2	
终端售价	最高售价					
	主流价					
	最低售价					
二批	最高售价					
	主流价					
	最低售价					
一批	调拨价					
	主流价					
	最低售价					
	协商价格					
配送中心	调拨价					

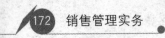

范例表 6：区域月份销量进度表

分销商：

日期		1	2	3	…	27	28	29	30	31	合计
	计划										
	实际										
	比率										
	计划										
	实际										
	比率										
	计划										
合计	实际										
	比率										

范例表 7：××区域周（月）汇总表

填表人：   年   月   日

计划走访数	实际走访数	计划开发客户数	实际开发客户数	完成月进度比例

未完成走访或开发客户原因：

各产品汇总情况

产品名称						
周（月）销量						
各品牌所占同档市场比例						
覆盖率	现场					
	非现场					
占有率	现场					
	非现场					
与上周（月）增减比	周销量					
	覆盖率					
	占有率					

增减原因：

市场信息：

分析及建议：

本周市场问题解决情况：

范例表 8：区域配送中心管理日报表

配送中心名称：　　　　　　　　　　　　　　　　　　　　　　　日期：

分销商名称	品牌 1			品牌 2			存在问题	备注
	数量	调拨价	表识登记	数量	调拨价	表识登记		
总计								

范例表 9：终端客户资料卡

□现场消费　□非现场消费　　　　　　　　　　　　　　　　　　客户编码：

客户全称	详细地址	电话		负责人	联系人
客户类型	员工人数	营业面积		经营年限	日营业额
付款方式	□现结　　□批结　　□周结　　□月结　　□其他				
进货渠道		最佳拜访时间			

经营产品品牌

品牌名称				
售价（元/箱）				
主营产品	□	□		□	□
POP 张贴可能性：□能　　□否		原因：			
产品陈列可能性：□能　　□否		原因：			
发展为形象店可能性：□能　□否		原因：			
我公司生动化工具：□有　　□无		工具：			
经营状况：　　□良好　　　　□一般　　　　□差				
填表人		填表日期：　年　月　日	周拜访日		

填报说明：

1. 营业面积指室内及室外固定营业面积。
2. 现场消费、非现场消费、付款方式、主营产品、经营状况以"√"形式表示。
3. POP 张贴、产品陈列、形象店可能性，如"有"以"√"形式表示，如"无"说明原因。
4. 生动化工具如"有"，则需填写物品。
5. 周拜访日填写"星期"。

范例表 10：业务代表走访终端客户清单

业务代表：　　　　　行政区域：　　　　销售区域：　　　　　第　　路线

序号	客户名称	类型	客户编码	联系人	地址	我公司产品	竞争对手产品
1							
2							
3							
4							
5							
6							
7							
8							
9							
10							
11							
12							
13							
14							
15							
总计							

填报说明：此表调查覆盖率，用铅笔以"√"或"×"表示产品有或无。

范例表 11：业务代表区域客户走访日报表（A）

分销商名称：　业务代表：　区域：　　　　路线：　　　年　　月　　日

客户名称	客户类别	潜在客户	公司产品			促销政策执行	竞争品牌			促销政策执行	备注
			进价	销价	销量		进价	销价	销量		

每日各品牌进货量：　　　　　　　　　每日各品牌库存量：

小结　问题：　　　　　　　　　　　建议：

注：客户类别：A—零售；B—二批；C——批。

范例表 12：业务代表区域客户走访日报表（B）

分销商名称：　业务代表：　区域：　　　路线：　　　　　　　　年　月　日

客户名称	客户类别	潜在客户	公司产品							竞争品牌							备注
			生动化			人员促销	市场信息			生动化			人员促销	市场信息			
			POP	陈列	展柜		动销	服务	价格体系	POP	陈列	展柜		动销	服务	价格体系	

每日各品牌进货量：　　　　　　　　　　　每日各品牌库存量：

小结　问题：　　　　　　　　　　　　　　建议：

填报说明：

客户类别：A—零售；B—二批；C——批。

POP：√ 或 ×（√ 表示有；× 表示无）。

陈列：A、B、C（A 表示良好；B 表示一般；C 表示差）。

展柜：A、B、C（A 表示占陈列面积的 70％以上；B 表示占陈列面积的 40％～70％；C 表示占陈列面积的 40％以下）。

备注：描述竞争品牌的市场变化情况。

服务：A、B、C（A 表示好；B 表示中；C 表示坏）。

动销（与我公司产品相比）：A、B、C（A 表示好；B 表示相当；C 表示差）。

人员促销：人数。

范例表 13：业务代表促销申请表

促销编号：

客户名称	客户地址	联系人	联系电话1	
			联系电话2	
营业状况				
月营业额	人均消费	包厢数	大厅数	客户等级
月销量	主竞品牌	竞品月销量	生动化布置	
生意好的时间		生意好的日期		
促销建议				
促销人数	促销量	促销时间安排	促销开始日期	促销结束日期
申　请　人	直销主管	促销主管	审批人	日期

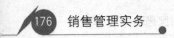

范例表 14：业务代表周走访汇总表

填表人：　　　　　　　　　　　　　　　　　　　　　　　　　　　年　月　日

计划走访数	实际走访数	计划开发客户数	实际开发客户数	月销量完成进度

未完成走访或开发客户原因

各产品汇总情况

产品名称							合计
周销量							
各品牌所占同档市场比例							
覆盖率							
占有率							
与上周增减比	周销量						
	覆盖率						
	占有率						

增减原因	
市场信息	市场信息包括公司及竞品市场动态和促销活动变化情况
分析及建议	
本周市场问题解决情况	

范例图 1：

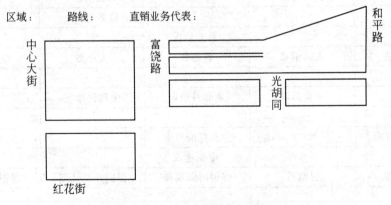

业务代表走访路线范例图

销售管理制度范例

范例 1 某公司销售管理制度

1. 总则

本销售管理制度是规定本公司业务处理方针及处理标准,其目的在于使业务得以圆满进行。

2. 营业计划

(1)每年择期举行不定期的业务审计,并就目前的国际形势、产业界趋势、同行业市场情况、公司内部状况等情况来检查并修正目前的营业方针,方针确定后,传达给所有相关人员。其内容包括:①制品种类、项目;②价位;③选择、决定接受订货的公司;④交货日期及付款日期;⑤契约款品。

(2)有关未来的产品,应按下列要项作为评核销售管理制度。

① 所生产、销售之产品必须是具有技术和成本上的优势及不为竞争者所能击败的特色。

② 竞争者新产品的制造方式、设备等应取得专利权。

(3)产品种类及项目,应视行情的好坏、订货的繁易等条件,按下列各项进行评核。

① 停止多种类少数量的营业方针,并以尽量减少种类、增加单位数量为管理制度的原则。

② 以接受订货为主,订货量需加上确实标准品的预估生产销量。

③ 所接受的订货数量很多时,除应自行生产外,并应注意其他商品销路。

(4)商品价格的定位须区分为目前获利者与未来获利者,并考虑较容易让人接受的价位来决定产品的种类。

(5)在选择、决定往来的订货公司时,须以下列为重点方针。

① 从未来的贸易、特别需要或重要的产业着手。

② 推展公家机关及地方公共机构的开拓。

(6)交货及付款日期,则须恪守下列各项方针。

① 到期必须确实交货。

② 收到订单时,须要求正确的交货日期,并且规定有计划性的生产。

(7)在订立契约时,要尽可能使契约款项长期持续下去。

3. 营业机构与业务分担

(1)营业内容可分为内务与外务两种,并依此决定各相关的负责人员。

内务方面：

① 负责预估，接受订货及制作，呈办相关的文案处理。

② 记录、计算销售额及收入款项。

③ 处理收入款项。

④ 统计及制作营业日报。

⑤ 制作及寄送收款通知书。

⑥ 印制、寄送收据。

⑦ 发货包装及监督。

⑧ 与客户进行电话及其他相关联络。

⑨ 收集、整理产品及市场调查的相关资料。

⑩ 制作收发文书。

⑪ 进行广告宣传及制作、发布广告媒体。

⑫ 计算招待、出差、事务销售管理制度及旅行费用。

⑬ 接待方面的事务。

外务方面：

① 探寻及决定下批订单的公司。

② 对下批订单后的状况进行调查、探究及掌握。

③ 与客户做估价、接受订货及延揽交易。

④ 接受订货后、负责检查、交货的各项联络、协调与通知。

⑤ 回复客户的通知及询问。

⑥ 做有关产品进厂及检查的联络。

⑦ 开拓、介绍客户。

⑧ 客户的访问、接待及交际。

⑨ 同业间的动向调查。

⑩ 新产品的研究、调查。

⑪ 制作客户的问候函。

⑫ 请款、收款业务。

(2) 外务工作通常会依据客户别或商品别，分别由正、副二人负责工作。正负责人不在时，可由副负责人或其他相关人员代为执行职务。

(3) 关于营业方面的开拓及接受订货，则由所有负责销售管理制度工作者及经理负责支援及进行接受订货的联络指导。

4. 接受订货及运筹计划

(1) 对于客户的资料应随时加以适当分类、记录下来。相关者或资料取得者也应随时记录所得的管理资料。

① 把资料分类为对交易有重要性者及对交易不重要者，并记录下列各评核事项：组织结构、负责人员、电话、场所、资产、负债、信用、业界的地位、交易情况、付款情况、交易系统、营业情况、使用场合、交货情况、态度等。

② 除了以上的记录之外，还须将报纸、杂志剪贴下来，分类整理。

(2) 与此配合一致。

（3）调查各产业或各地区、各家公司的经营状况，并以此来掌握有利的公司、事业、公家机构等，制定有效的推销政策，并对此展开宣传工作，以利于开拓交易的进展。

（4）每月应针对预估及实际的接受订货量，制成记录表，并随时与制造部门保持联系。

① 客户下个月预定量及本月份的实绩。

② 各品项，各工作别的预定量及本月实绩。

③ 交货、请款及收款的预定额及本月实绩。

（5）为使生产及所接受的订货能够容易估算，生产及库存一定要先预估出固定的数量，在接受订货的同时也能做好交货。

（6）如果客户表示热忱并有意举行业务联谊会，公司可借此机会收集情报并借此斡旋、开拓交易。

（7）必要时可设营业开发部门，以此支援交易的斡旋及开拓。

5. 交易销售管理制度原则

（1）进行交易时，若有必要，须在交货后不定期地访问客户负责人员，以利于听取他们对产品使用状况意见，或可利用书信代询。

（2）交货日期原则上由营业部向工务科洽询后决定，或由生产销售检查会议作出决定后通知订货的对方。

（3）交易应设法与对方订立长期或持续性契约，价格方面则另由其他条项规定。

（4）所交出的货品应务求完整、完美。

6. 营业技术

预估、接受订货、开拓。

（1）预估成本是依据制造部门所预估的成本，并经由常务董事会议裁决，决定后提出给客户。如果产品与过去相同，或曾提出估价单，也须就交货日期及其他修正事项，取得厂长的认可。

（2）在进行预估时，通常需准备下列各项资料。

① 单价表；②工时表；③成本计算表；④一般行情价格表。

（3）在进行预估时，须取得对方的设计明细及检查规格书后，做正确的估计。

（4）在提出预估时，必须叮嘱对方在工程及交货方面须做好彻底的准备及联络，以确保日期的正确无误。必要时可召开生产销售会议，记下工程的有关备忘录。

（资料来源：清华大学领导力项目培训网，http://www.thldl.org.cn.）

范例2　销售管理制度

1. 总则

（1）以质量求生存，以品种求发展，确立"用户第一""质量第一""信誉第一""服务第一"维护工厂声誉，重视社会经济效益，生产物美价廉的产品投放市场，满足社会需要是我厂产品的销售方针。

（2）掌握市场信息，开发新产品，开拓市场，提高产品的市场竞争能力，沟通企业与社会，企业与用户的关系，提高企业经济效益，是我厂产品销售管理制度的目标。

2. 市场预测

市场预测是经营决策的前提，对同类产品的生命周期状况和市场覆盖状况要作全面的了解分析,并掌握下列各点。

(1) 了解同类产品国内外全年销售总量和同行业全年的生产总量,分析饱和程度。

(2) 了解同行业各类产品在全国各地区市场占有率,分析开发新产品,开拓市场的新途径。

(3) 了解用户对产品质量的反映及技术要求,分析提高产品质量,增加品种,满足用户要求的可行性。

(4) 了解同行业产品更新及技术质量改进的进展情况,分析产品发展的新动向,做到知己知彼,掌握信息,力求企业发展,处于领先地位。

(5) 预测国内各地区及国外市场各占的销售比率,确定年销售量的总体计划。

(6) 收集国外同行业同类产品更新及技术发展情报,国外市场供求趋势,国外用户对产品反映及信赖程度,确定对外市场开拓方针。

3. 销售管理制度经营决策

(1) 根据工厂中长期规划和生产能力状况,通过预测市场需求情况,进行全面综合分析,由销售科提出初步的年度产品销售方案,报请厂部审查决策。

(2) 经过厂务会议讨论,厂长审定,职工代表大会通过,确定年度经营管理目标并作为编制年度生产大纲和工厂年度方针目标的依据。

4. 产销平衡及签订合同

(1) 销售科根据工厂全年生产大纲及近年来国内各地区和外贸订货情况,平衡分配计划,对外签订产品销售合同,并根据市场供求形势确定"以销定产"和"以产定销"相结合的方针,留有余地,信守合同,维护合同法规的严肃性。

(2) 执行价格政策,如需变更定价,报批手续由财务科负责,决定浮动价格,经经营副厂长批准。

(3) 销售科根据年度生产计划、销售合同,编制年度销售计划,根据市场管理供求形势编报季度和月度销售计划,于月前十天报计划科以便综合平衡产销衔接。

(4) 参加各类订货会议,以扩大销售网、开拓新市场的原则,巩固发展用户关系。

(5) 建立和逐步完善销售档案管理,管理好用户合同。

5. 编制产品发运计划,组织回笼资金

(1) 执行销售合同,必须严格按照合同供货期编制产品发运计划,做好预报铁路发运计划的工作。

(2) 发货应掌握管理原则,处理好主次关系。

(3) 产品销售均由销售科开具"产品发货通知单"、发票和托收单,由财务科收款或向银行办理托收手续。

(4) 分管成品资金,努力降低产品库存,由财务科编制销售收入计划,综合产、销、财的有效平衡并积极协助财务科及时回笼资金。

(5) 确立为用户服务的观念,款到发货应及时办理,用户函电询问,三天内必答,如质量问题需派人处理,五天内与有关部门联系,派人前往。

6. 建立产品销售信息反馈销售管理制度

(1) 销售科每年组织一次较全面的用户访问,并每年发函到全国各用户,征求意见,将

收集的意见汇总、整理,向工厂领导及有关部门反映,由有关部门提出整改措施,并列入全面质量管理工作。

（2）将用户对产品质量、技术要求等方面来信登记并及时反馈有关部门处理。

（3）负责产品销售管理方面各种数据的收集整理,建立用户档案,收集同行业情报,提供销售管理方面的分析资料,按上级规定,及时、准确、完整地上报销售报表。

（资料来源：清华大学领导力项目培训网,http：//www.thldl.org.cn.）

附录 3

美国营销协会(AMA)会员职业道德准则

美国营销协会(AMA)的所有会员均须遵照道德职业规定行事。他们联合在一起,一致遵守"道德准则"。准则包括以下内容。

1. 销售人员职责

销售人员必须为自己行为的后果负责,并尽一切努力确保自己的决策、建议、行为能支持、服务、满足所有相关的公众的需要,包括顾客、企业和社会。

销售人员的职业行为必须受以下各款的规范。

(1) 职业道德的基本原则是不故意作出任何损害行为。

(2) 信守所有适用的法律法规。

(3) 准确表述他们所受的教育、训练和经历。

(4) 积极支持、实施和推行本道德准则。

2. 诚实、公平

销售人员应坚守营销行业的诚实、信誉和尊严并提高其重要性。

(1) 在向顾客、代理人、雇员、供应商、分销商和公众提供服务时要诚实。

(2) 在没有事前通知有关各方的情况下,不得故意参与到他们的利益冲突之中。

(3) 在营销活动中建立公平的收费制度,包括因营销交易而产生的通常的、标准的和法定补偿金额的收支。

3. 营销交易中各方的权利和义务

交易过程的参与者应该能预见到。

(1) 他所提供的产品和服务是安全的并且适合其预期用途的。

(2) 所提供的有关产品及服务的信息没有欺骗性。

(3) 所有当事人应本着诚信原则履行其在金钱和其他方面的义务。

(4) 具有适当的内部方法以达到公平地调节和补偿对所购货物的不满。

4. 产品开发和管理

(1) 披露所有与产品或服务用途有关的实质危险。

(2) 说明可能会严重改变产品或影响购买者决定的产品的任何组成部分的替代物。

(3) 说明因增加特征而导致的额外成本。

5. 促销

(1) 避免错误的和误导性的广告宣传。

（2）禁止使用高压操纵或误导性的销售战略。

（3）避免欺骗性的或操纵性的促销。

6. 分销

（1）不能因榨取利润之目的而操纵产品的可得到性。

（2）在销售渠道中不能使用高压手段。

（3）不能对转卖商处理货物的选择施加任何不正当的影响。

7. 定价

（1）不能设定固定价格。

（2）不能采用掠夺性定价体系。

（3）公布与购买货物有关的定价。

8. 市场调查

（1）禁止以调查的名义出售货物或筹措资金。

（2）通过避免错误表述和遗漏相关资料保持研究的完整性。

（3）公平对待外来顾客和供应商。

9. 处理组织内的各种关系

销售人员应清楚意识到自己的行为对组织内其他成员行为的影响或冲击。他们不应该要求、鼓励或使用强制手段在处理与雇员、供应商、顾客的关系中采取任何行为。

（1）在与重要信息有关的职业关系中，应采取保密和隐名措施。

（2）按时履行合同和双方协议中的义务与责任。

（3）避免部分或全部占有其他人的成果，防止在没有补偿，没有发明者或所有者的许可的情况下，声称成果是自己的或直接从该成果中获利。

（4）禁止通过剥削或损害企业或他人利益的强制方式使个人福利最大化。

任何美国营销协会成员如被发现违反该组织的"道德准则"，即可中止或撤销其成员资格。

（资料来源：计世网论坛，http://bbs.ccw.com.cn/管理论坛.）

参考文献

[1] 阿里巴巴,http：//china. alibaba. com.

[2] 商业英才网,http：//www. bnet. com. cn.

[3] 中国石油新闻中心网站,http：//news. cnpc. com. cn.

[4] 第一金融网站,http：//www. afinance. cn.

[5] 万科文网,http：//www. vanke. com.

[6] 翟新兵. 营销新思维. http：//blog. wise111. com 名师博客——华夏智慧.

[7] 世界经理人网站,http：//www. ceconline. com.

[8] 项俊波. 保险基础知识[M]. 北京：中国财政经济出版社,2012.

[9] 李艳蕊. 电子商务对传统销售的影响[J]. 河南科技,2013(16).

[10] 新浪博客,http：//blog. sina. com. cn.

[11] 全球品牌网,www. globrand. com.

[12] 人和网,http：//www. renhe. cn.

[13] 百度文库,http：//wenku. baidu. com.

[14] 陈国权. 组织行为学[M]. 北京：清华大学出版社,2006.

[15] 智库百科,http：//wiki. mbalib. com.

[16] 经理人杂志官方网站,www. sino-manager. com.

[17] 360 百科,http：//baike. so. com.

[18] 神州培训网,http：//www. szceo. com.

[19] 易迈网络,http：//www. mba163. com.

[20] 中国咨询策划网,http：//www. d1588. com/营销策划.

[21] 律师 365 网, http：//www. 64365. com/law.

[22] 百拇医药网,http：//www. 100md. com.

[23] 慧聪网,http：//www. hc360. com.

[24] 营销传播网,http：//www. emkt. com. cn.

[25] 清华大学领导力项目培训网,http：//www. thldl. org. cn.

[26] 计世网论坛,http：//bbs. ccw. com. cn/管理论坛.